2025

NAVAL

해군 부사관

대표유형+실전문제

2025
해군부사관 대표유형+실전문제

인쇄일 2025년 1월 1일 4판 1쇄 인쇄	**발행처** 시스컴 출판사
발행일 2025년 1월 5일 4판 1쇄 발행	**발행인** 송인식
등 록 제17-269호	**지은이** 정윤성
판 권 시스컴2025	

ISBN 979-11-6941-499-9 13320
정 가 16,000원

주소 서울시 금천구 가산디지털1로 225, 514호(가산포휴) ┃ **홈페이지** www.nadoogong.com
E-mail siscombooks@naver.com ┃ **전화** 02)866-9311 ┃ **Fax** 02)866-9312

부사관은 장교와 사병 사이에서 징검다리 역할을 수행하는 하사, 중사, 상사, 원사 계급의 군의 최일선 초급 간부로서, 육군, 해군(해병대), 공군에서 활동하며 업무영역도 분야별로 전문화되어 있습니다. 각급 제대의 지휘관을 보좌하고 사병의 업무를 감독·지시·통제하며, 분대 또는 소대와 같은 규모의 집단을 지휘하거나 전투 기본교육, 보급·정비, 행정, 부대관리 등의 기술과 숙련을 요하는 분야에서 임무를 수행합니다.

부사관에 임관되면 국가공무원으로서 다양한 혜택을 누리며 안정적인 생활의 영위가 가능합니다. 다양한 복지 혜택, 안정된 임금 등 단기 복무만으로도 충분한 자금 조성이 가능할 뿐만 아니라 20년 이상 장기 복무를 하게 되면 자녀들의 교육비 지원, 전역 후 연금수혜 등 다양한 혜택을 누릴 수 있기 때문에 평생직장으로 삼기에도 아주 매력적입니다.

부사관 시험은 고등학교 졸업 수준의 평이한 난이도로 출제되지만, 절대평가가 아닌 상대평가이기 때문에 최대한 좋은 성적을 거둬야만 필기시험을 통과할 수 있습니다. 시험을 보는 영역에 대한 다양한 유형 파악과 그에 따른 문제 학습이 필요합니다.

본 교재는 수험생이 최단기간 내에 좋은 성과를 얻을 수 있도록 효율적인 학습 방향을 제시하고 있습니다. 부사관 출제수준에 맞추어 영역별로 적중률이 높은 예상문제를 수록해 수험생이 실제 시험에서도 당황하지 않고 문제풀이를 할 수 있도록 구성, 부사관 시험을 대비하기 위한 핵심이론도 함께 정리해 놓았습니다.
  – 시험정보를 한눈에 파악할 수 있도록 구성
  – 각 영역별 출제유형 반영을 반영하여 적중예상문제 구성
  – 실전모의고사 2회 수록, 상세한 해설로 단기간에 학습이 가능하도록 구성

무한한 가능성을 가진 부사관에 도전함으로써 여러분의 꿈을 이루기 바라며 이 책이 든든한 동반자가 되었으면 합니다.

육군 부사관

○ 육군 부사관의 종류

학군부사관후보생(RNTC), 민간부사관(남군 · 여군), 군 가산복무 지원금 지급대상자(부사관), 임관시 장기복무 부사관, 예비역의 현역 재임용(부사관), 현역부사관, 임기제부사관, 득전부사관

※ 분야별 모집요강은 육군 홈페이지 참조

○ 육군 부사관이 되는 방법

구분	세부내용
현역에서 지원	– 고졸 이상 / 현역 일병~병장(장려금 지급) – 양성교육 : 부사관학교 16주
예비역에서 지원	– 예비역은 의무복무기간에 따라 1~3세(임관일 기준 만 28~30세)지원 연령 연장 – 예비역 병장 출신자로(전역 2년 이내 입영시) 지원 후 하사로 임관시 지원 장려수당 지급 – 양성교육 : 하사 이상 예비역(부사관 학교 16주), 중사 이상 예비역(부사관 학교 3주)
민간인에서 지원	– 고졸이상 / 임관일 기준 만 18~27세 이하 남 · 여 　※ 중학교 졸업자는 국가기술자격법에 따른 자격증 소지자에 한 함 – 양성교육 : 21주(육군훈련소 5주 + 부사관학교 16주)
군 가산복무지원금 지급대상자(부사관)	– 전문대 이상 대학(원), 　※ 2학년 재학생(단, 3년제 학교는 3학년 재학생), 4년제 대학은 4학년 재학생, 대학원은 2 　　학년 재학생) 　※ 장학금 지급(1개 학년 분) – 전문의무 부사관 : 3년제 의무보건계열 대학(교) 임상병리과, 방사선과, 치위생과 2학년 재 　학생 　※ 장학금 지급(2개 학년 분) – 전투 부사관 : 협약 전투부사관학과 1학년 재학생(남) 　※ 장학금 지급(2개 학년 분) – 양성교육 : 21주(육군훈련소 5주+부사관학교 16주)
임기제부사관에서 부사관 지원	– 임기제부사관으로 6개월 이상 복무 후 단기하사 전환 지원 가능

※ 의무복무기간 : 임관 후 4년

※ 군 가산복무지원금 지급대상자(부사관) : 의무복무 4년 + 장학금 수혜기간(1~2년)

※ 복무연장 또는 장기복무 지원 기회 부여

○ 복무기간

- 단기복무 : 임관 후 4년
- 장기복무 : 7년 이상 복무(단기복무 + 3년)
- 진급(계급별 최저 복무기간)

계급	하사→중사	중사→상사	상사→원사
최저복무기간	하사로서 2년	중사로서 5년	상사로서 7년

※ 근속진급 : 중사(하사로서 6년 이상), 상사(중사로서 12년 이상)

- 전역 : 규정에 의한 정년 도달시 전역

계급	하사	중사	상사	원사
연령	40세	45세	53세	55세

○ 시험전형

- 평가 시간 및 과목

교시	평가 시간	평가 과목
1	09:00~10:25 / 85분	지적능력평가 (공간능력, 지각속도, 언어논리, 자료해석)
2	10:40~11:40 / 60분	상황판단 검사/직무성격 검사
3	12:00~12:50 / 50분	인성검사

- 과목별 문항 수

구분	계	지적능력				상황판단 / 직무성격		인선 검사
		공간 능력	지각 속도	언어 논리	지료 해석	상황판단 검사	직무성격 검사	
문항	626	18	30	25	20	15	180	338

○ 대우 및 혜택

• 장기복무 선발시 전문 직업군인으로 안정된 직업
  – 장기복무 기회 부여 및 장기복무자로 임명 시 상위 계급 진출
  – 군 복무 20년 이상 경과시 연금 수혜

• 초급 지휘자로서 부하를 지휘 통솔할 수 있음
  – 군복무 후 취업 시 리더십 능력을 평가, 우대 선발

• 미혼자, 기혼자에게 숙소 제공
  – 미혼자 : 독신간부숙소 제공
  – 기혼자 : 부양 가족수를 고려한 관사, APT 제공
  ※ 장기복무자에게는 대도시권 내 군인공제회 분양 APT 입주 우선권 부여

• 연간 휴가 보장, 여가시간 보장
  – 연간 21일 휴가 보장, 주 5일제 근무제 시행
  – 여가시간 보장으로 개인 능력계발 가능
  – 취미생활, 학업, 레저생활 가능
  ※ 저렴한 비용으로 군 체력단련장 이용 가능

• 장기복무 부사관에게 폭넓은 복지혜택 부여
  – 자녀 학비지원 및 별거 학업중인 자녀 기숙사 지원, 대학 특례입학 기회 부여
  ※ 군 기숙사 : 영등포, 송파, 의정부, 화성, 춘천, 원주, 계룡, 대전, 광주, 대구, 부산
  – 의료보험 혜택, 군 복지시설 이용
  – 휴양시설 및 체력단련장을 저렴한 비용으로 이용 가능 등

○ 국사시험 -> 한국사능력검정시험으로 대체

• 유효기간: 서류접수 마감일 기준 4년 이내
• 배점

구분	심화 등급			기본 등급		
	1급	2급	3급	4급	5급	6급
장교 준, 부사관	각 선발 과정별 국사시험 배점의 만점			배점의 90%	배점의 80%	배점의 70%

○ 해군 부사관의 종류

기술계열부사관, 군악부사관, 특전부사관, 심해잠수부사관, 학군부사관(RNTC)

※ 분야별 모집요강은 해군 홈페이지 참조

○ 해군 부사관이 되는 방법

지원대상	민간인	현역병	군 전문대장학생
지원자격	고졸이상 학력소지자로서 임관일 기준 만18~27세인 자	임관일 기준 만 27세를 초과하지 않는 자로 대령급 부대장의 추천을 받은 자 ※ 타군의 경우 참모총장	전문/기능대학 이상의 대학의 최종학년 재학생
교육기간	11주	11주	11주(졸업 후 입대)
복무기간	임관 후 4년	임관 후 4년	임관 후 4년+장학금 수혜기간 ※ 재학시 등록금 전액지원
모집시기	연 3~4회	민간모집 시 지원	연 1회(4~5월)

○ 지원자격(RNTC 공통)

• 임관일을 기준하여 만 18세 이상 27세 이하의 대한민국 남자 및 여자(단, 임신 중인 자 제외)

※ 단, 예비역의 경우 현역으로 복무한 기간에 따라 30세까지 지원가능(전역증 사본 구비시)

－ 2년 이상 복무 후 전역한 제대군인 : 30세까지

－ 1년 이상 ~2년 미만 복무 후 전역한 제대군인 : 29세까지

－ 1년 미만 복무 후 전역한 제대군인 : 28세까지

• 학력 : 고등학교 졸업자 또는 동등 이상의 학력을 가진 자

• 신체 : 신체 등급 3급 이상, 신장 · 체중비에 관한 등급 3급 이상

• 현역병의 경우 소속 지휘관의 추천을 받은 자

－ 해군/해병대 : 영관급 이상 지휘간

－ 육군/공군 : 해당 군 참모총장

• 군인사법 제10조 2항의 임용결격사유가 없는 자

○ 시험전형

- 과목 : KIDA 간부선발도구, 한국사능력검정시험
- 평가요소 및 배점

평가 항목	계	KIDA 간부선발도구							한국사 능력검정 시험
		소계	언어 논리	자료 해석	지각 속도	공간 능력	상황 판단	직무 성격	
배점	130	100	35	35	10	10	10	면접 참고	30

※ 한국사 시험 → 한국사능력검정시험으로 대체

※ 영어 시험 폐지 → 공인영어성적(TOEIC/TOEFL/TEPS) 가산점 유지

○ 영어 관련 가산점(2~20점)

- 공인영어성적 유효기간: 2년 이내
- 공인영어성적 배점

구분	20점	10점	5점	2점
TOEIC	810 이상	730~805	630~725	500~625
TOEFL	93 이상	83~92	72~82	56~71
TEPS	315 이상	277~313	237~276	196~236

○ 한국사능력검정시험 인증제

- 한국사능력검정시험 인증 유효기간: 3년 이내
- 한국사능력검정시험 급수별 배점

구분	점수반영 비율	소계	소계
1~3급	100%	30점	심화 과정
4급	90%	27점	기본 과정
5급	85%	25.5점	
6급	80%	24점	
미제출	0%	0점	지원 가능

○ 공군 부사관이 되는 방법

구분	내용
항공과학고등학교	우수 공군 부사관의 정규 양성기관인 공군항공과학고등학교에서 3년간 군사교육 후 장기복무 부사관으로 임관하는 제도
학군부사관후보생(RNTC)	문무를 겸비한 우수 부사관 양성을 위하여 학군단이 설치된 전문대학교 재학생을 선발하여 졸업과 동시에 부사관으로 임관하는 제도
부사관후보생	다양한 전공분야의 전문지식을 갖춘 부사관 획득을 위하여 고등학교 졸업 후 일정 기간의 군사교육을 이수한 후 부사관으로 임관하는 제도

※ 분야별 모집요강은 공군 홈페이지 참조

○ 지원자격(RNTC 공통)

- 임관일 기준 만 18세 이상, 27세 이하인 대한민국 남, 여
    - 군 복무 미필자 : 만 27세까지
    - 1년 미만 군 복무자 : 만 28세까지
    - 1년 이상~2년 미만 군 복무자 : 만 29세까지
    - 2년 이상 군 복무자 : 만 30세까지
- 고등학교 이상의 학교를 졸업한 사람 또는 이와 같은 수준 이상의 학력을 가진 사람(임관일 이전 졸업 예정자 포함)
- 중학교 이상의 학교를 졸업한 사람으로서 「국가기술자격법」에 따른 자격증 소지자
- 입영일 기준 병장, 상등병, 또는 일등병으로서 입대 후 5개월 이상 복무중인 사람
- 별도의 지원자격을 명시한 전형(특별전형 등)은 해당 기준을 충족하는 자
- 사상이 건전하고 품행이 단정하며 체력이 강건한 사람

○ 시험과목·배점 및 시간표

구분	KIDA 간부선발도구								한국사 능력검정시험	총계
	1교시(13:30∼14:55)					2교시(15:10∼16:13)			인증서 등급별 점수	
	언어 논리	자료 해석	공간 능력	지각 속도	소계	상황 판단	직무 성격	소계		
문항수(개)	25	20	18	30	93	15	180	195	1급∼4급	313
배점(점)	30	30	10	10	80	20	면접자료	20	50점∼42점	150

○ 한국사 과목 면제 기준

• 「한국사능력검정」 인증서 보유 시 한국사 과목 면제(필기시험 중복응시 가능)

등급	4급	3급	2급	1급
점수	42점	45점	47점	50점

  – 지원서에 한국사능력검정 성적 입력 시 각 등급에 해당하는 점수 부여

  – 지원서 접수 마감일 기준 5년 이내 성적 유효(구비서류 우편 제출 시 성적표와 함께 제출)

○ 영어 가점 제도(10점)

• 공인영어성적(TOEIC): 470점 이상 구간별 차등 부여

• 공인영어성적 인정 유효기간: 5년 이내

• 공인영어성적 가점 반영 기준

점수	470∼ 509	510∼ 549	550∼ 589	590∼ 629	630∼ 669	670∼ 709	710∼ 749	750∼ 789	790∼ 829	830 이상
가점	1점	2점	3점	4점	5점	6점	7점	8점	9점	10점

공군 부사관

○ 신체검사(공통)

군 병원 검사 –〉 군 병원 또는 국공립 병원, 민간 종합병원의 신체검사 결과 인정

○ 교육

- 기본군사훈련
  - 기간 : 입영 후 12주(입영전형 1주 포함)
  - 교육내용 : 행군, 사격, 구보, 유격, 총검술, 제식훈련, 화생방, 기타 정신교육 등
  ※ 면회, 외출 없음
  - 특박 : 입대 8주 후 2박 3일
  - 종교활동 : 매주 일요일 10:20〜11:40(입대 2주차부터) / 매주 수요일 19:00〜20:20(입대 4주차부터)
  - 청원휴가 : 직계 존비속 사망시 2박 3일
  ※ 자세한 내용은 교육사 홈페이지 교육훈련안내 참고

구성과 특징

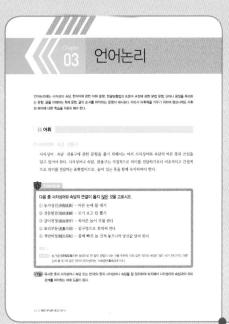

유형파악&핵심이론

부사관 시험에 나오는 영역별 문제들의 유형과 그 문제들을 통해 측정하고자 하는 능력을 설명하여 이해에 도움을 주고자 하였습니다. 또한 중요 핵심 내용만을 모아 체계적이고 효율적인 학습이 가능하도록 구성하였습니다.

유형연습&실전모의고사

꼼꼼히 학습할 수 있도록 유형연습을 실어 실전에 대비할 수 있도록 하였습니다. 또한 실전 감각을 익혀 시험장에서 당황하지 않게 풀 수 있도록 실전모의고사 2회분을 실었습니다. 부사관 시험의 최근 출제 경향을 보다 정확하게 파악하여 대비할 수 있도록 하였습니다.

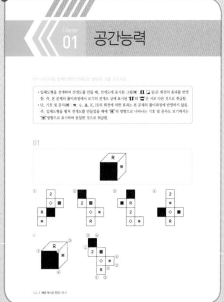

Chapter 01 부사관 필수 어휘

- 가는 귀 : 작은 소리까지 듣는 귀 또는 그런 귀의 능력
- 거위영장 : 여위고 키가 크며 척이 긴 사람을 놀림조로 이르는 말
- 곱추 : 눈앞에 없는 것처럼 잘 보이는 것 ↔ 환영(幻影)
- 광대등걸 : 1. 거칠고 보기 흉하게 생긴 나뭇등걸 2. 살이 빠져 뼈만 남은 앙상한 얼굴
- 꺽태장군 : 키가 크고 몸이 굵으며 살갗이 검은 사람을 놀림조로 이르는 말
- 귀밑머리 : 1. 이마 한가운데를 중심으로 좌우로 갈라 귀 뒤로 넘겨 땋은 머리 2. 뺨에서 귀의 가까이에 난 머리털
- 나룻 : 수염, 성숙한 남자의 입 주변이나 턱 또는 뺨에 나는 털
- 눈시울 : 눈언저리의 속눈썹이 난 곳
- 눈두덩 : 눈언저리의 두두룩한 곳
- 눈망울 : 눈알 앞쪽의 도톰한 곳, 또는 눈동자가 있는 곳
- 더벅머리 : 1. 더부룩하게 난 머리털 2. 더부룩한 머리털을 가진 사람
- 뭉치 : 1. 좀 크게 뭉치어 쌓인 물건의 부피 2. '뭉칫'을 낮잡아 이르는 말
- 멱살 : 1. 사람의 멱 부분의 살 또는 그 부분 2. 사람의 멱이 닿는 부분의 옷깃
- 명치 : 사람의 복장뼈 아래 한가운데의 오목하게 들어간 곳, 급소의 하나이다.
- 몽구리 : 바싹 깎은 머리
- 빼코 : 상투를 잡히려고 머리털을 돌아 낸 자리
- 샅 : 1. 두 다리의 사이 2. 두 물건의 틈
- 손아귀 : 엄지손가락과 다른 네 손가락과의 사이 2. 손으로 쥐는 힘 3. 세력이 미치는 범위
- 오금 : 무릎의 구부러지는 오목한 안쪽 부분
- 정강이 : 무릎 아래에서 알 빠가 있는 부분
- 정수리 : 머리 위의 숨구멍이 있는 자리
- 제비초리 : 뒤통수나 앞이마의 한가운데에 골을 따라 아래로 뾰족하게 내민 머리털
- 콧마루 : 콧등의 마루가 진 부분

꼼꼼하고 상세한 해설&핵심정리

수험생들이 명쾌하게 이해할 수 있도록 상세하게 설명하였습니다. 정답해설 뿐만 아니라 오답해설도 실어 꼼꼼한 학습이 가능하도록 하였습니다. 문제와 관련된 중요한 내용이나 보충사항을 핵심정리로 정리함으로써 충실한 수험공부가 가능하도록 하였습니다.

실전모의고사 1회

★ 국사

01 ③	02 ③	03 ④	04 ③	05 ④	06 ①	07 ①	08 ④	09 ①	10 ①
11 ①	12 ④	13 ④	14 ①	15 ④	16 ①	17 ①	18 ④	19 ④	20 ①

목차

목차

PART

01

유형파악

공간능력

공간능력에는 입체도형의 전개도에 관련된 문항, 블록에 관련된 문항, 겨냥도에 관한 문항이 출제된다. 입체도형의 전개도를 찾거나, 전개도를 통하여 입체도형을 유추하는 문제가 출제유형이고, 블록의 개수를 구하는 문제나 쌓인 블록을 방향에 따라 바라보는 겨냥도를 찾는 문항이 출제된다. 이전에는 지도를 통해 공간 감각을 측정하는 문제들이 출제되었으나, 요즘은 지도 관련 문항을 블록 관련 문항으로 대체하여 출제되고 있다.

1 전개도

(1) 입체도형의 전개도

입체도형의 전개도 문항은 주어진 입체도형을 보고 해당 입체도형의 전개도를 찾는 문항으로, 해당 입체도형의 전개도를 정확히 추론하기 위해서는 입체도형을 펼쳤을 때의 면과 면이 맞닿는 선, 선과 선이 만나는 점에 대한 이해가 반드시 필요하다. 또 기호나 문자가 아닌 도형 또는 색이 칠해진 면의 경우는 방향을 고려하여 전개도 상의 올바른 모양을 찾을 수 있도록 유념하여야 한다.

공간능력은 2차원적 전개도뿐만 아니라 실제 주위에서 관찰할 수 있는 입체도형을 통하여 공간능력을 평가하므로, 평상시에도 여러 방면으로 훈련하는 노력이 필요하다.

전개도 문항을 연습할 때에는 하나의 전개도뿐만 아니라 최대 11개까지 만들 수 있는 정육면체의 전개도 형태를 고려하여 연습하도록 한다.

대표유형

다음 조건을 참고하여 제시된 입체도형의 전개도를 고르시오.

- 입체도형을 전개하여 전개도를 만들 때, 전개도에 표시된 그림(예 : ▮, ◪ 등)은 회전의 효과를 반영함. 즉, 본 문제의 풀이과정에서 보기의 전개도 상에 표시된 "▮"와 "━"은 서로 다른 것으로 취급함.
- 단, 기호 및 문자(예 : ☎, ♤, ♨, K, H)의 회전에 의한 효과는 본 문제의 풀이과정에 반영하지 않음. 즉, 입체도형을 펼쳐 전개도를 만들었을 때에 "☎"의 방향으로 나타나는 기호 및 문자도 보기에서는 "☎"방향으로 표시하며 동일한 것으로 취급함.

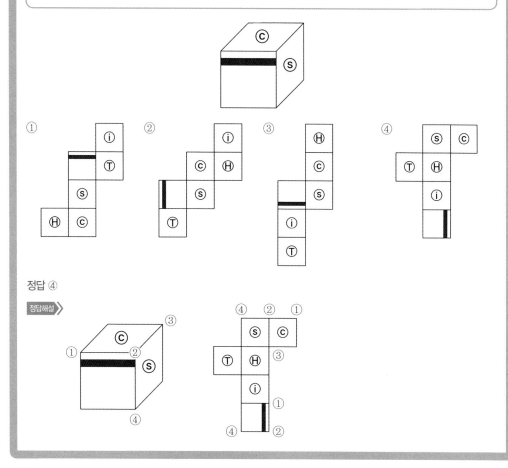

정답 ④

정답해설

Tip 주어진 조건이 제시되는 경우 조건에 맞추어 해당 전개도를 찾아야 한다. 입체도형의 면에 있는 그림과 인접한 면에 있는 그림을 파악하여 일치하는 전개도를 찾는다.

(2) 전개도의 입체도형

전개도의 입체도형 문항은 전개도를 보고 해당 입체도형을 찾는 문항으로, 전개도를 통하여 입체도형을 정확히 추론하기 위해서는 입체도형의 각 면의 관계를 정확히 파악하는 것이 가장 중요하다.

🛡 대표유형

다음 조건을 참고하여 제시된 전개도의 입체도형을 고르시오.

- 입체도형을 전개하여 전개도를 만들 때, 전개도에 표시된 그림(예 : ▮, ◢ 등)은 회전의 효과를 반영함. 즉, 본 문제의 풀이과정에서 보기의 전개도 상에 표시된 "▮▮"와 "▬"은 서로 다른 것으로 취급함.
- 단, 기호 및 문자(예 : ☎, ♨, ♨, K, H)의 회전에 의한 효과는 본 문제의 풀이과정에 반영하지 않음. 즉, 입체도형을 펼쳐 전개도를 만들었을 때에 "☎"의 방향으로 나타나는 기호 및 문자도 보기에서는 "☎"방향으로 표시하며 동일한 것으로 취급함.

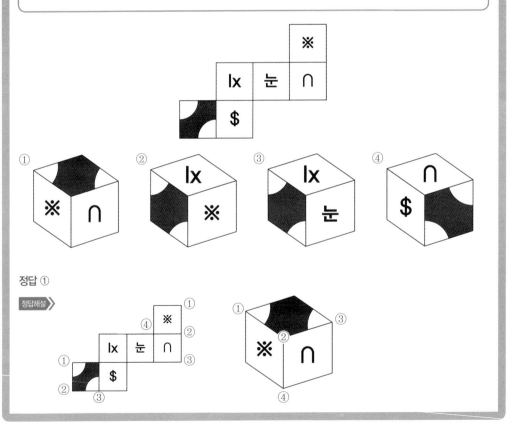

정답 ①

정답해설 ▶

◦Tip 보이는 전면을 중점적으로 파악하고, 나타난 그림들의 위치와 회전을 고려하여 주어진 입체도형과 일치하는 전개도를 찾는다. 인접한 면과 마주보는 면을 구분하여 파악한다.

② 블록파악

(1) 블록의 개수

블록의 개수 문항은 3차원 입체도형 블록을 쌓아두고 개수를 파악하는 문항으로, 블록의 개수를 파악하기 위해서는 보이는 블록 이외의 밑에 놓여 있는 블록의 개수를 정확히 파악하여야 한다. 보이지 않는 블록의 개수를 유추하여야 정확한 블록의 개수를 구할 수 있다.

🛡 대표유형

제시된 그림과 같이 쌓기 위하여 필요한 블록의 개수를 고르시오.(단, 블록의 모양과 크기는 모두 동일한 정육면체이고, 보이지 않는 뒤의 블록은 없다고 가정한다.)

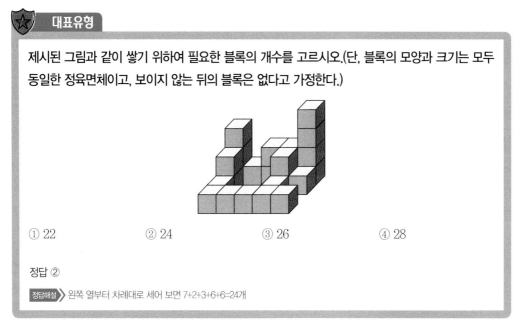

① 22   ② 24   ③ 26   ④ 28

정답 ②

정답해설 ▶ 왼쪽 열부터 차례대로 세어 보면 7+2+3+6+6=24개

> Tip 층별 또는 열별로 나누어 블록의 개수를 구하는 것이 일반적인 방법으로 사용된다. 실수를 줄일 수 있는 각자만의 방법을 채택하는 것이 중요하다.

Part 01 유형파악

Part 02 핵심이론

Part 03 유형연습

Part 04 직무성격/상황판단

Part 05 실전모의고사

부 록

정답 및 해설

(2) 블록의 겨냥도

블록의 겨냥도 문항은 쌓인 입체도형 블록과 일치하는 겨냥도(정면, 측면)를 찾는 문항으로, 쌓인 블록의 겨냥도를 파악하기 위해서는 바라보는 방향에 따른 블록의 층수를 정확히 파악하는 것이 가장 중요하다.

대표유형

제시된 블록을 화살표 방향으로 바라볼 때의 모양을 고르시오.(단, 블록은 모양과 크기가 모두 동일한 정육면체이고, 원근은 무시한다.)

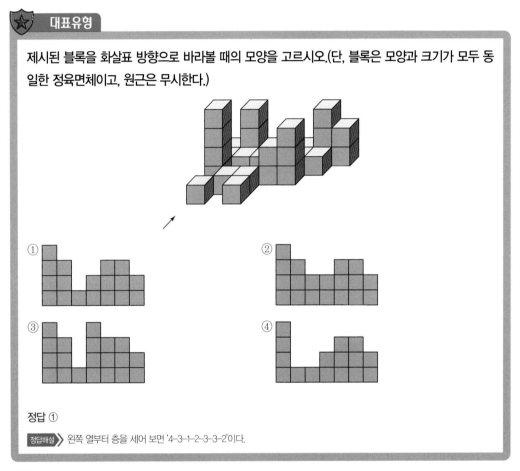

정답 ①

정답해설 》 왼쪽 열부터 층을 세어 보면 '4-3-1-2-3-3-2'이다.

(Tip) 바라보는 방향에 주의하며, 바라보는 방향의 왼쪽 또는 오른쪽 방향으로 층수를 세는 것이 일반적인 방법이다.

Part 01 유형파악

Part 02 핵심이론

Part 03 유형연습

Part 04 직무성격/상황판단

Part 05 실전모의고사

부록

정답 및 해설

Chapter

02

지각속도

지각속도에는 문자나 숫자, 기호를 치환하는 문항, 동일한 문자나 숫자, 기호의 개수를 비교하는 문항, 구성하는 문장이나 문자를 비교하는 문항이 출제된다. 지각속도는 빠른 시간 내에 해결해야 하는 문항이므로, 꾸준한 훈련과 반복학습을 요한다.

1 치환의 대응비교

(1) 한 문자의 치환

한 문자의 치환 문항은 한 문자를 다른 방법의 한 문자로 치환하는 문항으로, 한 문자를 다른 방법의 한 문자로 치환하는 문항을 풀기 위해서는 치환되는 문자에 대하여 정확히 인지하고, 정확도 있게 판별하는 순발력을 늘릴 수 있도록 노력하여야 한다.

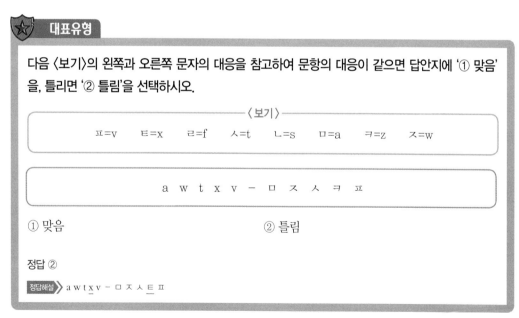

대표유형

다음 〈보기〉의 왼쪽과 오른쪽 문자의 대응을 참고하여 문항의 대응이 같으면 답안지에 '① 맞음'을, 틀리면 '② 틀림'을 선택하시오.

――〈보기〉――

ㅍ=v   ㅌ=x   ㄹ=f   ㅅ=t   ㄴ=s   ㅁ=a   ㅋ=z   ㅈ=w

a w t x v ― ㅁ ㅈ ㅅ ㅋ ㅍ

① 맞음   ② 틀림

정답 ②

정답해설 ▶ a w t x v ― ㅁ ㅈ ㅅ ㅌ ㅍ

○Tip 빠르게 정확한 치환 여부를 판단하여야 하므로, 여러 가지의 유형을 반복 훈련하여야 한다.

(2) 여러 문자의 치환

여러 문자의 치환 문항은 여러 문자를 다른 방법의 여러 문자로 치환하는 문항으로, 여러 문자를 다른 방법의 여러 문자로 치환하는 문항을 풀기 위해서는 치환되는 여러 문자의 나열에 주의를 기울여야 할 뿐 아니라, 정확한 문자와 문자 사이의 치환까지 신경을 써야 한다. 따라서 한 문자를 치환하는 것보다 더 많은 신경을 써야 하므로, 더 많은 집중력을 투자하여야 한다.

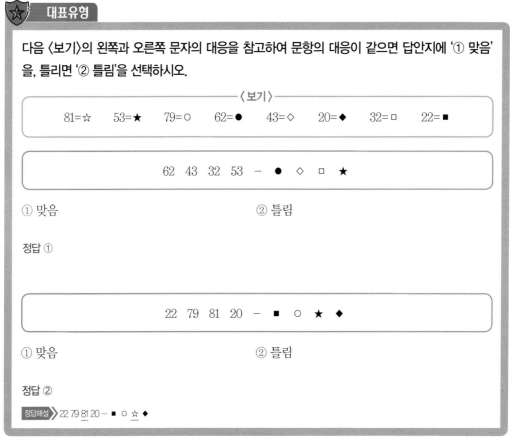

대표유형

다음 〈보기〉의 왼쪽과 오른쪽 문자의 대응을 참고하여 문항의 대응이 같으면 답안지에 '① 맞음'을, 틀리면 '② 틀림'을 선택하시오.

─── 〈 보기 〉 ───

81=☆   53=★   79=○   62=●   43=◇   20=◆   32=□   22=■

62 43 32 53 – ● ◇ □ ★

① 맞음   ② 틀림

정답 ①

22 79 81 20 – ■ ○ ★ ◆

① 맞음   ② 틀림

정답 ②

정답해설 》 22 79 81 20 – ■ ○ ☆ ◆

Tip 한 문자 치환보다는 정확도에 조금 더 중점을 두어야 하며, 여러 문자를 빠른 시간 내에 자신의 눈 또는 머리에 인식할 수 있는 방법을 찾아야 한다.

2 동일의 대응비교

(1) 개수 파악

개수 파악 문항은 주어진 문자나 기호 등과 동일한 것의 개수를 파악하는 문항으로, 문항을 풀기 위해서는 주어진 문자 또는 기호 등을 정확히 암기하는 것이 가장 중요하다.

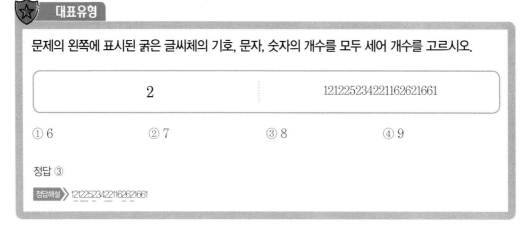

★ **대표유형**

문제의 왼쪽에 표시된 굵은 글씨체의 기호, 문자, 숫자의 개수를 모두 세어 개수를 고르시오.

2	12122523422116262166

① 6　　　　　　② 7　　　　　　③ 8　　　　　　④ 9

정답 ③

정답해설 12122523422116262166

Tip 주어지는 형태의 문자, 기호, 숫자 등이 한 글자가 아닐 수 있음을 유념하여 여러 경우를 대비하여 학습하여야 한다.

(2) 일치 파악

일치 파악 문항은 두 문구를 비교하여 일치여부를 파악하는 문항으로, 주어진 문장이나 문구 등의 일치 여부를 풀기 위해서는 주어진 문장이나 문구 등의 낱개를 하나하나 정확히 비교하여야 한다.

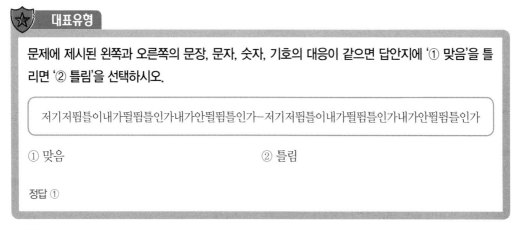

★ **대표유형**

문제에 제시된 왼쪽과 오른쪽의 문장, 문자, 숫자, 기호의 대응이 같으면 답안지에 '① 맞음'을 틀리면 '② 틀림'을 선택하시오.

저기저뜀틀이내가뛸뜀틀인가내가안뜀틀틀인가−저기저뜀틀이내가뛸뜀틀인가내가안뜀틀틀인가

① 맞음　　　　　　　　　　② 틀림

정답 ①

Tip 주어지는 말이 문자나 기호, 숫자가 아닐 수 있으니, 이 점을 유의하여 준비하여야 한다.

Part 01 유형파악

Part 02 핵심이론

Part 03 유형연습

Part 04 직무상식상편편

Part 05 실전모의고사

부 록

정답 및 해설

Chapter 03 언어논리

언어논리에는 사자성어, 속담, 한자어에 관한 어휘 문항, 한글맞춤법과 표준어 규정에 관한 문법 문항, 단어나 문장을 추리하는 문항, 글을 이해하는 독해 문항, 글의 순서를 파악하는 문항이 제시된다. 따라서 어휘력을 키우기 위하여 평상시에도 어휘와 해석에 대한 학습을 꾸준히 해야 한다.

1 어휘

(1) 사자성어 · 속담 · 관용구

사자성어 · 속담 · 관용구에 관한 문항을 풀기 위해서는 여러 사자성어와 속담의 바른 뜻과 쓰임을 알고 있어야 한다. 사자성어나 속담, 관용구는 직접적으로 의미를 전달하기보다 비유적이고 간접적으로 의미를 전달하는 표현법이므로, 숨어 있는 뜻을 함께 숙지하여야 한다.

 대표유형

다음 중 사자성어와 속담의 연결이 옳지 않은 것을 고르시오.

① 농가성진(弄假成眞) – 마른 논에 물 대기
② 견문발검(見蚊拔劍) – 모기 보고 칼 뽑기
③ 갈이천정(渴而穿井) – 목마른 놈이 우물 판다
④ 표리부동(表裏不同) – 밑구멍으로 호박씨 깐다
⑤ 적반하장(賊反荷杖) – 물에 빠진 놈 건져 놓으니까 망건값 달라 한다

정답 ①

 농가성진(弄假成眞)이란 농담으로 한 말이 참말이 되는 것을 뜻하며, 이와 같은 의미의 속담은 '말이 씨가 된다'이다. 마른 논에 물 대기와 같은 의미의 한자성어는 '사배공반(事培功半)'이다.

◦Tip 유사한 뜻의 사자성어나 속담 또는 반대의 뜻의 사자성어나 속담을 잘 정리하여 숙지해야 사자성어와 속담과의 의미 관계를 파악하는 데에 도움이 된다.

Part 01 유형파악

Part 02 핵심이론

Part 03 유형연습

Part 04 직무상식활용편

Part 05 실전모의고사

부 록

정답 및 해설

(2) 한자어 · 고유어

한자어 · 고유어에 관한 문항을 풀기 위해서 모든 한자어와 고유어를 암기할 수는 없을 것이다. 따라서 빈출 또는 기출 문항을 분석하여 우선적으로 학습하는 것이 바람직하다.

 대표유형

다음 중 한자어의 의미를 잘못 해석한 것을 고르시오.

① 이번 사안이 초미의 관심사로 부각되었다. → '꼬리에 불이 붙었다'라는 뜻으로 '많은 사람들의 주목을 받음'을 이른다.

② 아무리 가르쳐도 그 학생은 몰각하지 못하였다. → '깨달음이 잠겼다'라는 뜻으로, '깨달아 인식하지 못함'을 이른다.

③ 그 사람은 확집 때문에 다른 사람들과 잘 어울리지 못하였다. → '굳게 잡다'라는 뜻으로, '자기의 의견을 군이 고집하여 양보하지 아니함'을 이른다.

④ 형의 끊임없는 노력의 형설지공에 비견될 만하다. → '어깨를 나란히 하다'라는 뜻으로, '낮고 못할 것이 없이 정도가 서로 비슷함'을 이른다.

⑤ 약속을 어겨 그를 대할 면목이 없다. → '얼굴의 생김새 혹은 낯'이라는 뜻으로 '없다'와 결합하여 '부끄러워 남을 대할 용기가 나지 않는다'라는 의미로 쓰인다.

정답 ①

정답해설 ▶ '초미(焦眉)'는 눈썹에 불이 붙었다는 뜻으로 매우 급박한 상황을 비유한 말이다.

Tip 한자가 글자 하나하나를 가리킨다면, 한자어는 한자가 모여 일정한 의미를 갖고 있어 하나의 덩어리처럼 느껴지는 단위이다. 따라서 한자어에 대한 학습은 그 한자어를 구성하고 있는 개별적인 단어들의 의미에 얽매이지 말고 그것들이 모여 새롭게 형성된 의미를 정확히 이해하고 활용하는 방향으로 해야 한다.

문법

(1) 한글맞춤법

한글맞춤법에 관한 문항을 풀기 위해서는 띄어쓰기, 문장부호 등과 같은 기본적인 지식을 꾸준히 암기하여야 한다. 암기뿐만 아니라 실생활에서 사용되는 헷갈리는 맞춤법을 찾아가며 학습하여야 한다. 맞춤법에 관한 새로운 지식이나, 개정된 사항을 틈틈이 확인하여야 한다.

대표유형

다음 중 밑줄 친 말의 표기가 올바른 것을 고르시오.

① 어머니께서는 <u>넉넉찮은</u> 살림에도 살림을 잘 꾸려나가셨다.

② 그런 실력으로 네가 나를 <u>당할소냐</u>?

③ 조금만 기다려 내가 곧 <u>갈께</u>.

④ 내가 나중에 <u>섭섭잖게</u> 사례를 하마.

⑤ 이 옷은 앞뒤가 모두 <u>틔여</u> 시원하다.

정답 ④

정답해설 '섭섭잖게'는 '섭섭하지 않게'의 준말이고 '섭섭잖게'로 표기하는 것이 올바른 표기이다.

오답해설 ① '넉넉찮다'는 '넉넉하지 않다'의 준말로 '넉넉잖다'가 맞는 표기이다.
② 의문형 어미의 경우 된소리가 나는 것은 된소리로 적어야 하므로 '당할쏘냐?'가 맞는 표기이다.
③ '갈께'는 의문형 어미가 아니므로 '갈게'가 맞는 표기이다.
⑤ '트이어'의 준말은 '틔어'나 '트여'로 써야 올바른 표기이다.

Tip 한글맞춤법의 원리를 이해하고, 주요 표준어 규정을 우선적으로 학습하여 폭넓은 학습이 될 수 있도록 한다.

(2) 문장성분의 호응

문장성분의 호응에 관련된 문항을 풀기 위해서는 문장성분의 호응관계에 관한 정리가 되어있어야
한다. 특히, 부사어와 서술어의 호응이 고정화 되어있는 경우는 반드시 숙지하여야 한다.

 대표유형

다음 중 올바르게 표현된 문장을 고르시오.

① 요리가 잘 되어지고 있다.

② 종찬이는 햄버거와 콜라를 먹었다.

③ 대관절 내가 어떻게 했기에 다들 나를 무시할까?

④ 이 장면은 연출된 것이므로 반드시 따라하지 마세요.

⑤ 나는 매일매일 밤낮으로 별로 러닝머신을 즐겁게 한다.

정답 ③

정답해설 '대관절'은 의문 표현과 호응하는 부사어로, 주어진 문장에서 서술어와의 호응은 적절하다.

오답해설 ① 요리가 잘 되고 있다.
② 종찬이는 햄버거를 먹고 콜라를 마셨다.

④ 이 장면은 연출된 것이므로 절대 따라하지 마세요.
⑤ '별로'는 부정을 뜻하는 말과 함께 쓰인다.

Part 01 추론파악
Part 02 핵심이론
Part 03 추론연습
Part 04 직무성격/상황판단
Part 05 실전모의고사
부 록
정답 및 해설

Tip 부사어와 서술어의 호응뿐만 아니라, 주어와 서술어의 호응, 목적어와 서술어의 호응에 관련된 지식 역시 숙지하고 있어야 한다.

③ 언어추리

(1) 빈칸 넣기

빈칸 넣기 문항을 풀기 위해서는 문맥을 정확히 파악하여 필요한 문장이나 문구, 단어가 무엇인지 찾아야 한다. 그러기 위해서는 문맥을 파악하는 독해능력과 문구와 단어의 뜻을 정확히 아는 어휘력을 복합적으로 겸비하여야 하고, 더불어 추리력까지 겸비하여야 한다.

 대표유형

다음의 빈칸에 들어갈 말로 가장 적절한 것을 고르시오.

> A나라에서는 부동산 투기를 하면 공직자가 될 수 없다. 영수는 부동산 투기를 했으므로 _____
> _____

① 영수는 공직자이다.
② 영수가 A나라에 산다면 공직자가 될 수 없다.
③ 영수가 공직자라면 A나라에 산다.
④ 부동산 투기를 안 한 사람은 모두 공직자이다.
⑤ 영수가 다른 나라에 살더라도 공직자가 될 수 없다.

정답 ②

정답해설 A나라에서 부동산 투기를 하면 공직자가 될 수 없다. 만일 영수가 A나라에 산다면, 영수가 부동산 투기를 했으므로 공직자가 될 수 없다.

Tip 문맥의 정확한 의미를 추론해 내고, 문장을 구성하기 위해서는 앞뒤 내용과 전체의 내용을 반드시 파악하여야 한다.

(2) 접속사

접속사를 찾는 문항을 풀기 위해서는 앞 문장 또는 문단의 내용과 뒷 문장 또는 문단의 내용을 비교하여 그 관계를 파악하여야 한다. 의미 관계에 맞는 적절한 접속사를 숙지하고 있을 뿐 아니라 적절히 사용할 수 있어야 한다.

 대표유형

다음 글의 흐름에 따라 ㉠, ㉡에 들어갈 접속어를 고르시오.

> 어린이들은 본성적으로 호기심이 많은 존재이다. ___㉠___ 자유롭게 내버려두면 주위 환경에 대한 탐색을 즐기고, 새로운 것에 대해 흥미로워하며, 문제에 부딪히면 궁리를 거듭하여 끝내는 그 문제를 풀어내려고 한다. 그런데 어떤 부모들은 어린이들이 하기 어려워한다고 대신해주려고 한다. 부모가 자녀의 일을 대신해주는 것은 아이들의 마음속에서 움트는 성장의 씨앗을 짓밟는 결과가 된다. ___㉡___ 어린이들이 힘들어하는 경우에는 부모가 대신해주는 것이 필요하다. 어린이들이 자발적으로 할 수 있게 하는 부모의 배려가 필요하다.

	㉠	㉡
①	그래서	그러나
②	그래서	그리고
③	물론	왜냐하면
④	그리고	한편
⑤	그리고	따라서

정답 ①

정답해설 ㉠의 앞 문장은 아이들이 호기심이 많다고 이야기하고 있다. 이어 호기심이 많은 아이들의 행동에 관하여 이야기하고 있다. 따라서 ㉠에 들어갈 가장 적절한 접속사는 '그래서' 또는 '그러므로'이다. ㉡의 앞 문장은 부모가 아이의 일을 대신 해주는 것은 아이의 성장을 방해한다는 내용이다. ㉡의 뒷 문장에서는 아이들이 힘들어하는 경우에는 부모가 대신해주어야 한다고 이야기한다. 따라서 ㉡의 앞뒤 내용이 서로 상반되므로, '그러나' 또는 '하지만'의 접속사가 ㉡에 들어가는 것이 적절하다.

Tip 앞뒤 내용의 의미 관계에 따른 접속사를 둘 이상 숙지하여, 여러 가지의 접속사의 사용 시를 대비한다.

Part 01 우형파악

Part 02 핵심이론

Part 03 우형연습

Part 04 직무상식/상황면접

Part 05 실전모의고사

부 록

정답 및 해설

4 독해

(1) 내용일치

글의 내용과 일치하거나 일치하지 않는 내용을 찾는 문항을 풀기 위해서는 글의 내용을 머릿속에 그리고 있어야 한다. 대부분의 내용을 이해하고, 이해하기 어려운 내용은 찾기 쉽게 따로 표시를 하여 문항과 비교하여 답을 찾는데 어려움이 없도록 하여야 한다.

 대표유형

다음 글의 내용과 일치하는 것을 고르시오.

> 공포는 태어날 때부터 가지고 나오는 '선천적 공포'와 태어난 후에 여러 가지 경험으로 배우게 되는 '후천적 공포'로 나눌 수 있다. 죽음에 대한 공포는 선천적 공포의 대표적인 예다. 이 공포는 우리 대뇌 신경회로에 태어날 때부터 새겨져 있다. 워낙 강력해서 어떤 이성적 결단도 죽음의 신경회로 앞에 굴복하게 된다.
>
> 반면 후천적 공포는 공포를 불러올 수 있는 상황에 노출됐을 때 그 상황이나 그때의 감정(극심한 공포)을 기억하는 것이다. 미국의 9·11 테러 사건을 예로 들자. 비행기가 충돌하며 건물이 무너지는 상황에 대한 기억과 함께, 그때 느꼈던 공포가 또 다른 기억으로 남는다. 그래서 사건 이후 다른 건물이 폭파돼 무너지는 것만 봐도 9·11 테러상황을 떠올리게 되고, 그때 느꼈던 공포도 같이 되살아나 몸서리를 치는 것이다.
>
> 9·11 테러와 같이 큰 고통과 충격을 동반한 사건은 공포 감정이 함께 기억된다. 만약 공포 감정만 골라 지울 수 있다면 외상 후 스트레스장애로 고통 받는 환자를 치료할 수 있지 않을까.
>
> 공포의 발현과 기억에는 양쪽 귀의 안쪽 대뇌 부위에 위치한 아몬드 모양의 소기관 '편도체'가 중추적 역할을 한다. 실제로 사고로 편도체를 잃은 환자는 감정, 그 중에서도 특히 공포를 잘 느끼지 못한다. 수술을 위해 편도체 부위를 약하게 전기로 자극하면 환자는 공포를 느낀다.
>
> 편도체가 망가진 쥐는 고양이 앞에서 잡혀 먹힐 때까지 장난을 친다. 이것을 보면 선천적 공포인 죽음의 공포 역시 편도체가 관여하는 것이 분명하다. 다만 편도체에 죽음의 공포가 각인된 것인지, 아니면 대뇌의 다른 소기관에 각인된 죽음의 '메시지'가 편도체를 활성화시켜 죽음의 공포를 느끼게 되는 것인지는 불분명하다.

① 선천적 공포는 기억된 공포감정을 다시 환기 하는 현상이다.

② 선천적 공포에 편도체가 어떻게 관여하는지는 아직 밝혀지지 않았다

③ 선천적 공포는 합리적인 사고와 강인한 의지로 극복이 가능하다.

④ 선천적 공포는 편도체를 조작하더라도 약화되거나 사라지지 않는다.

⑤ 선천적 공포는 경험의 영향을 많이 받게 된다.

정답 ②

정답해설 죽음은 선천적 공포라고 시작하면서 글의 마지막 부분에서 '편도체에 죽음의 공포가 각인된 것인지, 아니면 대뇌의 다른 소기관에 각인된 죽음의 '메시지'가 편도체를 활성화시켜 죽음의 공포를 느끼게 되는 것인지는 불분명하다.'고 설명하였다.

오답해설 ① 후천적 공포에 대한 설명이다.
③ 글에서 '어떤 이성적 결단도 죽음의 신경회로 앞에 굴복하게 된다.'고 설명하였다.
④ 글에서 '편도체를 잃은 환자는 감정. 그 중에서도 특히 공포를 잘 느끼지 못한다.'고 하는 등 편도체를 조작하면 공포는 약화되기나 사라질 수 있다고 설명하고 있다
⑤ 선천적 공포는 태어날 때 가지고 나오는 공포로, 여러 가지 경험에 영향을 많이 받는 것은 후천적 공포이다.

Tip 주어진 제시문의 문단을 정리하거나, 중심내용을 표시하여 문항을 풀어 가는 것이 바람직하다. 중심내용을 파악하고 제시문과 선택지를 비교하여 문항을 푸는 것도 좋은 방법이다.

(2) 추론하기

글의 제목이나 이어질 내용을 추론하는 문항을 풀기 위해서는 주어진 글의 중심내용을 찾는 것이 가장 중요하다. 글의 중심내용을 찾기 위해서는 핵심단어 또는 반복단어를 찾거나, 문단의 처음과 중간, 끝을 예의주시하여 보아야 한다.

⭐ 대표유형

다음에 제시된 글에서 추론할 수 있는 글의 제목으로 가장 적합한 것을 고르시오.

실재하는 형상들은 일정한 법칙에 따라 움직인다. 이것은 누가, 언제, 어디서 보든 똑같은 보편타당한 것이다. 그러므로 누구나 실험 등으로 이를 찾아낼 수 있으며 이것이 과학자의 일이다.

① 법칙의 인과성   ② 법칙의 특수성
③ 법칙의 객관성   ④ 법칙의 동시성
⑤ 법칙의 통속성

정답 ③

정답해설 제시문에서는 누가, 언제, 어디서 보든 보편타당성을 지닌 것이 법칙이라 했다. 객관성이란 주관에 좌우되지 않고 언제 누가 보아도 그러하다고 인정되는 성질을 말한다. 따라서 주어진 글의 제목으로 가장 적절한 것은 '법칙의 객관성'이다.

Tip 글의 중심내용을 통하여 글의 제목을 추론할 수 있을 뿐 아니라 이전 또는 이후의 글의 내용을 짐작할 수 있어야 한다. 글의 흐름, 전체 내용을 파악하여 주어진 빈칸을 채울 수 있어야 한다.

(3) 글의 배열

문장 또는 문단의 배열 순서를 찾는 문항을 풀기 위해서는 각 문장 또는 문단의 처음과 끝의 내용을 정확히 파악하여야 하고, 전체적인 글의 흐름을 파악하여야 한다.

 대표유형

다음 문장을 의미맥락이 통할 수 있도록 논리적 순서에 맞게 나열한 것을 고르시오.

> (가) 외국의 사례를 참조하여 대응하면 충분하였다.
> (나) 우리나라는 그동안 선진국을 따라가는 기술축적 과정을 밟아왔기 때문에 첨단과학기술의 순기능과 역기능을 조직적으로 연구하고 평가하는 기능은 별로 필요하지 않았다.
> (다) 따라서 우리나라도 첨단과학기술의 경제·사회적 영향을 보다 조직적으로 연구하고 평가 하는 체제를 강화하여야 하며, 그 결과에 따라 우리의 법령과 제도도 적절히 수정·보완해야 할 것이다.
> (라) 그러나 한국의 첨단과학기술 수준은 급속히 높아지고, 그것이 산업과 사회에 광범위하게 응용되는 단계에 이르게 되었다.

① (가) → (나) → (다) → (라)
② (가) → (나) → (라) → (다)
③ (나) → (가) → (다) → (라)
④ (나) → (가) → (라) → (다)
⑤ (라) → (다) → (나) → (가)

정답 ④

 (나)는 주어진 글의 핵심내용인 '첨단과학기술의 순기능과 역기능을 조직적으로 연구하고 평가하는 기능은 별로 필요하지 않았다'는 문제를 제기하였고, (가)는 (나)에서 제기한 문제가 그동안 문제로 제기되지 않은 이유를 설명하고 있다. 그러나 (라)에서 문제점이 제기된 이유에 대하여 이야기하고 있고, (다)는 (가), (나), (라)에서 제기된 문제의 해결책을 제시하고 있다. 따라서 의미맥락이 통할 수 있도록 논리적 순서에 맞게 나열한 것은 (나) → (가) → (라) → (다)이다.

○Tip 문장의 배열순서는 내용과 더불어 접속사의 의미를 생각하며 글을 배열하여야 한다. 앞뒤 내용이 매끄럽게 이어지도록 하기 위해 반드시 필요한 접속사가 존재하므로, 이를 유념하여 학습하도록 한다.

Part 01 유형파악

Part 02 핵심이론

Part 03 유형연습

Part 04 직무성격/상황판단

Part 05 실전모의고사

부록

정답 및 해설

자료해석

자료해석에는 주어진 자료를 분석·파악하여 결론을 추론하는 문항, 규칙, 비율, 경우의 수 등의 수리 문항이 출제된다. 표현 방법에 따른 자료해석법을 익혀두어야 하고, 고등 수준의 수리 문항에 대한 계산법은 익혀두어야 한다.

1 자료해석

(1) 자료해석

주어진 자료의 내용을 분석하는 문항을 풀기 위해서는 주어진 자료에 맞는 해석법을 알고 있어야 한다. 주어진 자료의 올바른 해석법을 통해 내용을 파악하여 구하고자 하는 내용을 정확히 구하여야 한다.

대표유형

다음은 총 100명이 지원한 부사관 시험에서 지원자들의 시험점수와 면접점수의 상관관계를 조사하여 그 분포수를 표시한 것이다. 시험점수와 면접점수를 합친 총점이 180점 이상인 지원자 중 면접점수가 90점 이상인 사람을 합격자로 할 때, 합격자의 총 수를 고르시오.

(단위 : 명)

면접점수 시험점수	60점	70점	80점	90점	100점
100점	1	5	4	6	1
90점	2	4	5	5	4
80점	1	3	8	7	5
70점	4	5	7	5	2
60점	2	3	6	3	2

① 19명　　　　② 21명　　　　③ 23명　　　　④ 25명

정답 ②

 총점이 180점 이상인 지원자는 아래 표에서 색칠된 부분으로, 총 25명이다. 이 중에서 면접점수가 90점 이상인 지원자는 면접점수가 80점인 4명을 제외하고 21명이다.

면접점수 시험점수	60점	70점	80점	90점	100점
100점	1	5	4	6	1
90점	2	4	5	5	4
80점	1	3	8	7	5

(°Tip) 자료는 표, 그래프, 그림 등의 여러 가지 방법으로 제시될 수 있다. 따라서 익숙하지 않은 자료해석 방법이 있다면 반드시 파해법을 찾아놓아야 한다.

(2) 자료비교

주어진 자료를 비교하여 분석하는 문항을 풀기 위해서는 우선적으로 완벽한 자료해석이 필요하다. 통계적으로 분석한 자료를 비교하고, 분석하는 과정에서 실수를 하지 않도록 꼼꼼히 하여야 한다.

대표유형

다음은 A, B, C, D 4개 국가의 연도별 인구증가율과 상수접근율의 도시·농촌 간 비교를 나타낸 것이다. 이 자료에 관한 설명 중 옳지 않은 것을 고르시오.

국가별 인구증가율과 상수접근율

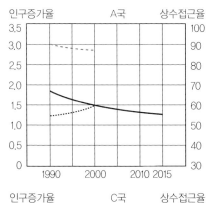

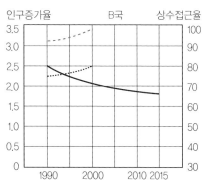

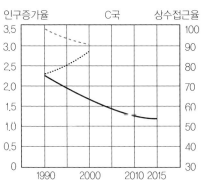

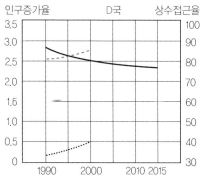

—— 인구증가율	------- 도시 상수접근율	········· 농촌 상수접근율

※상수접근율 : 총 인구 중 안전한 상수공급원에 접근 가능한 인구 비율

① 4개 국가 모두 농촌의 상수접근율은 상승하고 있다.
② 인구증가율이 가장 높은 국가의 경우 농촌의 상수접근율은 가장 낮다.
③ 1999년의 인구증가율이 가장 낮은 국가의 경우 도시의 상수접근율은 상승하고 있다.
④ 2000년 기준으로 도시와 농촌 간 상수접근율의 차이가 가장 작은 국가는 C이고 가장 큰 국가는 D이다.

정답 ③

정답해설〉 1999년의 인구 증가율이 가장 낮은 국가는 A이고, A의 경우 도시의 상수접근율이 하락하고 있다.

(°Tip) 자료의 해석을 완벽히 한다면, 자료비교는 자료해석에 비하여 단순한 작업이 된다.

❷ 응용수리

(1) 규칙

수의 나열에 있어 이후의 숫자를 추론하는 문항을 풀기 위해서는 수와 수 사이에 있는 규칙을 찾는 것이 가장 중요하다. 그 규칙은 사칙연산(+, −, ×, ÷)을 포함하며, 경우에 따라 여러 가지의 방법을 가지고 있으므로, 고정관념을 갖지 말고 여러 가지 방법으로 시도해봐야 한다.

대표유형

다음 나열된 수에는 일정한 규칙이 있다. (   ) 안에 들어갈 수를 고르시오.

1 1 2 3 5 ( ) 13

① 7 　　　　　　② 8 　　　　　　③ 9 　　　　　　④ 10

정답 ②

정답해설〉 숫자들의 나열에는 앞의 두 수를 더하여 다음 수가 나오는 규칙을 갖고 있다. 따라서 괄호 안에 들어갈 알맞은 수는 3+5=8이다.

Part 01 유형파악

Part 02 핵심이론

Part 03 유형연습

Part 04 직무상식/상황판단

Part 05 실전모의고사

부록

정답 및 해설

 Tip 규칙을 찾는 것도 중요하지만, 찾은 규칙이 정확한 규칙인지 다시 한 번 검산할 수 있도록 한다.

(2) 방정식

방정식을 세워 구하고자 하는 값을 구하는 문항을 풀기 위해서는 구하고자 하는 값을 정확히 정하는 것이 가장 중요하다. 구하고자 하는 값이 문항에서 구하고자 하는 값일 수도 있지만 아닌 경우, 추가 적으로 방정식을 세워야 하므로, 식을 세우는 연습을 꾸준히 해야 한다.

대표유형

1층에서 10층까지 운행하는 엘리베이터가 있다. 이 엘리베이터가 1층에서 5층까지 올라가는 데 걸리는 시간이 20초라고 한다면, 이 엘리베이터가 1층에서 8층까지 올라가는 데 걸리는 시간을 고르시오.(단, 매층 올라가는 데 걸리는 시간은 같고, 엘리베이터 탑승 · 하차 시간은 고려하지 않 는다.)

① 28초　　　　② 32초　　　　③ 35초　　　　④ 36초

정답 ③

정답해설 엘리베이터가 한 층을 올라가는 데 걸리는 시간을 x라 하자.

1층에서 5층까지 올라가는 데 걸리는 시간이 20초이므로

$4x=20$, $x=5$

엘리베이터가 1층에서 8층까지 올라가는 데 걸리는 시간은 $7x$이므로

$\therefore 7x=35$(초)

Tip 최소한의 미지수를 통하여 여러 가지 식을 만들어 연립하여야 한다. 문항에서 주어진 조건은 반드시 숙지하도록 한다.

(3) 경우의 수

경로 또는 경우의 수를 구하는 문항을 풀기 위해서는 주어진 조건을 정확히 분석하는 것이 가장 중 요하다. 다수의 조건인 경우 조건을 하나하나 분석하고, 각각의 조건이 서로 영향을 미치는지도 확 인하여야 한다.

 대표유형

A휴게소의 간식은 핫바, 핫도그, 소시지, 어묵이 있고, 음료는 커피, 아이스티, 핫초코가 있다. A 휴게소에서 간식 1개, 음료 1개를 택하는 모든 경우의 수를 고르시오.

① 8　　　　② 10　　　　③ 12　　　　④ 14

정답 ③

정답해설 A휴게소에서 간식을 택하는 경우의 수는 4가지, 음료를 택하는 경우의 수는 3가지이다. 이는 동시에 일어나야 하는 일이므로, 4×3＝12가지이다.

Tip 한 사건이 아닌 여러 사건이 일어남에 있어 동시에 일어나는지 아닌지에 따라 경우의 수가 달라짐을 유념하도록 한다.

(4) 도수분포표

도수분포표를 이용하여 해결해야 하는 문항을 풀기 위해서는 도수분포표에 나타난 값의 의미를 아는 것이 가장 중요하다. 도수분포표의 값의 의미와 계산법을 익혀 둔다면 단순한 계산문항으로 바뀌게 된다.

🛡 대표유형

다음은 A부대 병사들의 부대와 자택 간 거리를 나타낸 표이다. (가)에 들어갈 값을 고르시오.

거리(km)	상대도수	누적도수(명)
0 이상 ~ 10 미만	0.1	
10 이상 ~ 20 미만	0.2	30
20 이상 ~ 30 미만	0.3	45
30 이상 ~ 40 미만		(가)
40 이상 ~ 50 미만	0.1	
합계	1	

① 30 　　　　② 35 　　　　③ 40 　　　　④ 45

정답 ④

정답해설 도수분포표의 상대도수를 보면, 모든 상대도수의 합은 1이므로 '30 이상 ~ 40 미만'의 상대도수는 0.3이다. 따라서 상대도수가 0.3인 '20 이상 ~ 30 미만'의 누적도수가 45(명)이므로, (가)에 들어갈 값 역시 45(명)이다.

Tip 도수분포표의 특징과 명칭을 반드시 숙지하고 있어야 한다.

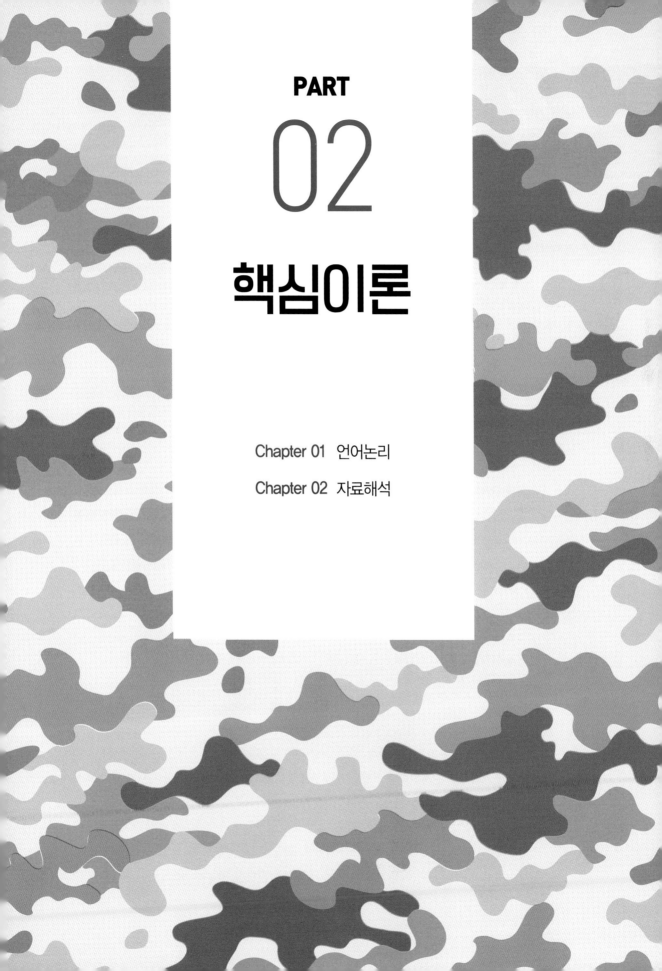

PART

02

핵심이론

인지능력 중 언어논리는 언어에 대한 이론뿐만 아니라 언어에 대한 지식과 상식에 대하여 상세한 학습이 필요하다. 어휘영역은 고유어, 한자어, 속담 등의 뜻과 쓰임에 관하여 학습하여야 하고, 단어의 문맥상의 의미를 파악하고, 어휘 간의 관계를 파악할 수 있도록 학습하여야 한다. 문법영역에서 가장 중점적으로 보아야 할 어문규정은 표준어규정과 표준발음법이다. 표준어규정과 표준발음법은 단순한 암기가 아닌 어문규정에 대한 폭넓은 이해가 필요하고, 높임법, 띄어쓰기와 같은 기본적인 어문규정 역시 숙지하고 있어야 한다.

1 어휘

(1) 어휘 간 의미 관계

① 계열 관계

㉠ 유의 관계와 동의 관계 : 형태가 다른 두 어휘들 간에 의미가 유사성을 띠고 상호 교체될 수 있는 경우를 말한다. 예를 들어 '낯'과 '얼굴'의 경우 '사람의 눈, 코, 입 등이 있는 얼굴의 앞면'을 의미한다는 점에서 의미가 유사하다. 그리고 '낯이 뜨겁다', '얼굴이 뜨겁다'와 같이 문맥상 교체가 가능한 것은 유의 관계로 볼 수 있지만, '낯이 없다', '얼굴이 없다'와 같이 문맥상 교체가 어려운 경우도 발생하는 경우는 유의 관계라고 할 수 없다. 한편 형태가 다른 두 어휘가 의미가 같으며 모든 문맥에서 교체가 가능한 경우에는 동의 관계에 있다고 한다.

- 높임 체계에 따른 유의 관계 : 밥/진지, 주다/드리다, 먹다/잡수시다
- 고유어와 한자어의 대립에 따른 유의 관계 : 생각/사고(思考), 슬픔/비애(悲哀), 사람/인간(人間), 말미/휴가(休暇)
- 고유어와 외래어의 대립에 따른 유의 관계 : 만남/미팅(meeting), 동아리/서클(circle), 집/아파트(apartment)
- 표준어와 방언에 따른 유의 관계 : 옥수수/강냉이, 고깃간/푸줏간

㉡ 반의 관계와 대립 관계 : 어떤 어휘들 간의 관계에서 한 가지 요소를 제외한 나머지 의미 요소가 동일할 때의 관계를 말한다. '처녀'와 '총각'이라는 어휘를 살펴보면 '사람', '미혼'이라는 공통점은 있지만, 오직 '여성', '남성'이라는 성의 요소만 차이가 나기 때문에 반의 관계에 해당한다. 대립 관계는 반의 관계와 혼동하기 쉽지만, '하늘'과 '땅'이라는 어휘를 살펴보면 공통된 의미요소가 없고 '위', '아래'라는 위치요소만 대립한다. 따라서 '하늘'과 '땅'은 반의 관계로 보기

힘들다.

예 '팽창'과 '수축'

- **팽창** : 1. 부풀어서 부피가 커짐 2. 수량이 본디의 상태보다 늘어나거나 범위, 세력 따위가 본디의 상태보다 커지거나 크게 발전함
- **수축** : 1. 근육 따위가 오그라듦 2. 부피나 규모가 줄어듦

예 '부상'과 '추락'

- **부상** : 1. 물 위로 떠오름 2. 어떤 현상이 관심의 대상이 되거나 어떤 사람이 훨씬 좋은 위치로 올라섬
- **추락** : 1. 높은 곳에서 떨어짐 2. 위신이나 가치 따위가 떨어짐 3. 할아버지나 아버지의 공덕에 미치지 못하고 떨어짐

예 '증가'와 '감소'

- **증가** : 양이나 수치가 늚
- **감소** : 양이나 수치가 줆 또는 양이나 수치를 줄임

ⓒ **상하 관계** : 한쪽이 의미상 다른 쪽을 포함하거나 다른 쪽에 포함되는 의미 관계를 상하 관계라고 한다. 이때 포함하는 단어를 상의어, 포함되는 단어를 하의어라 한다. 흔히 상하 관계는 생물학적 분류기준인 종(種)이 유지되는 단어들 사이에서 나타난다.

예 새 : 참새, 갈매기, 꿩, 까마귀, 독수리, …, 매(송골매, 보라매 …)

ⓓ **부분–전체 관계** : 한 단어가 다른 단어의 부분이 되는 관계가 부분 관계, 전체 부분 관계라고 한다. 부분 관계에서 부분을 가리키는 단어를 부분어, 전체를 가리키는 단어를 전체어라고 한다. 예를 들면, '머리, 팔, 몸통, 다리'는 '몸'의 부분어이며, 이러한 부분어들에 의해 이루어진 '몸'은 전체어이다.

② 복합 관계

㉠ **다의 관계** : 어떤 어휘에 대응하는 의미가 여러 개일 경우를 말한다. 다의 관계에 있는 어휘들은 중심 의미를 바탕으로 주변 의미로 확장되거나 비유에 의해 의미가 확장되기도 한다.

- '길'의 경우 중심 의미는 '사람이나 동물 또는 자동차 따위가 다닐 수 있는 공간'이지만, '시간의 흐름에 따른 개인의 삶이나 사회 · 역사적 발전이 전개되는 과정' 등 주변적 의미나 비유적 의미로 확장되어 다의 관계를 형성하기도 한다.

예 출근길이 막혀서 회사에 늦을 뻔했다. → 중심 의미로 사용되었다.

내가 살아갈 길은 희망으로 가득 차 있다. → 주변 의미로 사용되었다.

그 양반이 어제 저승길로 갔다. → 비유적인 의미로 사용되었다.

- '같다'의 중심 의미는 '서로 다르지 않고 같다'이지만, '기준에 합당한'과 같은 주변적 의미로 쓰여 다의 관계를 형성하기도 한다.

Part 01 유형파악

Part 02 핵심이론

Part 03 유형연습

Part 04 직무성격평가편

Part 05 실전모의고사

부록

정답 및 해설

예 그는 나와 같은 학교를 졸업하였다. → 중심 의미로 사용되었다.

　　우리 언니 같은 사람은 세상에 또 없을 거야. → 주변 의미로 사용되었다.

　　나 같으면 이를 악물고 더 열심히 할 거야. → 주변 의미로 사용되었다.

　ⓛ **동음이의 관계** : 서로 다른 의미를 가진 어휘가 시간의 흐름에 따라 발음이 변하여 우연히 형태
　　가 같아진 경우가 있다. '배'의 경우 '과일의 한 종류'나 '사람의 가슴 아래 부분', '바다에서 사람
　　이나 화물을 수송하는 교통수단' 모두 같은 형태를 지니고 있으나, 의미상의 연관성이 없어 중
　　심 의미에서 주변 의미로 확장된 경우로 볼 수 없는 경우에는 다의 관계와 구분하여 '동음이의
　　관계'에 있다고 하며 사전에서도 서로 다른 어휘로 취급한다.

(2) 고유어

① **의미** : 고유어란 우리말에 본디부터 있던 낱말이나 그것을 바탕으로 하여 새로 만들어진 낱말을
　뜻하며, 다른 말로 토박이말 또는 순우리말이라고 한다.

② **종류**

　㉠ **사람의 신체와 관련된 어휘**

　　• **가는 귀** : 작은 소리까지 듣는 귀 또는 그런 귀의 능력

　　• **명치** : 사람의 복장뼈 아래 한가운데의 오목하게 들어간 곳. 급소의 하나이다.

　　• **몽구리** : 바싹 깎은 머리

　　• **허우대** : 겉으로 드러난 체격. 주로 크거나 보기 좋은 체격을 이른다.

　　• **허울** : 실속이 없는 겉모양

　㉡ **사람의 행위와 관련된 어휘**

　　• **가탈** : 1. 일이 순조롭게 나아가는 것을 방해하는 조건 2. 이리저리 트집을 잡아 까다롭게 구
　　　는 일

　　• **너스레** : 수다스럽게 떠벌려 늘어놓는 말이나 짓

　　• **넉장거리** : 네 활개를 벌리고 뒤로 벌렁 나자빠짐

　　• **옴니암니** : 1. 다 같은 이인데 자질구레하게 어금니 앞니 따진다는 뜻으로, 아주 자질구레한
　　　것을 이르는 말 2. 자질구레한 일에 대하여까지 좀스럽게 셈하거나 따지는 모양 ≒ 암니옴니

　　• **허드렛일** : 중요하지 아니하고 허름한 일

　㉢ **사람의 성품 · 관계 · 직업 등과 관련된 어휘**

　　• **가납사니** : 1. 쓸데없는 말을 지껄이기 좋아하는 수다스러운 사람 2. 말다툼을 잘하는 사람

　　• **가시버시** : '부부'를 낮잡아 이르는 말

　　• **괄괄스럽다** : 보기에 성질이 세고 급한 데가 있다.

　　• **마파람** : 뱃사람들의 은어로, '남풍'을 이르는 말

- **만무방** : 1. 염치가 없이 막된 사람 2. 아무렇게나 생긴 사람
- **맵짜다** : 1. 음식의 맛이 맵고 짜다. 2. 바람 따위가 매섭게 사납다. 3. 성미가 사납고 독하다. 4. 성질 따위가 야무지고 옹골차다.
- **맵차다** : 1. 맵고 차다. 2. 옹골차고 야무지다.
- **어험스럽다** : 1. 짐짓 위엄이 있어 보이는 듯하다. 2. 굴이나 구멍 따위가 텅 비고 우중충한 데가 있다.
- **찬찬스럽다** : 보기에 성질, 솜씨, 행동 따위가 꼼꼼하고 자상한 데가 있다.

② 자연현상이나 자연물과 관련된 어휘
- **고도리** : 1. 고등어의 새끼 2. '고등어'의 옛말
- **늦사리** : 제철보다 늦게 농작물을 수확하는 일 또는 그런 작물
- **하릅강아지** : 나이가 한 살 된 강아지
- **해거름** : 해가 서쪽으로 넘어가는 일 또는 그런 때
- **해넘이** : 해가 막 넘어가는 때 또는 그런 현상

⑩ 상황 또는 상태, 외양과 관련된 어휘
- **가년스럽다** : 보기에 가난하고 어려운 데가 있다.
- **남우세스럽다** : 남에게 놀림과 비웃음을 받을 듯하다.
- **녹녹하다** : 1. 촉촉한 기운이 약간 있다. 2. 물기나 기름기가 있어 딱딱하지 않고 좀 무르며 보드랍다.
- **옴팡지다** : 1. 보기에 가운데가 좀 오목하게 쏙 들어가 있다. 2. 아주 심하거나 지독한 데가 있다.
- **잔다랗다** : 1. 꽤 잘다. 2. 아주 자질구레하다. 3. 볼만한 가치가 없을 정도로 하찮다.

⑭ 음성 상징어
- **감실감실** : 사람이나 물체, 빛 따위가 먼 곳에서 자꾸 아렴풋이 움직이는 모양
- **곰실곰실** : 작은 벌레 따위가 한데 어우러져 조금씩 자꾸 굼뜨게 움직이는 모양
- **데면데면** : 1. 사람을 대하는 태도가 친밀감이 없이 예사로운 모양 2. 성질이 꼼꼼하지 않아 행동이 신중하거나 조심스럽지 않은 모양
- **미적미적** : 1. 무거운 것을 조금씩 앞으로 자꾸 내미는 모양 2. 해야 할 일이나 날짜 따위를 미루어 자꾸 시간을 끄는 모양 = 미루적미루적 3. 자꾸 꾸물대거나 망설이는 모양
- **아등바등** : 무엇을 이루려고 애를 쓰거나 우겨대는 모양

ⓢ 숫자를 나타내는 어휘
- **강다리** : 쪼갠 장작을 묶어 세는 단위. 한 강다리는 쪼갠 장작 백 개비를 이른다.
- **거리** : 오이나 가지 따위를 묶어 세는 단위(한 거리는 오이나 가지 오십 개)

Part 01 유형파악
Part 02 핵심이론
Part 03 유형연습
Part 04 직무상식/상황판단
Part 05 실전모의고사
부록
정답 및 해설

- **모숨** : 길고 가느다란 물건의, 한 줌 안에 들어올 만한 분량을 세는 단위
- **뭇** : 1. 짚, 장작, 채소 따위의 작은 묶음을 세는 단위 2. 볏단을 세는 단위 3. 생선을 묶어 세는 단위(한 뭇은 생선 열 마리) 4. 미역을 묶어 세는 단위(한 뭇은 미역 열 장)
- **벌** : 옷, 그릇 따위가 두 개 또는 여러 개 모여 갖추는 덩어리를 세는 단위
- **줌** : 주먹으로 쥘 만한 분량
- **타래** : 사리어 뭉쳐 놓은 실이나 노끈 따위의 뭉치를 세는 단위
- **토리** : 실몽당이를 세는 단위

- **갈무리** : 1. 물건 따위를 잘 정리하거나 간수함 2. 일을 처리하여 마무리함
- **거위영장** : 여위고 키가 크며 목이 긴 사람을 놀림조로 이르는 말
- **곰살맞다** : 몹시 부드럽고 친절하다.
- **공변되다** : 행동이나 일 처리가 사사롭거나 한쪽으로 치우치지 않고 공평하다.
- **곡두** : 눈앞에 없는 것이 있는 것처럼 보이는 것 = 환영(幻影)
- **대갈마치** : 온갖 어려운 일을 겪어서 아주 야무진 사람을 비유적 이르는 말
- **뒷배** : 겉으로 나서지 않고 뒤에서 보살펴 주는 일
- **마수걸이** : 1. 맨 처음으로 물건을 파는 일 또는 거기서 얻은 소득 2. 맨 처음으로 부딪는 일
- **섬** : 부피의 단위. 곡식, 가루, 액체 따위의 부피를 잴 때 쓴다(한 섬은 한 말의 열 배).
- **손** : 한 손에 잡을 만한 분량을 세는 단위. 조기, 고등어, 배추 따위 한 손은 큰 것 하나와 작은 것 하나를 합한 것을 이르고, 미나리나 파 따위 한 손은 한 줌 분량을 이른다.
- **쌈** : 1. 바늘을 묶어 세는 단위(한 쌈은 바늘 스물네 개) 2. 옷감, 피혁 따위를 알맞은 분량으로 싸 놓은 덩이를 세는 단위. 3. 금의 무게를 나타내는 단위(한 쌈은 금 백 냥쭝)
- **암상스럽다** : 보기에 남을 시기하고 샘을 잘 내는 데가 있다.
- **어둑서니** : 어두운 밤에 아무것도 없는데, 있는 것처럼 잘못 보이는 것
- **오금** : 무릎의 구부러지는 오목한 안쪽 부분
- **옹글다** : 1. 물건 따위가 조각나거나 손상되지 아니하고 본디대로 있다. 2. 조금도 축가거나 모자라지 아니하다. 3. 매우 실속 있고 다부지다.
- **씨엉씨엉** : 걸음걸이나 행동 따위가 기운차고 활기 있는 모양
- **잰걸음** : 보폭이 짧고 빠른 걸음
- **찹찹하다** : 1. 포개어 쌓은 물건이 엉성하지 아니하고 차곡차곡 가지런하게 가라앉아 있다. 2. 마음이 들뜨지 아니하고 차분하다.
- **톳** : 김을 묶어 세는 단위. 한 톳은 김 100장을 이른다.
- **한동자** : 끼니를 마친 후 새로 밥을 짓는 일

(3) 관용구 · 속담

① 의미 : 관용구란 두 개 이상의 단어로 이루어져 있으면서 그 단어들의 의미만으로는 전체의 의미를 알 수 없는, 특수한 의미를 나타내는 어구를 말하고, 속담이란 예로부터 전해지는 조상들의 지혜가 담긴 표현으로, 교훈이나 풍자를 하기 위해 어떤 사실을 비유의 방법으로 서술하는 간결한 관용어구를 말한다.

② 종류

㉠ 신체와 관련 있는 관용구

• 가슴이 콩알만 하다(해지다) : 불안하고 초조하여 마음을 펴지 못하고 있다.

• 간도 쓸개도 없다 : 용기나 줏대 없이 남에게 굽히다.

• 눈에 어리다 : 어떤 모습이 잊혀지지 않고 머릿속에 뚜렷하게 떠오르다.

• 배알이 꼴리다(뒤틀리다) : 비위에 거슬려 아니꼽게 생각된다.

㉡ 사물 · 자연물과 관련 있는 관용구

• 강 건너 불구경 : 자기에게 관계없는 일이라고 하여 무관심하게 방관하는 모양

• 바가지를 쓰다 : 1. 요금이나 물건값을 실제 가격보다 비싸게 지불하여 억울한 손해를 보다. 2. 어떤 일에 대한 부당한 책임을 억울하게 지게 되다.

• 바람을 일으키다 : 1. 사회적으로 많은 사람에게 영향을 미치다. 2. 사회적 문제를 만들거나 소란을 일으키다.

• 산통을 깨다 : 다 잘되어 가던 일을 이루지 못하게 뒤틀다.

• 하늘이 노래지다 : 갑자기 기력이 다하거나 큰 충격을 받아 정신이 아찔하게 되다.

㉢ 속담

• 가난 구제는 나라님(임금)도 못한다 : 남의 가난한 살림을 도와주기란 끝이 없는 일이어서, 개인은 물론 나라의 힘으로도 구제하지 못한다는 말

• 가는 말에 채찍질 : 1. 열심히 하는데도 더 빨리 하라고 독촉함을 비유적으로 이르는 말 2. 형편이나 힘이 한창 좋을 때라도 더욱 힘써야 함을 비유적으로 이르는 말

• 뚝배기보다 장맛이 좋다 : 겉모양은 보잘것없으나 내용은 훨씬 훌륭함을 이르는 말

• 마른나무를 태우면 생나무도 탄다 : 안 되는 일도 대세를 타면 잘될 수 있음을 비유적으로 이르는 말

• 비단옷 입고 밤길 가기 : 비단옷을 입고 밤길을 걸으면 아무도 알아주지 않는다는 뜻으로, 생색이 나지 않는 공연한 일에 애쓰고도 보람이 없는 경우를 비유적으로 이르는 말

• 산 까마귀 염불한다 : 산에 있는 까마귀가 산에 있는 절에서 염불하는 것을 하도 많이 보고 들어서 염불하는 흉내를 낸다는 뜻으로, 무엇을 전혀 모르던 사람도 오랫동안 보고 듣노라면 제법 따라 할 수 있게 됨을 비유적으로 이르는 말

Part 01 유형파악
Part 02 핵심이론
Part 03 유형연습
Part 04 직무성격/상황판단
Part 05 실전모의고사
부록
정답 및 해설

- **치마가 열두 폭인가** : 남의 일에 쓸데없이 간섭하고 참견함을 비꼬는 말
- **코 막고 답답하다(숨막힌다)고 한다** : 제힘으로 쉽게 할 수 있는 일을 어렵게 생각하여 다른 곳에서 해결책을 찾으려 함을 비유적으로 이르는 말
- **혀 아래 도끼 들었다** : 말을 잘못하면 재앙을 받게 되니 말조심을 하라는 말

핵심빈출 · 꼭 알아두어야 할 20선

- **가슴을 저미다** : 생각이나 느낌이 매우 심각하고 간절하여 가슴을 칼로 베는 듯한 아픔을 느끼게 하다.
- **경종을 울리다** : 잘못이나 위험을 미리 경계하여 주의를 환기시키다.
- **경주 돌이면 다 옥석인가** : 1. 좋은 일 가운데 궂은일도 섞여 있다는 말 2. 사물을 평가할 때, 그것이 나는 곳이나 그 이름만을 가지고서 판단할 수 없다는 말
- **곶감 꼬치에서 곶감 빼(뽑아) 먹듯** : 애써 알뜰히 모아 둔 재산을 조금씩 조금씩 헐어 써 없앰을 비유적으로 이르는 말
- **귀를 씻다** : 세속의 더러운 이야기를 들은 귀를 씻는다는 뜻으로, 세상의 명리를 떠나 깨끗하게 삶을 비유적으로 이르는 말
- **눈에 불을 켜다** : 1. 몹시 욕심을 내거나 관심을 기울이다. 2. 화가 나서 눈을 부릅뜨다.
- **도끼가 제 자루 못 찍는다** : 자기의 허물을 자기가 알아서 고치기 어려움을 비유적으로 이르는 말
- **돌을 던지다** : 1. 남의 잘못을 비난하다. 2. 바둑을 두는 도중에 자기가 졌음을 인정하고 그만두다.
- **땅이 꺼지도록(꺼지게)** : 한숨을 쉴 때 몹시 깊고도 크게.
- **마파람에 게 눈 감추듯** : 음식을 매우 빨리 먹어 버리는 모습을 비유적으로 이르는 말 ⑾ 남양 원님 굴회 마시듯, 두꺼비 파리 잡아먹듯
- **물 위의 기름** : 서로 어울리지 못하여 겉도는 사이
- **불꽃이 튀다** : 1. 겨루는 모양이 치열하다. 2. 격한 감정이 눈에 내비치다.
- **붓을 꺾다(던지다)** : 1. 문필 활동을 그만두다. 2. 글을 쓰는 문필 활동에 관한 희망을 버리고 다른 일을 하다.
- **얼음에 박 밀듯** : 말이나 글을 거침없이 줄줄 내리읽거나 내리외는 모양을 비유적으로 이르는 말
- **오뉴월 감주 맛 변하듯** : 매우 빨리 변하여 못 쓰게 됨을 비유적으로 이르는 말
- **코빼기도 내밀지(나타나지) 않다** : 도무지 모습을 나타내지 아니함을 낮잡아 이르는 말
- **피가 거꾸로 솟다(돌다)** : 피가 머리로 모인다는 뜻으로, 매우 흥분한 상태를 비유적으로 이르는 말

• 파방에 수수엿 장수 : 기회를 놓쳐서 이제는 별 볼 일 없게 된 사람이나 그런 경우를 비유적으로 이르는 말
• 하루가 여삼추(라) : 하루가 삼 년과 같다는 뜻으로, 짧은 시간이 매우 길게 느껴짐을 비유적으로 이르는 말
• 허리가 휘다(휘어지다) : 감당하기 어려운 일을 하느라 힘이 부치다.

(4) 한자어 · 한자성어

① 의미 : 한자어란 한국어 속에 쓰이는 한자 어휘를 말하며, 우리 일상에 자주 그리고 많이 사용된다. 한자성어란 관용적인 뜻으로 굳어 쓰이는 한자로 된 말로, 주로 유래가 있거나 교훈을 담고 있다.

② 종류

㉠ 한자 유의어

가공(架空) = 허구(虛構)	가권(家眷) = 권솔(眷率)	가련(可憐) = 측은(惻隱)
구속(拘束) = 속박(束縛)	구축(驅逐) = 구출(驅出)	구획(區劃) = 경계(境界)
귀감(龜鑑) = 모범(模範)	귀향(歸鄕) = 귀성(歸省)	기대(企待) = 촉망(囑望)
압박(壓迫) = 위압(威壓)	연혁(沿革) = 변천(變遷)	영원(永遠) = 영구(永久)
횡사(橫死) = 비명(非命)	후락(朽落) = 퇴락(頹落)	힐난(詰難) = 지탄(指彈)

㉡ 한자 반의어

가결(可決) ↔ 부결(否決)	간헐(間歇) ↔ 지속(持續)	감퇴(減退) ↔ 증진(增進)
고답(高踏) ↔ 세속(世俗)	고아(高雅) ↔ 비속(卑俗)	공명(共鳴) ↔ 반박(反駁)
공용(共用) ↔ 전용(專用)	동요(動搖) ↔ 안정(安定)	질서(秩序) ↔ 혼돈(混沌)
참신(斬新) ↔ 진부(陳腐)	치졸(稚拙) ↔ 세련(洗練)	편파(偏頗) ↔ 공평(公平)
폐지(廢止) ↔ 존속(存續)	할인(割引) ↔ 할증(割增)	호전(好轉) ↔ 악화(惡化)

㉢ 효에 관한 한자성어

• 望雲之情(망운지정) : '멀리 구름을 바라보며 어버이를 생각한다'라는 뜻으로, 자식이 객지에서 고향에 계신 어버이를 생각하는 마음 ㈜ 望雲之懷(망운지회)
• 反哺之孝(반포지효) : 자식이 자란 후에 어버이의 은혜를 갚는 효성을 이르는 말
• 出必告反必面(출필고반필면) : 나갈 때는 반드시 가는 곳을 아뢰고, 되돌아와서는 반드시 얼굴을 보여 드림을 이르는 말 ㈜ 出告反面(출고반면)
• 風樹之歎(풍수지탄) : 효도하고자 할 때에 이미 부모는 돌아가셔서, 효행을 다하지 못하는 슬픔을 이르는 말
• 昊天罔極(호천망극) : 어버이의 은혜가 넓고 큰 하늘과 같이 다함이 없음을 이르는 말

Part 01 유형파악
Part 02 핵심이론
Part 03 유형연습
Part 04 직무상식/상황판단
Part 05 실전모의고사
부 록
정답 및 해설

ㄹ 우정에 관한 한자성어

- 肝膽相照(간담상조) : '간과 쓸개를 내놓고 서로에게 보인다'라는 뜻으로, 서로 마음을 터놓고 친하게 사귐을 이르는 말
- 管鮑之交(관포지교) : 관중과 포숙의 사귐이란 뜻으로, 우정이 아주 돈독한 친구 관계를 이르는 말
- 莫逆之友(막역지우) : 허물이 없이 아주 친한 친구를 이르는 말 ㈜ 莫逆之間(막역지간)
- 刎頸之交(문경지교) : 죽고 살기를 같이 할 수 있는 아주 가까운 사이나 친구를 이르는 말
- 朋友有信(붕우유신) : 친구 사이의 도리는 믿음에 있음을 뜻하는 말로 오륜(五倫)의 하나
- 水魚之交(수어지교) : '물과 고기의 관계'처럼 아주 친밀하여 떨어질 수 없는 사이를 이르는 말
- 知音知己(지음지기) : 소리를 듣고 나를 인정해 주는 친구를 이르는 말

ㅁ 학문에 관한 한자성어

- 曲學阿世(곡학아세) : 바른 길에서 벗어난 학문으로 세상 사람에게 아첨함
- 敎學相長(교학상장) : 가르치는 사람과 배우는 사람이 서로의 학업을 증진시킨다는 뜻
- 發憤忘食(발분망식) : 일을 이루려고 끼니조차 잊고 분발하여 노력함을 이르는 말
- 走馬加鞭(주마가편) : '달리는 말에 채찍을 더한다'라는 뜻으로, 잘하는 사람을 더욱 장려함

ㅂ 부부에 관한 한자성어

- 琴瑟之樂(금슬지락) : 거문고와 비파의 조화로운 소리라는 뜻으로, 부부 사이의 다정하고 화목함을 이르는 말
- 夫唱婦隨(부창부수) : 남편이 주장하면 부인이 이에 잘 따른다는 뜻으로, 부부 화합의 도리를 이르는 말
- 賢婦令夫貴和六親(현부영부귀화육친) : 현명한 부인은 남편을 귀하게 하고 또한 일가친척을 화목하게 함을 이르는 말

- 가렴주구(苛斂誅求) : 세금을 가혹하게 거두거나 백성의 재물을 무리하게 빼앗음을 이르는 말
- 교각살우(矯角殺牛) : '소의 뿔을 잡으려다가 소를 죽인다'라는 뜻으로 잘못된 점을 고치려다가 수단이 지나쳐 오히려 일을 그르침을 이르는 말
- 낭중지추(囊中之錐) : '주머니 속에 있는 송곳'이란 뜻으로, 재능이 뛰어난 사람은 숨어 있어도 저절로 사람들에게 알려짐을 이르는 말
- 당랑거철(螳螂拒轍) : 자기 힘은 헤아리지 않고 강자에게 함부로 덤빔을 비유적으로 이르는 말
- 망양보뢰(亡羊補牢) : '양을 잃고 우리를 고친다'라는 뜻으로, 이미 어떤 일을 실패한 뒤에 뉘우쳐도 아무 소용이 없음을 이르는 말
- 면종복배(面從腹背) : 겉으로는 복종하는 체하면서 속으로는 배반함을 이르는 말

Part 01 유형파악

Part 02 핵심이론

Part 03 유형연습

Part 04 직무성격/상황판단

Part 05 실전모의고사

부록

정답 및 해설

- 불치하문(不恥下問) : 손아랫사람이나 지위나 학식이 자기만 못한 사람에게 모르는 것을 묻는 일을 부끄러워하지 아니함
- 빙탄지간(氷炭之間) : '얼음과 숯 사이'란 뜻으로, 둘이 서로 어긋나 맞지 않는 사이나 서로 화합할 수 없는 사이를 말함
- 수주대토(守株待兔) : '그루터기를 지켜 토끼를 기다린다'라는 뜻으로, 달리 변통할 줄 모르고 한 가지 일에만 얽매여 발전을 모르는 어리석은 사람을 비유적으로 이르는 말
- 염량세태(炎凉世態) : 권세가 있을 때는 아부하고, 몰락하면 푸대접하는 세상인심을 비유적으로 이르는 말
- 우공이산(愚公移山) : '우공이 산을 옮긴다'는 말로 남이 보기엔 어리석은 일처럼 보이지만 어떤 일이라도 끊임없이 노력하면 반드시 이루어짐을 이르는 말
- 인면수심(人面獸心) : '사람의 얼굴을 하고 있으나 마음은 짐승과 같다'라는 뜻으로, 마음이나 행동이 몹시 흉악함을 이르는 말
- 전인미답(前人未踏) : 이제까지 아무도 발을 들여 놓거나 손을 댄 일이 없음을 이르는 말
- 지어지앙(池魚之殃) : '연못에 사는 물고기의 재앙'이라는 뜻으로, 아무런 상관도 없는데 화를 당하는 경우를 이름
- 창해일속(滄海一粟) : 넓고 큰 바닷속의 좁쌀 한 알이라는 뜻으로, 아주 많거나 넓은 것 가운데 있는 매우 하찮고 작은 것을 이르는 말
- 천의무봉(天衣無縫) : '선녀의 옷에는 바느질한 자리가 없다'라는 뜻으로, 1. 성격이나 언동 등이 매우 자연스러워 조금도 꾸민 데가 없음 2. 시나 문장이 기교를 부린 흔적(痕跡)이 없어 극히 자연스러움을 이르는 말
- 초미지급(焦眉之急) : '눈썹이 타게 될 만큼 위급한 상태'란 뜻으로, 그대로 방치할 수 없는 매우 다급한 일이나 경우를 이르는 말
- 필부지용(匹夫之勇) : 좁은 소견을 가지고 어떤 계획이나 방법도 없이 혈기만을 믿고 마구 날뛰는 행동을 뜻함
- 후생가외(後生可畏) : 젊은 후학들을 두려워할 만하다는 뜻으로, 후진들이 선배들보다 젊고 기력이 좋아, 학문을 닦음에 따라 큰 인물이 될 수 있으므로 가히 두렵다는 말
- 흥진비래(興盡悲來) : 즐거운 일이 다하면 슬픈 일이 닥쳐온다는 뜻으로, 세상일은 순환되는 것임을 이르는 말

② 문법

(1) 한글 맞춤법

① 한글 맞춤법의 의미

한국어를 한국 언어사회의 규범이 되도록 어법에 맞게 표기하는 방법을 뜻한다.

② 한글 맞춤법의 역사와 특징

'한글 맞춤법'은 일제 강점기를 거치면서 일정한 규범 없이 사용되어 오던 우리말의 표기를 보다 체계적으로 규범화함으로써 우리말을 지키고 발전시키고자 한 노력의 결실이다. 초기의 맞춤법은 1930년 '한글 학회'의 전신인 '조선어 학회'에서 결의되어 1933년 확정되었고, 같은 해 10월 29일에 공포되었다. 이후 '한글 맞춤법'은 여러 차례의 개정을 거쳐 지금에 이르게 되었다. 현재의 맞춤법은 1987년 4월 〈한글맞춤법 개정안〉이 마련되고 심의를 거쳐 1989년 3월 1일부터 시행된 것이다.

(2) 표준어 규정

① 표준어 규정의 이해

'표준어 규정'은 표준어 사정의 원칙과 표준발음법을 체계화한 규정이다. 1936년 조선어 학회에서 사전하여 공표한 〈조선어 표준말 모음〉을 크게 보완하고 합리화하여 1988년 1월에 문교부가 고시하였다.

② 표준어의 기능

㉠ 통일의 기능 : 모든 국민의 언어 생활을 통일하여 누구와도 의사소통이 잘 되도록 하는 역할을 한다.

㉡ 준거의 기능 : 어문 규정 역시 교육 및 행정 등의 분야에서 준수되어야 할 규정이다. 표준어는 이를 지키게 함으로써 준법정신을 길러 주는 역할을 한다.

㉢ 교양 형성의 기능 : 공적인 의사소통을 하는 데 필요한 기본적 토대를 제공한다.

(3) 표준 발음법

① 표준 발음법의 의미

어떤 언어에 대한 발음상의 규칙과 규범을 뜻한다.

② 표준 발음법의 이해

'표준 발음법'은 1933년 '한글 맞춤법'이 공포된 뒤 55년이 지나고 나서야 고시되었다. 그만큼 발음의 표준에는 소홀했던 것이다. 하지만 우리가 글을 쓸 때, '한글 맞춤법'에 맞는 표준어를 써야 하는 것과 같이 말을 할 때 역시 표준어를 '표준 발음법'에 맞게 발음해야 한다.

(4) 외래어 표기법

① 외래어 표기법의 정의

현행 외래어 표기법은 1986년 1월 고시하여 1986년 3월부터 시행되고 있는 규정이다. 외래어를 우리말로 표기하는 방법을 규정한 것으로 한국인을 대상으로 한다. 따라서 외래어 표기는 무조건 외래어의 원음에 가깝게 적는 것보다 우리말의 언어실정에 맞도록 적는 것이 바람직하다. 또한 외래어는 우리말이 아니기 때문에 말하는 사람에 따라 다르게 쓰일 수 있으므로 일관된 표기 원칙을 규정하여 언어생활의 효율성을 꾀하려는 것이 외래어 표기법의 목적이다.

② 외래어 표기법의 주요 규정

외래어 표기법은 제1장 표기의 원칙과 제2장 표기 일람표, 제3장 표기세칙, 제4장 인명, 지명 표기의 원칙 등으로 구성되어 있다. 제1장의 표기의 원칙과 제3장의 표기세칙은 반드시 알아 두어야 할 규정이다.

(5) 비문

① 정확하지 못한 표현

㉠ 주어와 서술어의 쓰임이 잘못된 경우

• 주어를 빠뜨린 경우

예 새로 생긴 식당에 갔는데 초등학교 동창이었다. → '식당 주인이'를 빠뜨렸다.

• 주어와 서술어의 호응이 제대로 이루어지지 않은 경우

예 우리가 이 전쟁에서 패한 이유는 상대방을 너무 얕잡아 보았다. → '이유'는 '때문이다'와 호응하므로 '보았기 때문이다'로 고쳐야 한다.

• 문장 안에서 주어가 바뀌는 경우

예 그는 그녀에게 조금 더 걷자고 말했지만, 고개를 저었다. → 걷자고 요청한 사람은 '그'이고, 요청 대상은 '그녀'이다. 따라서 고개를 저은 사람은 그녀이므로 '고개를'의 앞에 '그녀는'을 넣어야 한다.

㉡ 구조어의 호응 관계가 어색한 경우

예 그는 행동력이 있을 뿐만 아니라 꼼꼼할 뿐이다. → '뿐만 아니라'라는 부분이 제시되었으므로 '꼼꼼할 뿐이다'가 아닌 '꼼꼼하기까지 하다'가 와야 한다.

㉢ 높임법의 호응이 이루어지지 않은 경우

예 아버지께서 방에 들어갔다. → '들어갔다'를 '들어가셨다'로 고쳐야 한다.

Part 01 유형파악

Part 02 핵심이론

Part 03 유형연습

Part 04 직무수행/상황면접

Part 05 실전모의고사

부록

정답 및 해설

  ⓔ 시제의 호응이 이루어지지 않은 경우

   예 작년에는 때맞춰 내린 눈 덕분에 화이트 크리스마스를 맞이한다. → 시제가 작년, 즉 과거

    이므로 '맞이한다'가 아니라 '맞이했다'로 고쳐야 한다.

 ② 문장 접속이 어색한 표현

  ㉠ 접속한 두 문장의 구조가 문법적으로 대등하지 않은 경우

   예 세계는 받아들이는 사람만의 독특한 인식 세계를 구축하지만, 그 구축은 홀로 이루어지는

    것이 아니라 삶을 공유하고 교류하는 사람들 사이에서 상호 공통적인 요소를 확인하면서

    하나의 세계관을 형성한다. → 앞에서 인식 체계의 구축에 대해 언급하면서 '이루어지는 것

    이 아니라'라고 하였으므로 '공통적인 요소를 확인하면서 하나의 세계관을 형성한다'를 '공

    통적인 요소를 확인하면서 이루어지고, 그것으로 하나의 세계관이 형성된다'로 고치는 것

    이 바람직하다.

  ㉡ 공통적으로 들어가는 요소 이외의 것을 생략한 경우

   예 제2차 세계 대전에서 미군은 많은 일본군을 생포하였는데, 스스로를 명예를 잃은 자라고

    여기며 일본인으로서의 생명이 끝났다고까지 생각했다. → '스스로를 명예를 ~ 끝났다'고

    생각한 사람은 생포된 일본군이다. 그러므로 '스스로를'의 앞에 '사로잡힌 일본군은' 등을

    넣어야 한다.

  ㉢ 두 절의 관계가 논리적으로 호응하지 않는 경우

   예 감기를 예방하는 가장 좋은 방법은 외출하고 돌아온 후 손과 발을 씻고 입을 헹구는 것과

    충분한 수면을 취한다. → '손과 발을 씻고 입을 헹구는 것'이라고 하였으므로 '충분한 수면

    을 취하는 것이다'로 고치는 것이 바람직하다.

 ③ 명료하지 못한 표현

  ㉠ 중의적 어휘를 사용한 경우

   예 다리가 정말 길구나. → '다리'가 신체의 일부인지, 책상 등 물건의 일부인지, 건너기 위한

    시설물인지 알 수 없다.

  ㉡ 중의적 구조를 사용한 경우

   예 친구들이 다 웃지 않았다. → 친구들 중 웃은 사람이 단 한 사람도 없다는 의미와, 일부는

    웃고 일부는 웃지 않았다는 두 가지 의미로 해석된다.

  ㉢ 중의적 은유를 사용한 경우

   예 우리 아버지는 호랑이이다. → 아버지가 실제로 호랑이인지, 아버지의 성격이나 외모가 호

    랑이 같은지, 또는 아버지가 연극·영화에서 호랑이 역할을 맡는지 알 수 없다.

 ④ 간결하지 못한 표현

  ㉠ 단어가 중복 사용된 경우

Part 01 유형파악

Part 02 핵심이론

Part 03 유형연습

Part 04 직무상식/생활영어

Part 05 실전모의고사

부 록

정답 및 해설

예 역전 앞, 모래 사장, 해변가 등

ⓒ 문장 내에서 의미가 중복 사용된 경우

예 우리는 그 안건에 대해 재차 다시 생각해야만 했다. → '재차'에는 '다시'라는 의미가 포함되어 있다.

⑤ 기타 표현

㉠ 피동형 문장의 남용

예 그 단계에서 우선되어야 할 것이 바로 분석이다. → '우선되어야'를 '우선해야'로 바꿔야 한다.

ⓒ 조사의 오용과 부당한 생략

예 그는 구세군 냄비에게 5만 원권 지폐를 넣었다. → '에게'는 사람이나 동물에게만 쓰이는 조사이므로 '구세군 냄비에'로 고쳐야 한다.

ⓒ 단어의 오용

예 칠칠맞게 그 지저분한 꼴이 뭐냐? → '칠칠맞다'는 '칠칠하다'를 속되게 이르는 말로, '주접이 들지 아니하고 깨끗하고 단정하다', '성질이나 일 처리가 반듯하고 야무지다'를 의미한다. 그러므로 '칠칠맞게'를 '칠칠하지 못하게', '칠칠맞지 못하게' 등으로 고쳐야 한다.

③ 독해

(1) 지문의 핵심 파악하기

① 핵심어 찾기 : 자주 반복되는 어휘는 그 글의 중심 화제나 관점일 가능성이 크다.

② 각 문단의 중심 문장 찾기 : 핵심어에 대한 설명, 필자의 의견을 나타내는 부분일수록 중심 문장일 가능성이 크다. 주로 일반적 진술로 이루어진 문장이며, 각 문단의 처음이나 끝에 위치하는 경우가 많다.

③ 주제문 확정하기 : 각 문단의 중심 문장을 종합하면 필자가 말하고자 하는 바, 즉 주제를 파악하는 것이 수월해진다. 주제문은 각 문단의 중심 문장을 포괄할 수 있어야 한다.

(2) 글의 구조 파악하기

① 문단의 성격 알기 : 글의 구조를 파악하기 위해 가장 먼저 해야 할 것은 문단의 내용과 성격을 파악하는 것이다. 문단들 간의 관련성을 파악한 후 중심 문단과 뒷받침 문단으로 나눈다.

② 글의 구조 알기 : 글 전체를 이해하기 위해서는 글의 구조와 전개 방식을 알아야 한다. 서론-본론-결론이나 기-승-전-결 등의 전개 방식을 고려하여 글을 구조화한다.

③ 단락의 구조 파악하기

    ㉠ **단락의 구성** : 단락은 원칙적으로 하나의 중심 단락과 중심 단락을 상술하거나 중심 문장의 논

        거를 제시하는 복수의 뒷받침 단락으로 구성된다.

    ㉡ **단락의 종류**

구분	내용
도입	글을 쓰게 된 동기와 독자의 관심 유도, 수세의 방향 등이 제시된다.
전제	본격적으로 주제를 논하기 전에 배치되며, 논리적인 밑바탕이 된다.
연결	내용의 차이가 있는 단락을 이어 주는 역할을 한다.
전개	글 전체의 주제를 구체적으로 전개시켜 나간다.
주제	글 전체의 주제와 핵심 내용이 담겨 있는 단락이다.
부연	앞에서 언급한 중심 내용을 보충해서 풀어준다.
강조	앞의 내용과 별다른 차이 없이 반복해서 강조하며, 보통 주제와 관련이 있다.
정리	주제에 대한 일반적인 언급, 본론에서 강조한 필자의 주장, 견해 등의 요점을 제시한다.

(3) 글 속의 정보 추론하기

① 정보 추론하기

    ㉠ **세부 정보의 추론** : 명시된 정보가 포괄적인 경우에는 세부적인 정보가 제시되지 않는다. 따라

        서 포괄적인 정보를 바탕으로 연역적으로 추론하여 세부적인 정보를 추론해야 한다.

    ㉡ **생략된 정보의 추론** : 문장이 생략된 경우에는 앞 문장과 뒤 문장의 논리적 흐름과 정보 관계를

        파악하여 추론한다. 단락이 생략된 경우에는 앞 단락과 뒤 단락의 요지를 파악하고 각 단락의

        역할(주지, 예시, 상세화 등)을 파악하여 종합적인 추론을 한다.

② **상황 추론하기** : 읽기 자료를 바탕으로 알게 된 사실을 구체적인 상황에 적용할 줄 알아야 한다.

    제시된 정보에 해당하는 구체적인 사례를 추론하거나 제시된 정보를 구체적인 상황에 적용했을

    때 결과를 추론하는 것이 중요하다.

③ **추론 과정 파악하기**

    ㉠ **전제, 논지, 논거 찾기** : 전제는 결론을 도출하기 위한 배경이라고 할 수 있다. 그러므로 결론에

        서 역으로 추론하면 찾을 수 있다. 이유와 결과가 나오는 경우에는 이유 부분이 전제이다. 논

        지는 글의 취지를, 논거는 필자가 주장에 대한 근거로서 제시하는 통계 · 사료 · 사건 · 상식 등

        을 말한다. 이 세 요소를 명확히 구분해야 한다.

    ㉡ **재구조화하기** : 전제, 논지, 논거를 찾은 다음에는 그 중에 핵심이 되는 것을 추려서 다시 구조

        화한다.

④ 접속어 : 문장 내부의 두 성분, 또는 문장과 문장을 이어주는 역할을 한다.

접속어	내용	예시
병립 접속어	동일 범주의 항목을 나열한다.	그리고, 더구나, 또(는), 하물며 등
상술 접속어	설명이나 예시 등을 제시할 때 사용된다.	내용인즉, 말하자면, 사실인즉, 예컨대 등
대립 접속어	앞서 제시한 내용을 부정할 때 사용된다.	그러나, 그러기보다, 그렇지만, 도리어, 반면, 차라리, 하지만 등
전환 접속어	내용을 전환한다. 새 단락의 시작 부분에 주로 사용된다.	각설하고, 그러면, 그런데, 다음으로, 돌이켜 보건대, 아무튼, 어쨌든, 한편 등
인과 접속어	원인과 결과를 제시할 때 사용된다.	그러므로, 그런즉, 그리하여, 왜냐하면 등
귀결 접속어	결론이나 요약을 도출할 때 사용된다.	결국, 결론적으로, 그래서, 그렇다면 등
보충 접속어	이유나 근거를 제시할 때 사용된다.	다만, 만약, 뿐더러, 왜냐하면, 특히 등

(4) 서술 방식의 종류

① 정태적 서술 방법

서술 방법	내용	예시
정의	일정 대상이나 용어의 법칙, 개념 등을 규정·진술한다. 정의항과 피정의항으로 이루어진다.	국어란 한 나라의 국민이 공동으로 사용하는 언어이다.
예시	세부적인 사례를 제시함으로써 원리, 법칙 등을 구체화하는 서술 방식이다. 설명 대상이 추상적·관념적일 경우에 효과적이다.	동종 요법은 유사성의 원리에 근거한 것으로, 동일한 증상을 인공적으로 만들어 치료하는 것이다. 벨라도나를 건강한 사람이 먹을 경우 열이 나거나 얼굴에 반점이 생길 수도 있다. 따라서 감기에 걸렸거나 햇빛에 피부가 심하게 노출되었을 경우 벨라도나를 조금만 먹으면 증상을 없앨 수 있다.
구분	상위 개념을 하위 개념으로 나누어 서술한다.	소설에는 콩트, 단편, 중편, 장편, 대하 소설이 있다.
분류	하위 개념을 상위 개념으로 묶어 서술한다.	도마뱀, 거북, 악어, 뱀은 모두 파충류에 속해 있다.
분석	유기적으로 결합된 전체를 성분·규모·속성 등의 구성 요소로 나누어 서술한다.	케이크는 밀가루, 설탕, 베이킹파우더, 소금, 달걀, 버터 등으로 이루어져 있다.
묘사	형태·색깔·감촉·향기·소리 등 감각적 인상에 의존하여 대상을 있는 그대로 그려낸다. 구체성·감각성을 특징으로 한다.	짐승 같은 달의 숨소리가 손에 잡힐 듯이 들리며, 콩포기와 옥수수 잎새가 한층 달에 푸르게 젖었다. 산허리는 온통 메밀밭이어서 피기 시작한 꽃이 소금을 뿌린 듯이 흐뭇한 달빛에 숨이 막힐 지경이다. 붉은 대궁이 향기같이 애잔하고, 나귀들의 걸음도 시원하다.

비교	복수 대상들 간의 유사점을 밝힌다.	관객의 반응을 중시할 수밖에 없다는 점에서 영화와 연극은 유사하다고 할 수 있다.
대조	복수 대상들 간의 차이점을 밝힌다.	서양 사람들에게 길은 정신적 여행을 의미하는 경향이 있다. 서양 사람들은 길 위에서 어떤 것(신이든 자기 자신이든)을 발견하고자 한다. 반면 고대 중국인들은 신이나 내적 자신을 만나기 위해 도(道)를 따른 것은 아니었다. 그들은 도를 따름으로써 인간으로서의 가장 높은 가능성을 완성할 수 있다고 생각했다.
유추	생소하고 어려운 개념이나 대상에 대하여 쉽고 친숙한 대상을 제시함으로써 이해를 돕는다. 이때 두 개념 또는 대상 사이에는 유사성이 있어야 한다.	인생은 마라톤이다.

② 동태적 서술 방법

서술 방법	내용	예시
서사	시간의 흐름에 따라 전개되는 사건이나 행동의 변화에 초점을 둔다. 사건 또는 행동 그 자체를 보여 준다.	그녀는 가게 문을 열고 안으로 들어갔다. 가게 안을 둘러 본 그녀는 창가 자리를 차지하고 앉았다. 그녀에게 다가간 점원이 메뉴판을 내밀었다. 그녀는 메뉴판을 받아 테이블 위에 올려놓으며 고개를 저었다. 점원이 가게 안쪽으로 들어가자 그녀는 핸드폰을 꺼냈다.
과정	특정 결과를 가져오게 한 절차나 방법 등을 단계별로 서술한다. '어떻게'라는 측면에 초점을 맞춘다.	냄비에 물을 붓고 소금을 넣은 후, 물이 끓으면 스파게티 면을 넣고 8분가량 삶는다. 면이 다 익으면 체에 밭쳐 물기를 뺀 후 올리브유 한 스푼을 넣어 버무려 둔다. 프라이팬을 불에 올려 달궈지면 올리브유를 두른 후 얇게 썬 마늘을 넣어 볶는다. 마늘이 다 익으면 베이컨을 넣어 볶는데, 베이컨이 노릇해지면 우유와 생크림을 붓는다. 소스가 끓으면 체에 밭쳐 두었던 면을 넣어 버무린다.
인과	특정 결과를 가져오게 한 원인이나 이유 등을 중심으로 한다. 주로 현상에 대한 설명이나 논증에서 사용된다.	지금으로부터 약 30억 년 전쯤, 광합성 박테리아의 일부는 물에서 직접 산소를 분해할 수 있게 되었다. 그 결과, 그들은 생명 활동에 필요한 에너지를 효율적으로 생산하게 되었다.

Part 01 유형파악

Part 02 핵심이론

Part 03 유형연습

Part 04 직무상식/상황판단

Part 05 실전모의고사

부 록

정답 및 해설

Chapter 02 자료해석

인지능력 중 자료해석은 도표나 그림 등의 자료를 해석하는 방법에 대하여 상세한 학습과 수학적 계산을 할 수 있는 연산능력이 필요하다. 자료해석영역은 해석한 자료나 통계를 간단한 계산을 하거나, 비교·분석하여 원하는 값이나 내용을 얻을 수 있어야 한다. 응용수리 역시 수학적 연산능력을 기본으로 빠르고 정확히 계산할 수 있어야 한다.

1 자료해석

(1) 자료해석의 의의와 절차

① **자료해석의 의의** : 수집된 자료(도표, 그림, 그래프 등)에 대한 분석을 바탕으로 정보를 추론하는 것을 의미한다.

② **자료해석 문제를 풀이할 때의 절차**

자료 읽고 판단하기 ➡ 정보 파악하기 ➡ 파악한 정보를 선별·재조합하기 ➡ 추론하기

(2) 자료해석에 필요한 사항

① **자료해석에 필요한 능력**

　㉠ **자료 판단 능력** : 자료해석 문제에 나오는 자료의 대부분은 표, 그래프, 그림 등으로 구성된다. 문제에 따라서 여러 개의 자료가 한꺼번에 등장하기도 한다. 그러므로 빠르고 정확한 문제 풀이를 위해서는 자료의 유형을 파악하여 그에 맞는 해석 방법을 적용하는 능력, 자료를 빠르게 읽은 후 필요한 내용을 파악하는 능력이 필요하다.

　㉡ **기본 지식** : 간혹 일상에서 잘 쓰지 않는 단위 등을 이해하고 있어야만 해결할 수 있는 문제가 출제되기도 한다. 꼼꼼하게 대비하여 실수를 방지한다.

　㉢ **계산 능력** : 대부분의 자료는 숫자로 구성되어 있다. 문제 역시 계산 능력을 필요로 하는 경우가 많으며, 그 중 상당수는 몇 가지 계산 노하우 및 암산을 통해 해결할 수 있다.

- **오답부터 제거할 것** : 자료해석 영역은 이름 그대로 자료를 얼마나 빠르고 정확하게 해석할 수 있는가에 중점을 두고 있으므로, 선택지 중에는 계산 과정 없이도 걸러낼 수 있는 오답이 상당수 포함되어 있다. 예를 들어 조건에 A와 B 중 하나만 포함한다는 내용이 있는 경우, A와 B 둘 다 포함된 선택지는 오답이 된다. 조건에 A가 반드시 포함되어야 한다는 내용이 있는 경우, A가 포함되지 않는 선택지는 오답이 된다. 이런 식으로 오답을 걸러 가면 정답 찾기가 한결 수월해질 것이다.

- **자의적으로 판단하지 말 것** : 자료해석 문제를 해결하기 위해서는 대부분 추론 과정을 거쳐야 한다. 여기서 주의해야 할 점은 어디까지나 주어진 자료 내에서의 추론이어야 한다는 것이다. 예를 들어 2010년부터 현재까지의 노령화 통계를 제시한 후 '농촌의 노령화 현상이 심화된 원인으로는 경제 개발 10개년 계획으로 야기된 청년층의 이농 현상 등이 있다'라는 선택지가 있다고 하자. 내용상으로는 사실인 문장이지만 이 문제 내에서만큼은 틀린 선택지, 또는 주어진 자료만으로는 판단할 수 없는 선택지가 된다. 의외로 실수하기 쉬운 부분이므로 주의가 필요하다.

- **지시문과 선택지를 통해 문제를 파악할 것** : 지시문과 선택지를 먼저 파악할 경우 풀이 시간을 줄일 수 있는 문제들이 상당수 존재한다. 지시문과 선택지를 읽어 그 문제를 통해 구해야 하는 것이 무엇인지 확인한 후, 주어진 자료를 훑어보면서 필요 항목에 체크하며 문제를 풀어 나가자.

- 새로운 용어, 지수의 정의가 있는 경우에는 지문을 읽기 전에 이것부터 확인한다. 같은 순서의 계산이 반복되는 비교문제의 경우 먼저 식을 깔끔하게 나열하고 시작하면 시간을 단축할 수 있다.

- 표가 여러 개 있는 경우 각 표의 제목을 먼저 확인하고 표 안의 단위를 잘 살핀다.

- 분수가 1보다 작은 경우 분모와 분자에 같은 값을 더하면 분자의 변화가 더 크다. 분수가 1보다 큰 경우 분모와 분자에 같은 값을 더하면 분모의 변화가 더 크다. A에 대한 B, (사업장 A)당 (가입자 B)의 수라는 내용이 있을 경우 분자와 분모가 무엇인지 정확하게 파악한다.

- 지속적으로 증가했다고 하더라도 중간에 정체구간이 있으면 '증가'는 아니다. 단, 정체구간이 있다고 하더라도 '증가하는 추세'라는 표현은 맞는 표현이다. 증가율은 증가 속도와 같지만 'A의 증가율이 증가하다'와 'A가 증가하다'는 다르다.

- 소수점 이하는 함부로 줄이지 않는다. 근사계산은 반올림해서 유효숫자를 곱한다.

- 작은 수에서 동일한 크기의 변화는 큰 수에서의 변화율보다 더 크게 나타난다. 그러므로 비율의 증감만 보고 비교 값과 기준 값의 변화를 말할 수 없다.

- 표에서는 합계 항목이 갖는 의미가 매우 중요하므로 반드시 파악해야 한다. 합계 항목은 대개 표의 한쪽 끝이나 맨 위 또는 맨 아래에 주어진다.

② 응용수리

(1) 사칙연산

① 사칙연산

수 또는 식에 관한 덧셈($+$), 뺄셈($-$), 곱셈($\times$), 나눗셈($\div$) 네 종류의 계산법이다. 보통 사칙연산은 정수나 분수 등에서 계산할 때 활용되며, 여러 부호가 섞여 있을 경우에는 곱셈과 나눗셈을 먼저 계산한다.

② 수의 계산

구분	덧셈($+$)	곱셈($\times$)
교환법칙	$a+b=b+a$	$a\times b=b\times a$
결합법칙	$(a+b)+c=a+(b+c)$	$(a\times b)\times c=a\times(b\times c)$
분배법칙	$(a+b)\times c=a\times c+b\times c$	

(2) 검산방법

① 역연산

답에서 거꾸로 계산하는 방법으로 덧셈은 뺄셈으로, 뺄셈은 덧셈으로, 곱셈은 나눗셈으로, 나눗셈은 곱셈으로 바꾸어 확인하는 방법이다.

② 구거법

어떤 수를 9로 나눈 나머지는 그 수의 각 자리 숫자의 합을 9로 나눈 나머지와 같음을 이용하여 확인하는 방법이다.

(3) 단위환산

① 단위의 종류

    ㉠ 길이 : 물체의 한 끝에서 다른 한 끝까지의 거리 (mm, cm, m, km 등)

    ㉡ 넓이(면적) : 평면의 크기를 나타내는 것 (mm², cm², m², km² 등)

    ㉢ 부피 : 입체가 점유하는 공간 부분의 크기 (mm³, cm³, m³, km³ 등)

    ㉣ 들이 : 통이나 그릇 따위의 안에 넣을 수 있는 물건 부피의 최댓값 (㎖, ㎗, ℓ, ㎘ 등)

    ㉤ 무게 : 물체의 무거운 정도 (g, kg, t 등)

    ㉥ 시간 : 시각과 시각 사이의 간격 또는 그 단위 (초, 분, 시 등)

    ㉦ 할푼리 : 비율을 소수로 나타내었을 때, 소수점 첫째 자리를 할, 소수점 둘째 자리를 푼, 소수

Part 01 유형파악
Part 02 핵심이론
Part 03 유형연습
Part 04 직무상식/상황판단
Part 05 실전모의고사
부록
정답 및 해설

점 셋째 자리를 리로 나타내는 것

② 단위환산표

단위	단위환산
길이	1cm＝10mm, 1m＝100cm, 1km＝1,000m＝100,000cm
넓이	1cm^2＝100mm^2, 1m＝10,000cm^2, 1km^2＝1,000,000m^2
부피	1cm^3＝1,000mm^3, 1m^3＝1,000,000cm^3, 1km^3＝1,000,000,000m^3
들이	1mℓ＝1cm^3, 1dℓ＝100cm^3＝100mℓ, 1ℓ＝1,000cm^3＝10dℓ
무게	1kg＝1,000g, 1t＝1,000kg＝1,000,000g
시간	1분＝60초, 1시간＝60분＝3,600초
할푼리	1푼＝0.1할, 1리＝0.01할, 모＝0.001할

(4) 방정식

① 기본 공식

내용	공식
거리	거리＝시간×속력
시간	시침은 분당 0.5°, 분침은 분당 6°
농도	농도$(\%)=\dfrac{\text{물질의 양}}{\text{전체의 양}}\times100(\%)$
할인	a의 $x\%$할인$=a\left(1-\dfrac{x}{100}\right)$
겉넓이	한 변의 길이가 a인 정육면체＝$6a^2$
부피	한 변의 길이가 a인 정육면체＝a^3
자연수의 합	1부터 n까지 자연수의 합＝$\dfrac{n(n+1)}{2}$
진법	$abcd_{(x)}=a\times x^3+b\times x^2+c\times x+d$
경우의 수	$n!=n\times(n-1)\times(n-2)\times\cdots\times2\times1$

② 응용 공식

내용	공식
거리	시간$=\dfrac{\text{거리}}{\text{속력}}$, 속력$=\dfrac{\text{거리}}{\text{시간}}$
시간	x시 y분이 이루는 작은 각＝$\lvert0.5x-6y\rvert$

농도	물질의 양＝전체의 양×농도, $x\%=\dfrac{x}{100}$
할인	a의 $x\%$증가＝$a\left(1+\dfrac{x}{100}\right)$
겉넓이	한 변의 길이가 a, b, c인 직육면체＝$2(ab+bc+ca)$
부피	한 변의 길이가 a, b, c인 직육면체＝abc
자연수의 합	1부터 n까지 자연수 제곱의 합＝$\dfrac{n(n+1)(2n+1)}{6}$
진법	$abcd$의 x진법＝x를 반복해서 나눈 나머지의 역순
경우의 수	$_n\mathrm{P}_r=n\times(n-1)\times\cdots\times(n-r+1)$, $_n\mathrm{C}_r=\dfrac{n!}{r!(n-r)!}$

(5) 통계

① 의미

집단현상에 대한 구체적인 양적 기술을 반영하는 숫자를 의미한다. 특히 사회집단 또는 자연집단의 상황을 숫자로 나타낸 것이다.

② 기능

㉠ 많은 수량적 자료를 처리가능하고 쉽게 이해할 수 있는 형태로 축소시킨다.

㉡ 표본을 통해 연구대상 집단의 특성을 유추한다.

㉢ 의사결정의 보조수단이 된다.

㉣ 관찰 가능한 자료를 통해 논리적으로 어떠한 결론을 추출·검증한다.

③ 통계치

㉠ 빈도 : 어떤 사건이 일어나거나 증상이 나타나는 정도

㉡ 빈도 분포 : 어떤 측정값의 측정된 회수 또는 각 계급에 속하는 자료의 개수

㉢ 평균 : 모든 사례의 수치를 합한 후에 총 사례수로 나눈 값

㉣ 중앙값 : 크기에 의하여 배열하였을 때 정확하게 중간에 있는 값

㉤ 백분율 : 전체의 수량을 100으로 하여 생각하는 수량이 몇이 되는 가를 가리키는 수(퍼센트)

④ 통계의 계산

㉠ 범위 : 최고값－최저값

㉡ 평균 : $\dfrac{\text{전체 사례 값들의 합}}{\text{총 사례 수}}$

㉢ 분산 : $\dfrac{(\text{관찰 값}－\text{평균})^2\text{의 합}}{\text{총 사례 수}}$

㉣ 표준편차 : $\sqrt{\text{분산}}$

Part 01 유형파악
Part 02 핵심이론
Part 03 유형연습
Part 04 직무상식/상황면접
Part 05 실전모의고사
부 록
정답 및 해설

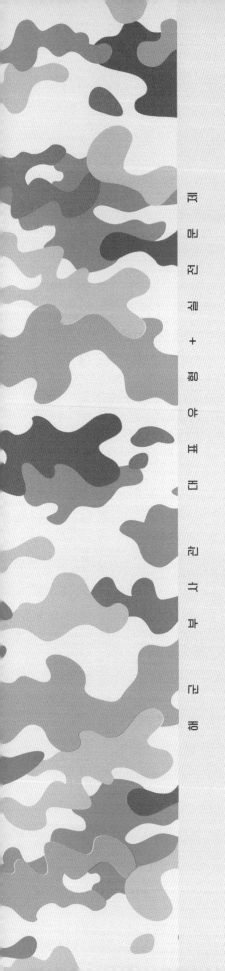

지금은 전술 + 행아 표면 건사 유근행

PART

03

유형연습

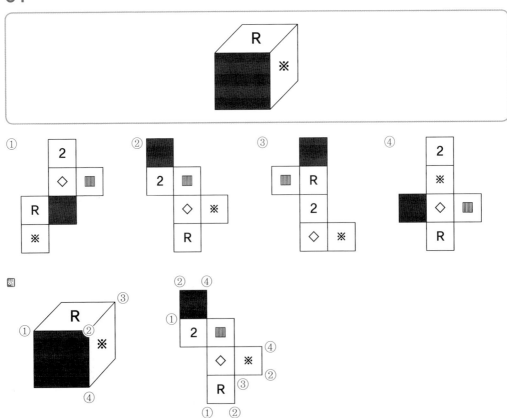

공간능력

[01~05] 다음 입체도형의 전개도로 알맞은 것을 고르시오.

- 입체도형을 전개하여 전개도를 만들 때, 전개도에 표시된 그림(예 : ▮, ◪ 등)은 회전의 효과를 반영함. 즉, 본 문제의 풀이과정에서 보기의 전개도 상에 표시된 "▮"와 "▬"은 서로 다른 것으로 취급함.
- 단, 기호 및 문자(예 : ☎, ♤, ♨, K, H)의 회전에 의한 효과는 본 문제의 풀이과정에 반영하지 않음. 즉, 입체도형을 펼쳐 전개도를 만들었을 때에 "☎"의 방향으로 나타나는 기호 및 문자도 보기에서는 "☎"방향으로 표시하며 동일한 것으로 취급함.

01

02

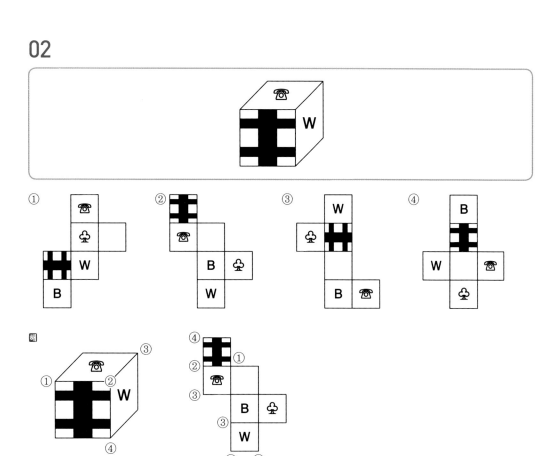

03

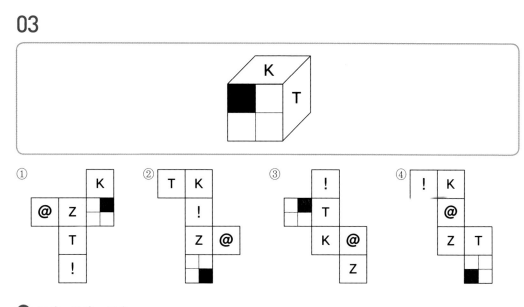

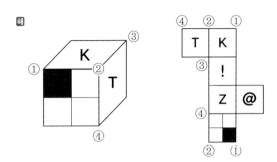

04

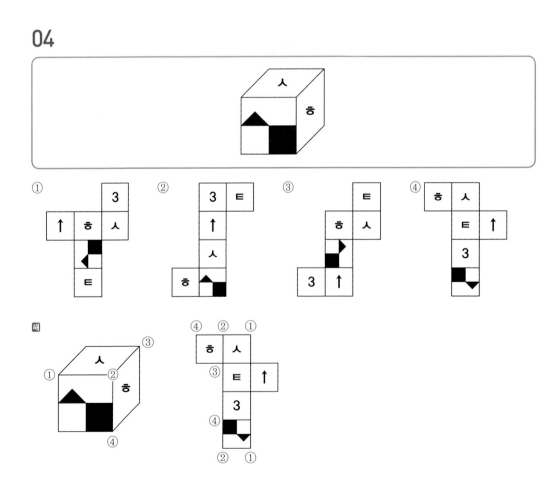

05

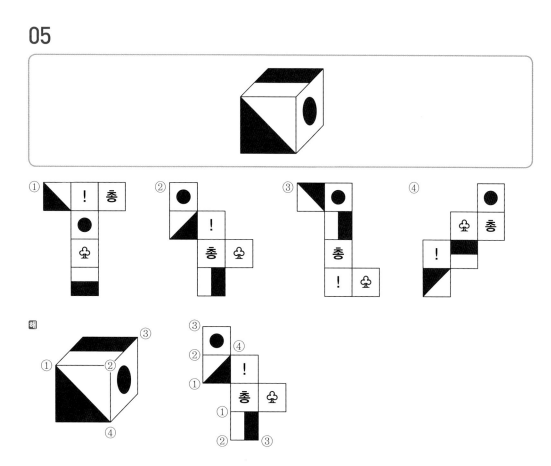

[06~10] 다음 전개도의 입체도형으로 알맞은 것을 고르시오.

- 입체도형을 전개하여 전개도를 만들 때, 전개도에 표시된 그림(예 : █, ◪ 등)은 회전의 효과를 반영함. 즉, 본 문제의 풀이과정에서 보기의 전개도 상에 표시된 "❚❚"와 "═"은 서로 다른 것으로 취급함.
- 단, 기호 및 문자(예 : ☎, ♨, ♨, K, H)의 회전에 의한 효과는 본 문제의 풀이과정에 반영하지 않음. 즉, 입체도형을 펼쳐 전개도를 만들었을 때에 "☏"의 방향으로 나타나는 기호 및 문자도 보기에서는 "☎"방향으로 표시하며 동일한 것으로 취급함.

06

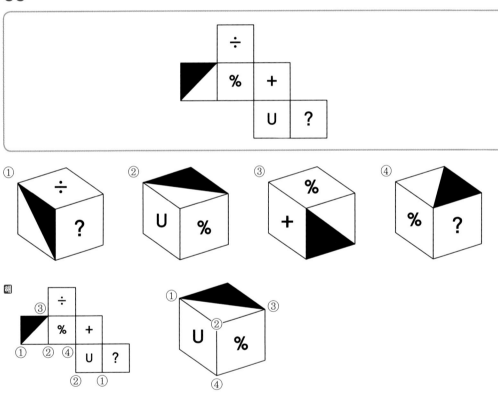

68 Ⅰ 해군 부사관 대표유형+실전문제

07

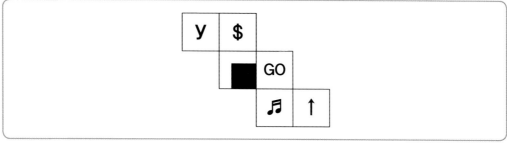

① 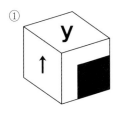 ②  ③ 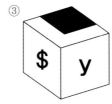 ④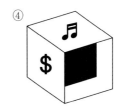

해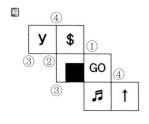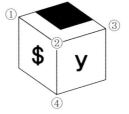

08

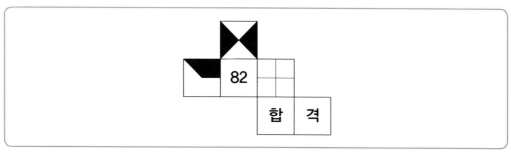

①  ② 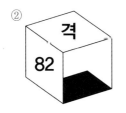 ③ 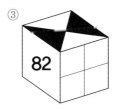 ④

답 06 ② 07 ③ 08 ④

Part 01 유형파악

Part 02 핵심이론

Part 03 유형연습

Part 04 직무상식/상황판단

Part 05 실전모의고사

부 록

정답 및 해설

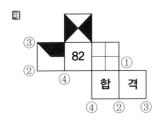 

09

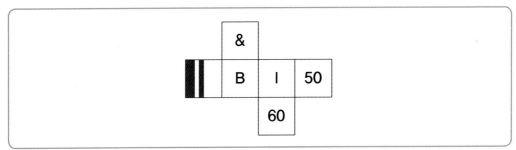

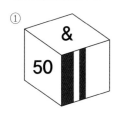 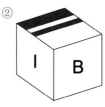 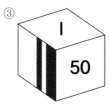 

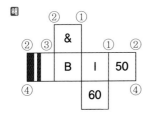 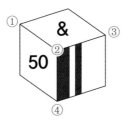

10

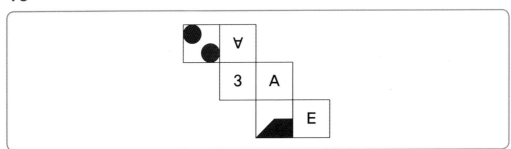

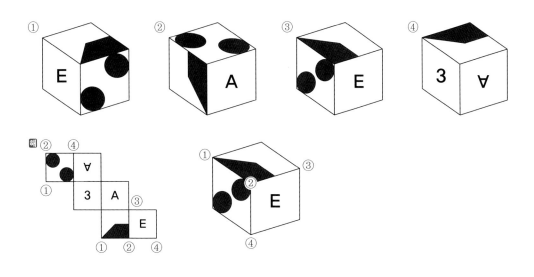

Part 01 유형파악

Part 02 핵심이론

Part 03 유형연습

Part 04 직무상식/상황판단

Part 05 실전모의고사

부록

정답 및 해설

[11~15] 다음 제시된 블록의 개수를 고르시오.(단, 보이지 않는 뒤의 블록은 없다고 생각한다.)

11

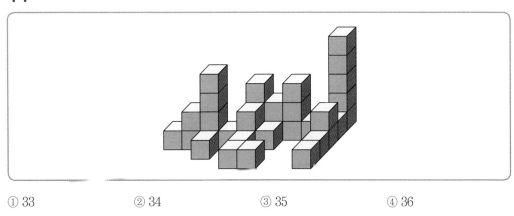

① 33   ② 34   ③ 35   ④ 36

해 왼쪽 열부터 차례대로 세어 보면 1+2+5+1+7+4+3+1+10=34개

답 09 ①   10 ③   11 ②

12

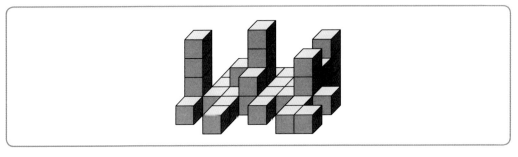

① 36　　　　　　② 37　　　　　　③ 38　　　　　　④ 39

해 왼쪽 열부터 차례대로 세어 보면 5+3+5+7+4+2+10+2=38개

13

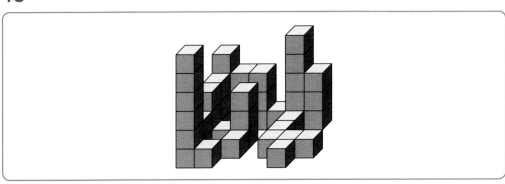

① 43　　　　　　② 44　　　　　　③ 45　　　　　　④ 46

해 왼쪽 열부터 차례대로 세어 보면 18+5+7+1+8+5+1=45개

14

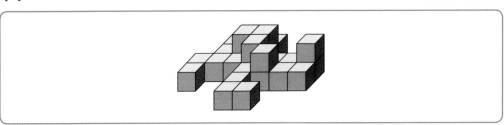

① 25　　　　　　② 26　　　　　　③ 27　　　　　　④ 28

해 왼쪽 열부터 차례대로 세어 보면 2+3+3+8+4+2+3=25개

Part 01 유형파악

Part 02 핵심이론

Part 03 유형연습

Part 04 직무상식/상황판단

Part 05 실전모의고사

부록

정답 및 해설

15

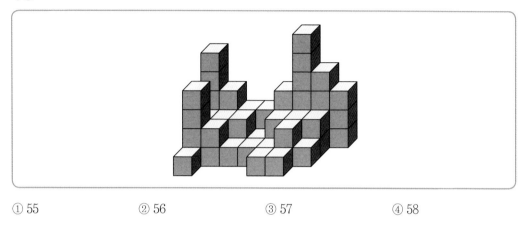

① 55   ② 56   ③ 57   ④ 58

해 왼쪽 열부터 차례대로 세어 보면 12＋7＋5＋4＋7＋11＋7＋3＝56개

[16~20] 다음 제시된 블록을 화살표 방향에서 바라봤을 때의 모양을 고르시오.

16

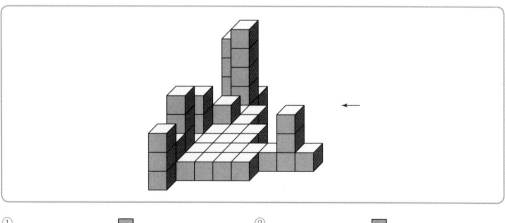

①
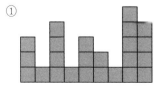

②
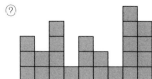

답 12 ③ 13 ③ 14 ① 15 ② 16 ②

③ 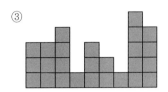   ④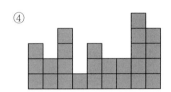

해 왼쪽 열부터 수를 세어 보면 '3−2−4−1−3−2−1−5−4'이다.

17

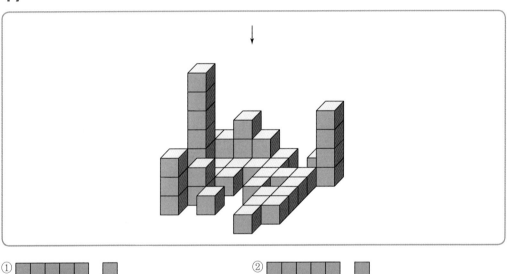

① 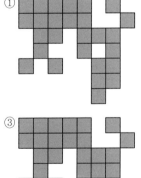   ②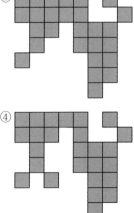

③   ④

해 왼쪽 열부터 수를 세어 보면 '(2,1)−4−(3,1)−2−4−(1,3)−(1,4)−1'이다.

18

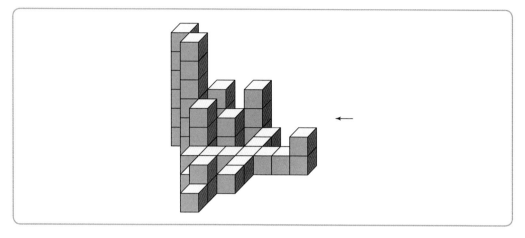

①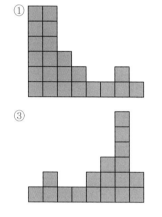

② ③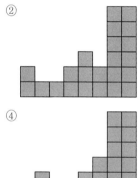

④

해 왼쪽 열부터 층을 세어 보면 '1-2-1-1-2-3-6-6'이다.

19

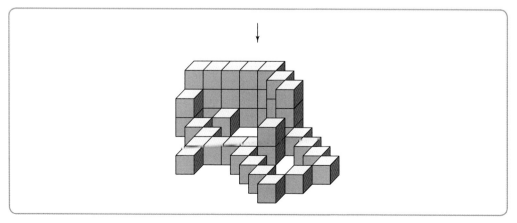

Part 01 유형파악

Part 02 핵심이론

Part 03 유형연습

Part 04 직무상식/상황판단

Part 05 실전모의고사

부 록

정답 및 해설

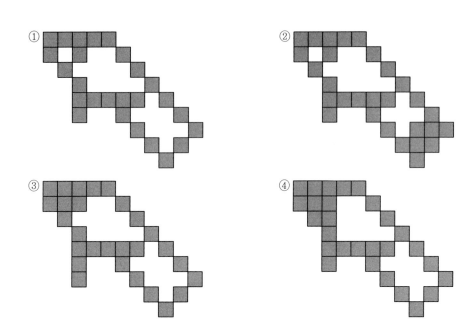

해 왼쪽 열부터 층을 세어 보면 '2−(1,1)−(2,3)−(1,1)−(1,1)−(1,2)−(1,1,1)−(1,1)−(1,1)−(1,1)−1'이다.

20

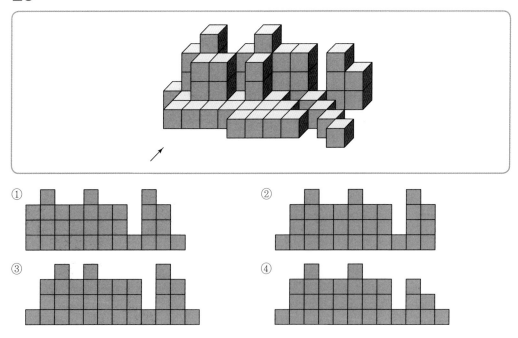

해 왼쪽 열부터 층을 세어 보면 '1−3−4−3−3−4−3−3−1−3−2−1'이다.

지각속도

Part 01 유형파악

Part 02 핵심이론

Part 03 유형연습

Part 04 직무성격/상황판단

Part 05 실전모의고사

부 록

정답 및 해설

[01~05] 다음 〈보기〉의 왼쪽과 오른쪽의 대응을 참고하여 각 문제의 대응이 같으면 답안지에 '① 맞음'을, 틀리면 '② 틀림'을 선택하시오.

─────── 〈 보기 〉 ───────

g = 15	h = 4	i = 8	j = 11
k = 7	l = 16	m = 3	n = 12

01

11 8 3 16 7 - j i h l k

① 맞음　　　　　　　　　　　② 틀림

해 11 8 <u>3</u> 16 7 - j i <u>m</u> l k

02

7 4 11 16 3 - k h j l m

① 맞음　　　　　　　　　　　② 틀림

03

3 11 8 7 12 4 - m j i k n h

① 맞음　　　　　　　　　　　② 틀림

04

> 15 7 4 12 11 16 – g k h n m l

① 맞음   ② 틀림

해 15 7 4 12 <u>11</u> 16 – g k h n <u>j</u> l

05

> 16 3 15 11 8 7 – l m g j i k

① 맞음   ② 틀림

[06~10] 다음 〈보기〉의 왼쪽과 오른쪽의 대응을 참고하여 각 문제의 대응이 같으면 답안지에 '①
맞음'을, 틀리면 '② 틀림'을 선택하시오.

┌─────────────────────────〈 보기 〉─────────────────────────┐

| 43 = ☆ | 12 = ● | 50 = ◇ | 25 = △ | 31 = ■ |
| 27 = □ | 19 = ★ | 49 = ○ | 37 = ▲ | 56 = ◆ |

└───┘

06

> 49 ▲ 12 56 ☆ – ○ 37 ● ◇ 43

① 맞음   ② 틀림

해 49 ▲ 12 <u>56</u> ☆ – ○ 37 ● <u>◆</u> 43

07

> △ 19 27 ■ 50 – 25 ● □ 31 ◇

① 맞음   ② 틀림

해 △ <u>19</u> 27 ■ 50 － 25 <u>★</u> □ 31 ◇

08

● 25 43 ▲ 56 － 12 △ ☆ 37 ◆

① 맞음　　　　　　　　　　　　　　② 틀림

09

37 ★ 31 ○ ● 27 － ▲ 19 ■ 49 12 □

① 맞음　　　　　　　　　　　　　　② 틀림

10

☆ ◆ 25 50 ▲ 12 － 43 56 □ ◇ 37 ●

① 맞음　　　　　　　　　　　　　　② 틀림

해 ☆ ◆ <u>25</u> 50 ▲ 12 － 43 56 <u>△</u> ◇ 37 ●

[11~15] 다음 〈보기〉의 왼쪽과 오른쪽의 대응을 참고하여 각 문제의 대응이 같으면 답안지에 '① 맞음'을, 틀리면 '② 틀림'을 선택하시오.

〈보기〉				
참새 = 휴지	마늘 = 커피	피리 = 장구	은행 = 호박	식물 = 숫자
돼지 = 상추	여름 = 겨울	안경 = 홍차	사탕 = 종이	생일 = 장미

Part 01 유형파악
Part 02 핵심이론
Part 03 유형연습
Part 04 직무상식/상황편단
Part 05 실전모의고사
부록
정답 및 해설

11

참새 여름 사탕 생일 돼지 – 휴지 겨울 종이 장미 상추

① 맞음   ② 틀림

12

마늘 식물 은행 안경 피리 – 커피 숫자 장미 홍차 장구

① 맞음   ② 틀림

해 마늘 식물 <u>은행</u> 안경 피리 – 커피 숫자 <u>호박</u> 홍차 장구

13

사탕 안경 참새 식물 여름 – 종이 홍차 휴지 장미 겨울

① 맞음   ② 틀림

해 사탕 안경 참새 <u>식물</u> 여름 – 종이 홍차 휴지 <u>숫자</u> 겨울

14

생일 피리 마늘 돼지 은행 – 장미 장구 커피 상추 호박

① 맞음   ② 틀림

15

안경 여름 식물 참새 사탕 – 홍차 겨울 숫자 휴지 종이

① 맞음   ② 틀림

[16~20] 다음 〈보기〉의 왼쪽과 오른쪽의 대응을 참고하여 각 문제의 대응이 같으면 답안지에 '① 맞음'을, 틀리면 '② 틀림'을 선택하시오.

─── 〈보기〉 ───

+ = 소	× = 전	% = 비	÷ = 유
※ = 총	! = 함	* = 행	# = 채

16

전 총 비 채 유 – × ※ % * ÷

① 맞음   ② 틀림

해 전 총 비 <u>채</u> 유 – × ※ % <u>#</u> ÷

17

유 소 행 총 함 – ÷ + * ※ !

① 맞음   ② 틀림

18

함 채 소 비 행 – ! # + % ×

① 맞음   ② 틀림

해 함 채 소 비 <u>행</u> – ! # + % <u>*</u>

19

유 함 전 총 비 채 – ÷ ! × ※ % #

① 맞음   ② 틀림

Part 01 유형파악

Part 02 핵심이론

Part 03 유형연습

Part 04 직무상식/상황판단

Part 05 실전모의고사

부록

정답 및 해설

20

전 소 총 행 채 비 – × + ÷ * ※ %

① 맞음   ② 틀림

웹전 소 촐 행 채 비 – × + ※ * # %

[21~30] 문제의 왼쪽에 제시된 기호, 문자, 숫자의 개수를 모두 세어 개수를 고르시오.

21

| 8 | 25305968023462897498509632058649536924862943718 |

① 5개   ② 6개   ③ 7개   ④ 8개

해 25305968023462897498509632058649536924862943718

22

| 3 | ksjh5386ds9830kfilaheos25039kfkaiglddkl52kfksfkel2330kflk |

① 2개   ② 3개   ③ 5개   ④ 6개

해 ksjh5386ds9830kfilaheos25039kfkaiglddkl52kfksfkel2330kflk

23

| 6 | 0520491954986820049693885269490996636845003929565 02 |

① 3개   ② 5개   ③ 7개   ④ 9개

24

■	◆⊙●◐◑◆■◐□Ⓚ■♫◪▧㈜◪♠◆◆■◐◐◆☎◆➡◉♨☏◪☞◆¥■◐◐◪◉■⬆◪◪■◐◆◐◪●◐◆§◆■◪

① 3개　　　　② 5개　　　　③ 7개　　　　④ 9개

25

마	바다마바라다마꽈바자파라바마마아바다아라다마바라자바자아마마꽈다아바아마라아다다마자다바파다마꽈바마다아라마

① 9개　　　　② 10개　　　　③ 11개　　　　④ 12개

26

ㅂ	공정한 사법 집행에 대한 국민적 요구의 급증

① 1개　　　　② 2개　　　　③ 3개　　　　④ 4개

해 공정한 사법 집행에 대한 국민적 요구의 급증

27

a	He was the hero in his family, a big frog in a small pond

① 3개   ② 4개   ③ 5개   ④ 6개

해 He was the hero in his family, a big frog in a small pond

28

ㄷ	금동대향로의 용, 봉황 등은 도교의 영향을 반영한 것으로 백제의 뛰어난 금속 공예 기술을 보여주는 걸작품으로 평가받고 있다.

① 3개   ② 4개   ③ 5개   ④ 6개

해 금동대향로의 용, 봉황 등은 도교의 영향을 반영한 것으로 백제의 뛰어난 금속 공예 기술을 보여주는 걸작품으로 평가받고 있다.

29

o	They connect orange blossoms with weddings

① 3개   ② 4개   ③ 5개   ④ 6개

해 They connect orange blossoms with weddings

30

2	kg306e48825kdkoi2$%^@kdg592760oikd93k81348#$^&#984r256843qt22rgs^@#$gs26841923697543216873219584622215

① 11개   ② 12개   ③ 13개   ④ 14개

해 kg306e48825kdkoi2$%^@kdg592760oikd93k81348#$^&#984r256843qt22rgs^@#$gs26841923697543216873219584622215

4

84 | 해군 부사관 대표유형+실전문제

언어논리

Part 01 유형파악

Part 02 핵심이론

Part 03 유형연습

Part 04 직무상식/상황판단

Part 05 실전모의고사

부록

정답 및 해설

01 다음 주어진 상황에 가장 잘 부합하는 한자성어는?

> 과거 갯벌에 불과하던 인천 송도가 동북아 비즈니스의 중심도시를 꿈꾸며 국제도시의 모양새를 갖춰가고 있다.

① 상전벽해(桑田碧海)　　　　　　　② 사필귀정(事必歸正)

③ 금의야행(錦衣夜行)　　　　　　　④ 멸사봉공(滅私奉公)

⑤ 가렴주구(苛斂誅求)

해 ① 상전벽해(桑田碧海) : 뽕나무밭이 변하여 푸른 바다가 된다는 뜻으로, 세상일의 변천이 심함을 비유적으로 이르는 말
　 ② 사필귀정(事必歸正) : 모든 일은 반드시 바른길로 돌아감
　 ③ 금의야행(錦衣夜行) : 비단옷을 입고 밤길을 다닌다는 뜻으로, 아무 보람이 없는 일을 함을 이르는 말
　 ④ 멸사봉공(滅私奉公) : 사욕을 버리고 공익을 위하여 힘씀
　 ⑤ 가렴주구(苛斂誅求) : 가혹하게 세금을 거두거나 백성의 재물을 억지로 빼앗음

02 다음 주어진 상황에 가장 잘 부합하는 한자성어는?

> 수근이는 재미있고 재주가 많으며, 운전도 잘해서 모든 사람들에게 인기가 많았다. 어느날 장기자랑을 하게 됐고, 모두 수근이의 노래를 기대하고 있었다. 하지만 고음을 내지 못하는 지독한 음치인 수근이를 보고, 모두들 완벽한 사람은 없다고 생각했다.

① 각자무치(角者無齒)　　　　　　　② 요산요수(樂山樂水)

③ 일맥상통(一脈相通)　　　　　　　④ 좌충우돌(左衝右突)

⑤ 전인미답(前人未踏)

해 ① 각자무치(角者無齒) : 뿔이 있는 짐승은 이가 없다는 뜻으로, 한 사람이 여러 가지 재주나 복을 다 가질 수 없다는 말
　 ② 요산요수(樂山樂水) : 자연을 즐기고 좋아함
　 ③ 일맥상통(一脈相通) : 사고방식, 상태, 성질 등이 서로 통하거나 비슷해짐
　 ④ 좌충우돌(左衝右突) : 이리저리 마구 찌르고 부딪침
　 ⑤ 전인미답(前人未踏) : 이제까지 아무도 발을 들여 놓거나 손을 댄 일이 없음을 이르는 말

답 27 ③　28 ③　29 ②　30 ③ | 01 ①　02 ①

03 다음 중 한자성어와 그 뜻이 잘못 짝지어진 것은?

① 망운지정(望雲之情) - 구름을 보며 그리워함. 자신이 객지에서 고향에 계신 어버이를 생각하는 마음

② 망양보뢰(亡羊補牢) - 양을 잃고 우리를 고침. 실패한 뒤에 뉘우치면 소용이 없음

③ 당랑거철(螳螂拒轍) - 사마귀가 수레를 멈춤. 자신의 역량과 분수에 맞게 행동함

④ 오리무중(五里霧中) - 오 리나 되는 짙은 안개 속에 있음. 일에 대한 갈피를 잡을 수 없음

⑤ 후생가외(後生可畏) - 젊은 후학들을 두려워할 만하다는 뜻으로, 후진들이 선배들보다 젊고 기력이 좋아, 학문을 닦음에 따라 큰 인물이 될 수 있으므로 가히 두렵다는 말

해 ③ 당랑거철(螳螂拒轍) : 사마귀가 앞발을 들고 수레바퀴를 멈추려 했다는 데서 유래한 것으로 제 역량을 생각하지 않고, 강한 상대나 되지 않을 일에 덤벼드는 무모한 행동거지를 비유적으로 이르는 말

04 다음 제시된 예문의 밑줄 친 부분과 같은 의미로 사용된 것은?

> 그는 잠자는 시간을 <u>빼고</u>는 하루 종일, 심지어 밥 먹는 시간조차 공부에 매진했다.

① 의자를 밟고 올라가서 책장 맨 윗줄에 꽂혀 있는 책을 간신히 <u>뺐다</u>.

② 내가 다른 일에 몰두하고 있는 사이에 모임에서 나만 <u>빼고</u> 모두들 프로젝트에 착수했다.

③ 이번에 새로 만든 통장은 이율이 매우 높은데도 필요할 때마다 돈을 <u>빼</u> 쓸 수 있다.

④ 방세가 벌써 일곱 달째 밀려 있지만 지금 살고 있는 집에서 방을 <u>빼면</u> 갈 데가 없다.

⑤ 박 사장네 셋째 아들은 목소리까지 제 아버지를 쏙 <u>뺐다</u>.

해 ② 전체에서 일부를 제외하거나 덜어 내다.
  ① 박혀 있는 것을 밖으로 나오게 하다.
  ③ 저금이나 보증금 따위를 찾다.
  ④ 셋방 따위를 비우다.
  ⑤ 꼭 그대로 물려받다.

05 다음 제시된 예문의 밑줄 친 부분과 같은 의미로 사용된 것은?

> 금메달을 딴 선수들은 모두 기쁨에 <u>찬</u> 얼굴로 눈물을 흘렸다.

① 영아들은 항상 기저귀를 <u>차야</u> 한다.

② 부대원 모두가 패기에 <u>차</u> 있었다.

③ 향긋한 냄새가 부엌에 가득 <u>찼다</u>.

④ 그 사람은 팔뚝에 완장을 <u>차고</u> 있었다.

⑤ 소대장은 복무연한이 <u>차서</u> 한 달 전에 제대했다.

해 제시문의 '차다'는 '감정이나 기운 따위가 가득하게 되다'는 의미이다. 이러한 의미로 사용된 것은 ②이다.

①, ④ 어떤 것을 몸의 한 부분에 달아매달거나 끼워서 지니다.

③ 일정한 공간에 사람, 사물, 냄새 따위가 더 들어갈 수 없이 가득하게 되다.

⑤ 정해진 기간이나 나이, 수량 등이 다 되다.

06 다음 제시된 예문의 밑줄 친 부분과 같은 의미로 사용된 것은?

> 나는 그의 표정에서 큰 슬픔을 <u>읽을</u> 수 있었다.

① 전공 서적을 <u>읽다</u>.

② 컴퓨터가 디스켓의 정보를 <u>읽고</u> 있다.

③ 편지에 담긴 사연을 <u>읽다</u>.

④ 상대방의 마음을 훤히 <u>읽고</u> 있다.

⑤ 악보를 <u>읽다</u>.

해 제시문의 '읽다'는 '사람의 표정이나 행위 따위를 통해 뜻이나 마음을 알아차리다'의 의미이다. 이와 가장 유사한 것은 ④이다.

① 소리 내어 읽다. 또는 뜻을 헤아려 읽다.

② 컴퓨터의 프로그램, 디스크 따위에 든 정보를 가져와 그 내용을 파악하다.

③ 글을 보고 거기에 담긴 뜻을 헤아려 알다.

⑤ 그림, 소리 등의 내용이나 뜻을 헤아려 알다.

07 다음에 제시된 문장의 밑줄 친 부분과 의미가 가장 비슷한 것은?

> 큰집 어머님은 <u>손이 걸어서</u> 많은 음식을 준비하셨다.

① 조금 쉬거나 다른 것을 할 틈이 생겨서

② 일 다루는 솜씨가 꼼꼼하지 못하여

③ 자기 과시욕이 많아서

④ 씀씀이가 후하여

⑤ 타고난 천성이 성실하여

해 '손이 걸다'는 '씀씀이가 후하고 크다' 또는 '일솜씨가 날쌔거나 좋다'는 의미이다.

① 손이 나다.

② 손이 거칠다.

답 03 ③ 04 ② 05 ② 06 ④ 07 ④

Part 01 유형파악

Part 02 핵심이론

Part 03 유형연습

Part 04 직무상식/상황판단

Part 05 실전모의고사

부록

정답 및 해설

08 다음에 제시된 문장의 밑줄 친 부분과 의미가 가장 비슷한 것은?

> 그 사람은 정말 발이 길다.

① 아는 사람이 많아 활동하는 범위가 넓다.

② 관계를 완전히 끊고 물러나다.

③ 움직일 수 없게 되다.

④ 적극적으로 나서다.

⑤ 먹을 복이 있다.

🖥 '발이 길다'는 '음식 먹는 자리에 우연히 가게 되어 먹을 복이 있다'는 표현이다. 이와는 반대로 '발이 짧다'는 '먹는 자리에 남들이 다 먹은 뒤에 나타나다(먹을 복이 없다)'는 표현이다.
① 발이 넓다(너르다).
② 발을 빼다(발을 씻다).
③ 발이 묶이다.
④ 발 벗고 나서다.

09 다음 제시된 문장의 빈칸에 들어갈 말로 가장 적절한 것은?

> 사태의 심각성 때문에 국민의 감정이 (   )되었다.

① 고양(高揚)   ② 고조(高調)

③ 배양(培養)   ④ 격양(激揚)

⑤ 증진(增進)

🖥 '고조'는 '감정이나 사상. 세력 등이 한참 무르익거나 높아짐(또는 그런 상태)'을 의미한다.
① 정신이나 기분 등을 북돋워서 높임
③ 식물을 북돋아 기름. 또는 인격 · 역량 · 사상 따위가 발전하도록 가르치고 키움
④ 기운이나 감정 등이 세차게 일어나 들날림
⑤ 기운이나 세력 등이 점점 더 늘어 가고 나아감

10 다음 제시된 문장의 빈칸에 들어갈 말로 가장 적절한 것은?

> 그가 그 (   )를 듣자마자 놀라고 기뻐하며 그 자리에서 한동안 움직이지 못했다.

① 공보(公報)   ② 홍보(弘報)

③ 낭보(朗報)   ④ 비보(秘報)

⑤ 비보(悲報)

Part 01 유형파악

Part 02 핵심이론

Part 03 유형연습

Part 04 직무상식/상황판단

Part 05 실전모의고사

부록

정답 및 해설

해 '낭보'는 '기쁜 기별이나 소식'이란 의미이다.
① 국가기관에서 국민들에게 각종 활동사항에 대하여 널리 알림
② 널리 알림, 혹은 그 소식이나 보도
④ 남몰래 보고함, 혹은 그런 보고
⑤ 슬픈 기별이나 소식

11 다음 제시된 문장의 빈칸에 들어갈 말로 가장 적절한 것은?

> 지난해 경찰청에서는 300억 원 상당의 물품을 압수하였으며, 그 중 150억 원에 달하는 자동차, 보석류, 컴퓨터 등이 금주 토요일 경매에 (   )될 예정이다. 이 물품들은 모두 상태가 양호하며 당 행사에서 바로 판매될 것이다.

① 낙찰(落札)   ② 응찰(應札)
③ 입찰(入札)   ④ 상장(上場)
⑤ 회부(回附)

해 '입찰'은 '상품의 매매나 도급 계약을 체결할 때 여러 희망자들에게 각자의 낙찰 희망 가격을 서면으로 제출하게 하는 일'을 의미한다.
① 경매나 경쟁입찰 등에서 물건이나 일이 어떤 사람이나 업체에 돌아가도록 결정하는 일
② 입찰에 참가함
④ 주식이나 어떤 물건을 매매 대상으로 하기 위해 해당 거래소에 일정 자격이나 조건을 갖춘 거래 물건으로서 등록하는 일
⑤ 물건이나 사건 등을 어떤 대상이나 과정으로 돌려보내거나 넘김

12 다음 속담의 뜻으로 적절한 것은?

> 차돌에 바람 들면 석돌보다 못하다

① 야무진 사람이 한번 타락하면 헤픈 사람보다 더 걷잡을 수 없음
② 줏대나 지조가 없이 남이 하는 일을 보면 덮어놓고 따르려고 함
③ 하던 일이 싫증나서 해 놓은 성과만 헤아리고 있음
④ 되지 못한 사람은 반드시 못된 짓을 함
⑤ 겉모양은 보잘것없으나 내용은 훨씬 훌륭함을 이름

해 오달진(야무진) 사람일수록 한번 타락하면 걷잡을 수 없음을 이르는 말이다.
② 절에 가면 중노릇 하고 싶다
③ 풀 베기 싫어하는 놈이 단 수만 센다
④ 용 못 된 이무기 방천 낸다
⑤ 뚝배기보다 장맛이 좋다

답 08 ⑤   09 ②   10 ③   11 ③   12 ①

13 다음 속담의 뜻으로 적절한 것은?

> 느릿느릿 걸어도 황소걸음

① 행동이 너무 둔함

② 비록 느리더라도 실수 없이 꾸준히 일을 하면 결국 빨리하는 결과가 됨

③ 보잘것없는 일이라도 여럿의 힘을 합치면 큰일을 할 수 있음

④ 일을 너무 느리게 처리함

⑤ 안 되는 일도 대세를 타면 잘될 수 있음을 비유적으로 이름

해 속도는 느리나 믿음직스럽고 알차다는 말이다.
  ① 곽란에 약 지으러 보내면 좋겠다
  ③ 똥개도 백 마리면 범을 잡는다
  ④ 강태공 세월 낚듯 한다
  ⑤ 마른나무를 태우면 생나무도 탄다

14 다음 밑줄 친 부분이 맞춤법에 맞게 쓰인 것은?

① 결혼식이 <u>몇 일</u>이냐?

② 옷을 벗은 <u>채로</u> 달아났다.

③ 그는 항상 학생<u>으로써</u>의 본분을 잊지 않는다.

④ 밤새 내린 함박눈 위에 <u>발자욱</u>이 가득했다.

⑤ 닭 <u>쫒던</u> 개 지붕 쳐다본다.

해 '어떤 상태나 동작이 다 되지 못한 상태'를 뜻하는 표준어는 '~채로'이다.
  ① '며칠'이 바른 표현이다.
  ③ '으로서'가 바른 표현이다.
  ④ '발자국'이 바른 표현이다.
  ⑤ '쫓던'이 바른 표현이다.

15 다음 밑줄 친 부분이 맞춤법에 맞게 쓰인 것은?

① 이번 수시의 <u>합격율</u>이 매우 높다.

② 올해는 모두 건강하리라는 <u>바램</u>을 가져 본다.

③ 이곳은 아이들이 다치기 <u>쉽상</u>인 곳이다.

④ <u>설레이는</u> 마음에 잠을 이룰 수 없었다.

⑤ 가슴을 <u>에는</u> 것 같은 슬픔을 느꼈다.

Part 01 유형파악

Part 02 핵심이론

Part 03 유형연습

Part 04 직무상식/상황판단

Part 05 실전모의고사

부 록

정답 및 해설

해 '마음을 몹시 아프게 하다'를 뜻하는 표준어는 '에다'이다.
　① '합격률'이 바른 표현이다.
　② '바라다'에서 온 말이므로 '바람'이 바른 표현이다.
　③ '십상'이 바른 표현이다.
　④ '설레는'이 바른 표현이다.

16 다음 밑줄 친 부분이 맞춤법에 맞게 쓰인 것은?

　① 연이는 나를 보자 눈살을 <u>찌뿌렸다</u>.

　② 언니는 지금 쌍둥이를 임신하여 <u>홀몸</u>이 아니다.

　③ 벌레 한 마리 때문에 학생들이 <u>법석</u>을 떨었다.

　④ 그는 여러 논문을 <u>짜집기</u>하여 학위가 취소되었다.

　⑤ 비가 <u>개이고</u> 하늘에는 무지개가 떴다.

해 '법석'이 바른 표현이다. 한 단어 안에서 뚜렷한 까닭 없이 나는 된소리는 다음 음절의 첫소리를 된소리로 적지만, 'ㄱ, ㅂ' 받침 뒤에서 나는 된소리는 같은 음절이나 비슷한 음절이 겹쳐 나는 경우가 아니면 된소리로 적지 않는다.
　① '찌푸렸다'가 바른 표현이다.
　② '홑몸이 아니다'가 바른 표현이다.
　④ '짜깁기'가 바른 표현이다.
　⑤ '개고'가 바른 표현이다.

17 다음 글의 내용상 밑줄 친 부분에 올 문장으로 가장 적절한 것은?

　　　　　　　　　　　　　　　　　 그 중 단일 한자로 구성된 친족지칭어는 부(父), 형(兄), 처(妻) 등과 같이 소수에 불과하며, 대다수는 형수(兄嫂), 제수(弟嫂), 고모부(姑母夫)와 같이 2개 이상의 개별 한자들의 결합으로 구성되어 있다. 복수의 한자어로 구성된 친족지칭어는 '친족관계를 지시하는 유의미한 최소 단위'인 친족형태소가 결합된 형태를 취하는데, 친족형태소는 크게 두 부류로 나뉠 수 있다. 하나는 독립적으로 개별 친족용어의 구성요소가 될 수 있는 부(父), 형(兄), 수(嫂)와 같은 명사적 형태소이다. 다른 하나는 특정 친족관계의 지시와는 무관하고 독립적으로 친족용어의 구성요소가 될 수 없는 대, 고, 종과 같은 관형사적 형태소이다.

　① 친족지칭어의 발달은 국어의 중요한 특징이다.

　② 한국의 친족지칭어는 시대에 따라 많은 변화를 겪어왔다.

　③ 한국의 친족지칭어는 고유어가 많은 비중을 차지한다.

　④ 한국의 친족지칭어는 거의 한자어로 이루어져 있다.

　⑤ 한국의 친족지칭어는 교육이 중요하다.

해 이어지는 내용이 단일 한자 또는 복수 한자어로 구성된 친족지칭어에 대한 내용이므로 '한국의 친족지칭어는 거의 한자어로 이루어져 있다'가 들어가는 것이 적절하다.

답 　13 ②　14 ②　15 ⑤　16 ③　17 ④

18 다음 글의 내용상 밑줄 친 부분에 올 문장으로 가장 적절한 것은?

> 과거의 선비들은 지(知)와 행(行)의 일치를 꾀하면서 자신의 인격을 갈고 닦았다. 그래서 그들은 양심에 거슬리는 일에는 아예 발을 들이지 않았고 불의를 보면 참지 않았던 것이다. 그러나 오늘날의 학자나 지식인들은 지식과 행동양식 사이의 균형을 잃은 채 밀려드는 정보와 지식의 습득에만 급급할 뿐이다. 입만 벌리면 누구의 학설이 어떻고 아무개의 이론이 어떻다고 할 뿐 자신의 말이나 창의력은 일깨우려고 하지 않는다. 그렇기 때문에 _____

① 이름 높은 학자의 고견은 듣는 이에게 깨달음을 주는 역할을 한다.

② 조금만 게을러도 새로운 정보와 지식을 놓쳐 도태되기 십상이다.

③ 학계는 새로운 지식을 피력하는 장이자, 진리에 대한 토론이 이루어지는 장이다.

④ 자신의 체험 없이 밖에서 얻어들은 공허한 지식에는 아무래도 신용이 가지 않는다.

⑤ 근대화는 전통 사회의 생활 양식에 거의 혁명적인 변화를 가져온다.

해 오늘날 학자들의 행동양식은 지행일치(知行一致)의 자세와는 거리가 멀며, 지식의 습득에만 치중하고 있음을 비판하는 내용이 들어가야 적절하다.

19 다음 글을 읽고 중심내용으로 가장 적절한 것은?

> 철이나 석탄이나 물을 어떻게 얻는가는 누구나가 다 알고 있는 사실이다. 그런데 시간이라는 것은 어떻게 얻는 것일까? 이것을 아는 사람은 그리 많지 않을 것이다.
>
> 인간이 시간을 얻을 줄 알게 된 것은 꽤 오랜 옛날의 일이었다. 인간이 도구를 만들기 시작했을 때 그 생활 속에는 새로운 일, 즉 참으로 인간다운 일은 노동이라는 관념이 생기게 되었다. 그리고 이 노동이라는 것은 시간을 필요로 했다. 돌연장을 만들기 위해서는 우선 그것에 적합한 돌을 찾아내야 했다. 그러나 그것은 그다지 수월한 일이 아니다. 아무 돌이나 연장으로 쓸 수 있는 것은 아니기 때문이다.
>
> 연장으로 만드는 데 가장 적합한 것은 단단하고 모진, 부싯돌이 될 만한 돌이다. 그런데 그런 부싯돌은 아무 데나 뒹굴고 있지는 않다. 그런 돌을 찾아내려면 적지 않은 시간이 필요하다. 그러나 많은 시간을 들인 탐색도 때로는 헛수고가 될 수도 있다. 그럴 때는 결국 그다지 훌륭하지 않은 돌이라도 집어 들어야 했으며, 사암(砂巖)이나 횟돌 같은 부실한 재료로도 만족하지 않으면 안 되었다.
>
> 그러나 마침내 알맞은 돌을 찾아냈다 할지라도 그 돌로 어떤 연장을 만들기 위해서는 다른 돌을 이용하여 두드리고 문지르고 깎아야 한다. 이 일은 또 많은 시간을 필요로 한다. 당시 인간의 손가락은 아직 현재 우리의 손가락처럼 재주를 부리지도 못했고 민활하지도 못했다. 단지 일하는 것을 익혔을 뿐이었다.
>
> 돌을 깎는 데는 많은 시간을 소비해야만 했다. 하지만 그 대신, 그 깎아낸 날카로운 돌 덕분에 나무껍질 밑의 애벌레를 파내는 일이 아주 쉬워졌다. 돌로 나뭇가지를 다듬는 데도 오랜 시간을

소비해야만 했다. 그러나 그 막대기가 다듬어지고 나면 땅속에서 식용(食用)이 되는 나무뿌리를 캐내는 일도, 숲 속에 사는 작은 동물을 사냥하는 일도 전보다 훨씬 수월하게 할 수 있었다.

그리하여 식량을 모으는 일이 전보다 쉬워지고 훨씬 빨라졌다. 식량을 찾아 돌아다니는 일에서 해방되고, 그 시간을 활용하여 연장을 만들거나 그 연장을 더욱더 예리하고 우수한 것으로 발전시켜 나감으로써 많은 식량을 얻게 되었던 것이다. 즉, 인간은 다른 노동에 쓸 수 있는 시간을 얻게 된 셈이다.

① 인간은 환경에 순응할 줄 안다.

② 인간은 노동 지향성을 지닌 존재이다.

③ 인간은 무한한 가능성을 지닌 존재이다.

④ 인간은 많은 시간을 활용해 도구를 만들었다.

⑤ 인간은 노동의 과정에서 미래를 예견할 수 있다.

해 참으로 인간다운 일은 노동이라는 관념을 가지게 된 이후 인간은 많은 시간을 활용하여 도구를 발달시킴으로써 시간을 다른 노동에 더욱 효율적으로 사용하게 되었다. 이를 통해 인간이 노동 지향성을 지닌 존재라는 것을 알 수 있다.

20 다음 글에서 추론할 수 있는 내용으로 가장 적절한 것은?

우리의 사대주의는 하나의 '정책'일 뿐, 그 이상의 것은 아니었다. 특히 고려 시대에 있어서는 사대 일변도라는 것은 없었다. 고려 성종 때 거란군 10만이 침입해 들어왔을 때 그들은 제한된 목적을 지니고 있었다. 즉, 거란과 송의 대립 시 고려가 송나라의 동맹국으로서 움직이는 것을 방지함으로써 배후의 위협이 되지 않게 하기 위한 것이었다. 이에 서희는 혼미 분란한 상황 속에서 거란군의 목적을 통찰하고 중립을 약속함으로써 한 방울의 피도 흘리지 않고 10만 거란군을 물러가게 하였을 뿐 아니라, 종래 소속이 분명치 않던 압록강·청천강 사이의 완충 지대를 확실한 고려 영토로 인정받는 등 그야말로 도랑 치고 가재잡는 성공을 거두었다. 17세기 초 광해군 때의 북방 정세도 서희 당시의 그것을 방불케 하는 것이었다. 즉, 신흥 만주족은 조선이 명나라의 동맹국으로서 움직일 것을 우려하고 있었다. 광해군은 '우리의 힘이 이들을 대적할 수 없다면 헛되이 고지식한 주장을 내세워 나라를 위망의 경지로 몰 것이 아니라 안으로 자강, 밖으로 유화의 책을 씀에 고려와 같이하는 것이 보국의 길'이라고 하였으나, 정부의 반대에 부딪혀 인조반정을 맞이하게 되었다. 인조 정권은 광해군의 불충한 사대를 반정의 명분으로 내세웠던 만큼 대명 일변도적(對明一邊倒的) 사대를 입국지본(立國之本)으로 삼았는데, 그것은 현실주의로부터 명분주의에로의 전환을 의미하는 것이었다. 복잡 다난한 정세에서 그러한 비현실적이고 융통성 없는 정책이 전쟁을 자초·유발하리라는 것은 충분히 예견할 수 있는 일이었다. 두 차례의 호란과 삼전도에서의 굴욕적인 항복은 이러한 사대의 결산이었으며, 그것은 정책으로서의 사대주의가 이성과 주체성을 잃고 국가 이익보다 사대의 명분을 중시하는 자아상실의 사대주의 중독증에 걸린 탓이었다. 사대주의의 중독적 단계를 모화(慕華)라고 부른다.

Part 01 유형파악

Part 02 핵심이론

Part 03 유형연습

Part 04 직무성격/상황판단

Part 05 실전모의고사

부 록

정답 및 해설

① 사대주의는 우리나라를 중국에 예속되게 만들었다.

② 사대주의는 중국을 교란시키기 위한 외교 정책이었다.

③ 사대주의는 민족 정체성을 보존하기 위한 수단이기도 했다.

④ 사대주의는 중국 문화에 대한 선망 의식에서 비롯된 것이었다.

⑤ 사대주의는 이성과 주체성을 상실하여 중독적 단계를 반드시 수반하게 되었다.

해 제시문은 고려 시대 서희와 조선 시대 광해군의 예를 통해 사대주의를 부정적 측면이 아닌 우리 스스로를 지키기 위한 현실적인 외교 정책이라는 측면에서 보고 있다. 따라서 ③이 추론할 수 있는 진술로 가장 적합하다. ①, ④는 제시문을 통해 알 수 없는 내용이다. 사대주의가 이성과 주체성을 상실하여 중독적 단계에 이른 것을 모화라고 하지만, 이 단계가 사대주의에 반드시 뒤따른다고는 보기 어렵다.

21 다음 글에서 추론할 수 있는 내용으로 가장 옳은 것은?

상·하원 의원 여러분, 누군가가 여러분에게 당신들의 이 명령이 학자들을 의기소침하게 한다는 주장은 과장해서 하는 말이고 실제로는 그렇지 않다고 말할지도 모른다. 나는 이런 주장을 하지 못하도록 이런 종류의 엄격한 심문이 횡포를 부리고 있는 다른 나라에서 내가 보고 들은 바를 열거해서 말할 수 있다.

나는 영예스럽게도 그 나라의 학자들과 자리를 같이 한 바 있는데, 그들로부터 나는 철학적인 자유가 있는 영국과 같은 나라에서 태어난 행복한 사람으로 대접을 받았다. 반면 그들의 학문은 노예상태에 있으며 그들은 그저 이를 슬퍼할 뿐이었다. 이것이 이탈리아에서 지혜의 영광을 시들게 한 원인이었다. 그곳에서는 지난 여러 해 동안 아첨과 과장을 하는 글 이외에는 다른 아무 것도 쓰이지 않았다.

그곳에서 나는 종교재판에 회부되어 연금 상태에 있는 노년의 갈릴레이를 방문한 바 있다. 그는 성 프란체스코와 성 도미니크의 허가관(許可官)들이 생각한 것과는 다른 천문학을 연구했다는 이유로 종교재판에 회부되어 죄수로 지내고 있다. 그리고 나는 그 당시 고위성직자들의 속박 아래서 영국이 극심한 신음소리를 내고 있다는 것을 알고 있었지만 그럼에도 불구하고 나는 그것을 다른 나라 사람들이 그토록 감명을 받고 있는 영국의 자유에 대한 상징으로 받아들였다.

그럼에도 불구하고 만일 이 나라에서 살아 숨 쉬고 있는 현인(賢人)들에 대한 나의 기대가 지나친 것이라면 누가 지도자로서 이 세상이 끝날 때까지 어떤 대변혁이 일어나더라도 결코 잊히지 않을 그러한 일을 할 것인가. 허가명령이 처음 만들어지려 할 때 나는 이를 별로 걱정하지 않았다. 왜냐하면 의회가 소집되면 내가 다른 나라에서 들었던 것과 같은 종교재판에 대한 식자(識者)들의 반대와 불만의 소리가 국내에서도 나오게 될 것이라는 것을 의심하지 않았기 때문이다.

① 이 글의 필자는 출판의 자유를 주장하고 있다.

② 이 글의 필자는 종교의 자유를 주장하고 있다.

③ 이 글의 필자는 집회·결사의 자유를 주장하고 있다.

④ 이 글의 필자는 양심의 자유를 주장하고 있다.

⑤ 이 글의 필자는 예술의 자유를 주장하고 있다.

해 제시문의 첫 번째와 두 번째 문단의 '(이런 엄격한 명령과 심문이) 학자들을 의기소침하게 만든다.'는 부분과 '이것이 이탈리아에서 지혜의 영광을 시들게 한 원인이었다. 그곳에서는 지난 여러 해 동안 아첨과 과장을 하는 글 이외에는 다른 아무 것도 쓰이지 않았다.'는 부분을 통해 출판의 자유에 관한 내용임을 추론할 수 있다.

22 다음에 제시된 글에서 추론할 수 있는 글의 제목으로 가장 적절한 것은?

우아함이 지나치면 고독을 면치 못하고, 소박함이 지나치면 생활에 활기가 떨어진다. 활기란 흥이 있는 곳에서 나오는데 흥이란 없는 것도 있는 척할 때 더 난다. 겸손이 지나치면 비굴함이 되고, 긍지가 지나치면 교만이 된다. 겸손이란 여유 있는 것이어야 하고, 긍지는 남이 매겨 주는 가치라야 한다. 엄격한 예의는 방색(防塞) 같은 것이나 우정이 오가지 않고 소탈함이 지나치면 대면하는 사람의 심정을 예민하게 파악하지 못하여 폐가 되는 경우도 있다. 욕심이 많으면 만족하는 일이 없고 욕심이 너무 없으면 이룸이 적다. 만족의 덕을 익히지 않으면 계급이 아무리 높아도 불만이요, 그래서 권력자는 폭군이 되고 폭군은 이웃까지 지배하려 한다.

① 인생살이의 요건
② 지나침을 피하여
③ 편안한 생활을 위하여
④ 권력자와 폭군의 폐단
⑤ 안빈낙도(安貧樂道)의 삶

해 제시문은 어떤 것이 너무 많을 때와 너무 없을 때의 폐단을 차례로 언급하고 있다. 따라서 글의 제목으로는 ②가 가장 적절하다.

23 다음 글의 주제와 필자의 태도를 맞게 지적한 것은?

고대인들은 평상시에는 생존하기 위해 각자 노동에 힘쓰다가, 축제와 같은 특정 시기가 되면 함께 모여 신에게 제의를 올리며 놀이를 즐겼다. 노동은 신이 만든 자연을 인간이 자신에게 유용하게 만드는 속된 과정이다. 이는 원래 자연의 모습을 훼손하는 것이기에 신에게 죄를 짓는 것이다. 이러한 죄를 씻기 위해 유용하게 만든 사물을 다시 원래의 상태로 되돌리는 집단적 놀이가 바로 제의였다. 고대 사회에서는 가장 유용한 사물을 희생물로 바치는 제의가 광범하게 나타났다. 바친 희생물은 더 이상 유용한 사물이 아니기에 신은 이를 받아들였다. 고대인들은 신에게 바친 제물을 함께 나누며 모두 같은 신에게 속해 있다는 연대감을 느꼈다.

고대 사회에서의 이러한 놀이는 자본주의 사회에 와서 많은 변화를 겪었다. 자본주의 사회는 노동을 합리적으로 조직하여 생산성을 극대화하고자 한다. 이를 위해 노동의 강도를 높이고 시간을 늘렸지만, 오히려 노동력이 소진되어 생산성이 떨어지는 문제점이 발생하였다. 그래서 노동 시간을 축소하고 휴식 시간을 늘릴 필요가 있었다. 하지만 이 휴식 시간마저도 대부분 상품을 소비하는 과정으로 이루어진다. 예를 들어 여행을 가려면 여행 상품을 구매하여 소비해야 한다. 이런 소비는 소비자에게는 놀이이지만 여행사에는 돈을 버는 수단이다. 결국 소비자의 놀이가 자본주의 시대에 가장 유용한 사물인 자본을 판매자의 손 안에 가져다준다.

① 놀이의 역사적 유래를 논쟁적으로 고찰하고 있다.

② 놀이와 제의의 관계를 분석적으로 논의하고 있다.

③ 놀이의 필요성에 대해 창의적인 의견을 제시하고 있다.

④ 놀이에 대한 욕구를 과학적으로 검증하고 있다.

⑤ 놀이의 성격 변화를 비판적으로 검토하고 있다.

🖪 이 글은 고대 사회에서는 놀이가 '제의'의 성격을 띠었던 데 반해 자본주의 사회에서는 노동을 합리적으로 조직하여 생산성을 극
대화하는 도구로 사용하게 되었다고 하면서, 놀이의 성격 변화를 설명하고 이를 비판적으로 검토하고 있다.

24 다음 중 밑줄 친 부분이 표준 발음이 <u>아닌</u> 것은?

① 예전에 학교에 가려면 못해도 <u>십리[심리]</u>는 걸어야 했다.

② 학창시절에는 <u>국민윤리[궁민뉼리]</u>가 가장 어려운 과목이었다.

③ 그녀는 그에게 받은 편지를 <u>옷 안[오단]</u>에 넣고 돌아왔다.

④ 한국 사회에서 계층 간의 <u>갈등[갈뜽]</u>이 점차 심화되고 있다.

⑤ 일본의 <u>침략[침냑]</u> 행위는 국제적으로 규탄을 받아 마땅하다.

🖪 '십리'는 'ㅂ'과 'ㄹ'이 만나 자음동화가 일어나며 상호동화가 일어나므로 [심니]로 발음해야 한다.
  ② '국민윤리'는 우선 자음동화가 일어나 [궁민]이 되며 '윤리'를 연이어 발음하면서 'ㄴ'이 첨가되며 'ㄴ'과 'ㄹ'이 만나 설측음화가
     일어나므로 [궁민뉼리]로 발음하는 것이 표준 발음이다.
  ③ '옷 안'은 실질 형태소끼리 결합하였으므로 음절의 끝소리 규칙을 적용한 뒤 연음시켜 [오단]으로 발음해야 한다.
  ④ '갈등'은 한자어로 된 어휘에서 'ㄹ' 뒤에 된소리가 나면 된소리로 발음하는 것이 원칙이므로 [갈뜽]으로 발음해야 한다.
  ⑤ '침략'은 'ㅁ'과 'ㄹ'이 만나 유음화가 일어나므로 [침냑]이 표준 발음이다.

25 밑줄 친 ㉠의 의미를 가장 바르게 파악한 것은?

우리가 꽃을 아무리 완벽하게 그린다 하더라도 그림 속에 그려진 꽃이 실재의 대상은 아니므로
그림 속의 꽃을 꺾어서 향기를 맡을 수는 없다. 하나의 동일한 꽃을 대상으로 하여 열 명의 화가가
그림을 그릴 경우 열 개의 서로 다른 꽃들이 탄생하는 것과 같이 그림 속에 그려진 대상은 대상 그
자체가 아니라 대상의 한 부분 내지는 속성을 드러내는 것일 뿐이다. 그러므로 대상을 화폭에 사
실 그대로 모사하려는 노력은 현실을 기만하는 셈이다. 더욱이 현실의 대상을 다수의 모사품과 섞
어 더욱 모호하게 만드는 것이기도 하다. 이처럼 현실을 재현한다는 것이 회화에서 근본적인 한계
를 지니고 있다면 회화는 오히려 이러한 현실의 모사라는 억압을 벗어 던지고 자유롭게 되는 편이
훨씬 나은 방법이 될 수 있다. 그것은 현실의 모사로서의 그림의 가치를 그러한 현실의 억압으로
부터 해방시켜 회화의 궁극적인 가치에 이르는 길일 수 있을 것이다. 추상화는 바로 이러한 고민
에서 출발한다.

추상화는 미술이 현실과의 오랜 종속 관계에서 벗어나 미술 자체가 지닌 ㉠ <u>자율성을 회복하려</u>
<u>는 노력이다.</u> 따라서 추상화는 자연 속에서 감지할 수 없는 새로운 질서를 제시하고 추상화된 세

계의 아름다움을 나타내고자 하였다. 따라서 지금까지 경험과는 무관한 즉, 현실 모사라는 시각적 범주를 벗어나 그림 앞에서 관객들은 당황하지 않을 수 없는 것이다.

① 화가의 주관을 배제한 채 대상을 객관적으로 인식함을 의미한다.

② 선과 색을 바탕으로 한 전통 회화의 구속에서 벗어남을 의미한다.

③ 회화의 대상이나 표현기법을 자유롭게 선택하는 것을 의미한다.

④ 현실의 대상을 인식하는 화가 자신의 감각을 인정하지 않음을 의미한다.

⑤ 대상을 재현한다는 한계에서 벗어나 순수 창조의 예술을 추구함을 의미한다.

해 제시문의 문맥상 '자율성'이란 현실의 모사라는 구속을 벗어나는 것이며, 이를 통해 순수한 예술을 추구하려는 추상화의 노력을 의미한다.

26 다음에 제시된 문장을 글의 논리적 순서에 따라 바르게 배열한 것은?

㉠ 적응의 과정은 북쪽의 문헌이나 신문을 본다든지 텔레비전, 라디오를 시청함으로써 이루어질 수 있는 극복의 원초적인 단계이다. 선택은 전문 학자들의 손을 거쳐 이루어질 수도 있지만, 장기적으로는 대중의 손에 맡기는 것이 최상의 길이다.

㉡ 이질성의 극복을 위해서는 이질화의 원인을 밝히고 이를 바탕으로 해서 그것을 극복하는 단계로 나아가야 한다. 극복의 문제도 단계를 밟아야 한다. 일차적으로는 적응의 과정이 필요하고, 다음으로는 선택의 절차를 밟아야 한다.

㉢ 남북의 언어가 이질화되었다고 하지만 사실은 그 분화의 연대가 아직 반세기에도 미치지 않았고 맞춤법과 같은 표기법은 원래 하나의 뿌리에서 갈라진 만큼 우리의 노력 여하에 따라서는 동질성의 회복이 생각 밖으로 쉬워질 수 있다.

㉣ 문제는 어휘의 이질화를 어떻게 극복할 것인가에 귀착된다. 우리가 먼저 밟아야 할 절차는 이질성과 동질성을 확인하는 일이다. 이러한 작업은 언어 · 문자뿐만 아니라 모든 분야에 해당한다. 동질성이 많이 확인되면 통합이 그만큼 쉽고 이질성이 많으면 통합이 어렵다.

① ㉠-㉢-㉣-㉡   ② ㉡-㉠-㉢-㉣

③ ㉢-㉣-㉡-㉠   ④ ㉣-㉡-㉢-㉠

⑤ ㉣-㉢-㉡-㉠

해 제시된 ㉠~㉣의 내용을 검토해 보면 다음과 같다.
  ㉠ 이질화 극복의 구체적 방법의 제시
  ㉡ 이질화 극복의 단계(과정)의 제시
  ㉢ 남북언어의 이질화 상황 및 동질성 회복(문제제기)
  ㉣ 이질화 극복을 위한 우선적 절차의 제시(이질화 극복을 위한 전제)
  따라서 ③의 순서가 논리적으로 가장 적절하다.

답 24 ①   25 ⑤   26 ③

Part 01 유형파악

Part 02 핵심이론

Part 03 유형연습

Part 04 직무상식/상황판단

Part 05 실전모의고사

부 록

정답 및 해설

27 다음 글의 중심내용으로 가장 옳은 것은?

> 옛날에는 외국 오랑캐로서 중국에 자제를 보내어 입학시킨 자가 매우 많았다. 근세에도 유구(琉球) 사람들은 중국의 태학(太學)에 들어가서 10년 동안 전문적으로 새로운 문물과 기예를 배웠으며, 일본은 강소성(江蘇省)과 절강성(浙江省)을 왕래하면서 온갖 공장이들의 섬세하고 교묘한 기술을 배워 가기를 힘썼다.
>
> 이 때문에 유구와 일본은 바다의 한복판인 먼 지역에 위치해 있으면서도 그 기능이 중국과 대등하게 되었다. 그리하여 백성은 부유하고 군대는 강하여 이웃 나라가 감히 침범하지 못하게 되었으니, 나타나는 효과가 이처럼 뚜렷하다.
>
> 마침 지금은 중국의 규칙이 탁 트여서 좁지 않은데, 이런 기회를 놓쳐 버리고 도모하지 않았다가 만일 하루아침에 소식과 같은 자가 나와서 중화(中華)와 이적(夷狄)의 한계를 엄격히 하여 금지하는 명령을 내리도록 건의한다면, 비록 예물을 가지고 폐백을 받들어 그 기술의 찌꺼기나마 배우려 하더라도 어찌 뜻을 이룰 수 있겠는가.
>
> 정약용 – 『기예론(技藝論)』

① 유구와 일본을 배우자.
② 유구와 일본을 통해 중국 문화를 수용하자.
③ 중국 문화를 적극적으로 수용하자.
④ 문물과 기예를 숭상하는 문화를 세우자.
⑤ 중국 문화를 수용하기 위해 예를 갖추자.

해 제시문은 유구와 일본이 중국 문물과 기예를 배워 나라의 이익을 도모한 것처럼 우리나라도 중국 문물과 기예를 보다 적극적으로 수용하자는 것을 핵심 내용으로 하고 있다.
① 막연히 유구와 일본을 배우자는 것이 아니라, 그들이 중국의 문화를 적극적으로 수용한 것을 본받자는 내용이다.
② '중국 문화의 적극적인 수용'에 대한 내용이며, 반드시 유구와 일본을 통해 중국 문화를 수용하자는 것은 아니다.

28 다음 글을 발표할 때 발표자가 주의를 기울여야 할 사항으로 옳지 <u>않은</u> 것은?

> 지금부터 지난 수 년 동안 진행된 '21세기 세종 계획'에 대한 연구 결과에 대해서 말씀드리도록 하겠습니다. 이번 프로젝트는 정부의 대규모 지원 아래 국어학과 국문학 연구와 관련된 학회, 대학의 연구소, 연구원 및 대학원생에 이르기까지 엄청난 인원이 참여한 대규모 사업이었습니다. 참여 인원이 대규모인 만큼 연구 분야 또한 대단히 포괄적인데 그 중에서 저는 말뭉치, 즉 코퍼스 관련 사업에 대해서 설명을 드리도록 하겠습니다. 일반적으로 말뭉치라고 하면 다양한 언어 자료를 전산화하여 축적한 것을 말합니다. 이러한 말뭉치는 유형에 따라 텍스트 말뭉치, 음성 말뭉치, 영상 말뭉치로 크게 분류할 수 있습니다.

① 쾌활한 인상으로 성의를 가지고 말하고 있는가?
② 청중의 반응에 따라서 자신의 생각을 바꿀 준비가 되어 있는가?

③ 정보를 청중에게 충분히 이해시킬 수 있는가?

④ 청중에게 도움이 되는 새로운 정보를 제공하고 있는가?

⑤ 발표시간을 잘 분배하여 이야기를 전달하는가?

해 '세종 계획에 대한 연구 결과'라는 객관적인 사실에 대해 발표하는 상황이므로 청중의 반응에 따라서 자신의 생각을 바꾸어서는 안 된다.

① 쾌활한 인상과 함께 청중들에게 성의를 가지고 말하는 것은 효과적인 말하기의 기본적인 사항이다.

③ 연구 결과를 발표할 때에는 청중에게 결과물을 충분히 이해시키는 것이 중요하다.

④ 발표의 목적 중 하나는 청중에게 도움이 되는 정보를 제공하는 것이다.

⑤ 발표 시간을 잘 분배하여야 효과적으로 정보를 전달할 수 있다.

[29~30] 다음 글을 읽고 물음에 답하시오.

(가) 자연은 인간 사이의 갈등을 이용하여 인간의 모든 소질을 계발하도록 한다. 사회의 질서는 이 갈등을 통해 이루어진다. 이 갈등은 인간의 반사회적 사회성 때문에 초래된다. 반사회적 사회성이란 한편으로는 사회를 분열시키려고 끊임없이 위협하고 반항하면서도, 다른 한편으로는 사회를 이루어 살려는 인간의 성향을 말한다. 이러한 성향은 분명 인간의 본성 가운데 하나다.

(나) 인간은 사회 속에서만 자신을 더 나은 존재로 느낄 수 있기 때문에 자신을 사회화하고자 한다. 인간은 사회 속에서만 자신의 자연적 소질을 실현할 수 있는 것이다. 그러나 인간은 자신을 개별화하거나 고립시키려는 강한 성향도 있다. 이는 자신의 의도에 따라서만 행위 하려는 반사회적인 특성을 의미한다. 그리고 저항하려는 성향이 자신뿐만 아니라 다른 사람에게도 있다는 사실을 알기 때문에, 그 자신도 곳곳에서 저항에 부딪히게 되리라 예상한다.

(다) 이러한 저항을 통하여 인간은 모든 능력을 일깨우고, 나태해지려는 성향을 극복하며, 명예욕이나 지배욕, 소유욕 등에 따라 행동하게 된다. 그리하여 동시대인들 가운데에서 자신의 위치를 확보하게 된다. 이렇게 하여 인간은 야만의 상태에서 벗어나 문화를 이룩하기 위한 진정한 진보의 첫걸음을 내딛게 된다. 이때부터 모든 능력이 점차 계발되고 아름다움을 판정하는 능력도 형성된다. 나아가 자연적 소질에 의해 도덕성을 어렴풋하게 느끼기만 하던 상태에서 벗어나, 지속적인 계몽을 통하여 구체적인 실천 원리를 명료하게 인식할 수 있는 성숙한 단계로 접어든다. 그 결과 자연적인 감정을 기반으로 결합된 사회를 도덕적인 전체로 바꿀 수 있는 사유 방식이 확립된다.

(라) 인간에게 이러한 반사회성이 없다면, 인간의 모든 재능은 꽃피지 못한 채 만족감과 사랑으로 가득 찬 목가적인 삶 속에 영원히 묻혀버리고 말 것이다. 그리고 양처럼 선량한 기질의 사람들은 가축 이상의 가치를 자신의 삶에 부여하지 못할 것이다. 자연상태에 머물지 않고 스스로의 목적을 성취하기 위해 자연적 소질을 계발하여 창조의 공백을 메울 때, 인간의 가치는 상승되기 때문이다.

(마) 불화와 시기와 경쟁을 일삼는 허영심, 막힐 줄 모르는 소유욕과 지배욕을 있게 한 자연에 감사하라! 인간은 조화를 원한다. 그러나 자연은 불화를 원한다. 자연은 무엇이 인간을 위해 좋은 것인지 더 잘 알고 있기 때문이다. 인간은 안락하고 만족스럽게 살고자 한다. 그러나 자연은 인간이 나태와 수동적인 만족감으로부터 벗어나 노동과 고난 속으로 돌진하기를 원한다. 그렇게 함으로써 자연은 인간이 노동과 고난으로부터 현명하게 벗어날 수 있는 방법을 발견하게 한다.

답 27 ③　28 ②

Part 01 유형파악

Part 02 핵심이론

Part 03 유형연습

Part 04 직무상식/상식문제

Part 05 실전모의고사

부　록

정답 및 해설

29 (가)~(마)에 관한 설명으로 적절하지 <u>않은</u> 것은?

① (가) : 논지와 주요 개념을 제시한다.

② (나) : 제시된 개념을 부연하여 설명한다.

③ (다) : 논지를 확대하고 심화한다.

④ (라) : 다른 각도에서 논지를 강화한다.

⑤ (마) : 새로운 문제를 제기히면서 논의를 마무리한다.

해 (마)는 논지를 분명히 하는 동시에 논의를 마무리 짓고 있다.

30 윗글에 제시된 '진보'의 과정을 아래와 같이 정리할 때, [A]에 들어갈 내용으로 적절한 것은?

> 반사회성은 개인들 사이의 갈등을 낳는다.
>
> ↓
>
> [A]
>
> ↓
>
> 지속적인 계몽을 거친다.
>
> ↓
>
> 도덕적 사회로 나아갈 수 있는 성숙한 사유 방식이 확립된다.

① 갈등의 과정 속에서 자연적 소질이 계발된다.

② 갈등을 계기로 조화롭고 목가적인 삶에 이른다.

③ 갈등을 극복하여 사회를 이룬다.

④ 갈등을 약화시킬 수 있도록 사회성을 계발한다.

⑤ 갈등을 극복할 도덕적 실천 원리를 인식한다.

해 지문에 등장한 진보의 과정은 첫째, 반사회성, 둘째, 인간 사이의 갈등, 셋째, 소질의 계발, 넷째, 지속적인 계몽, 다섯째, 성숙한 사유방식의 확립이다.

자료해석

Part 01 유형파악

Part 02 핵심이론

Part 03 유형연습

Part 04 직무성격상황판단

Part 05 실전모의고사

부록

정답 및 해설

01 주어진 자료들을 바탕으로 도출해 낼 수 있는 결론이 <u>아닌</u> 것은?

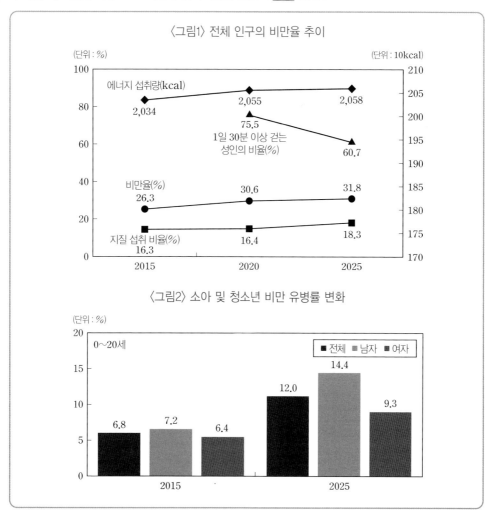

〈그림1〉 전체 인구의 비만율 추이

〈그림2〉 소아 및 청소년 비만 유병률 변화

① 2025년의 지질 섭취 비율은 2020년보다 약 2% 증가했다.

② 조사기간에 에너지 섭취량과 활동량은 모두 증가했다.

③ 소아 및 청소년 비만은 10년 동안 약 2배 가까이 증가했다.

④ 2015년과 2025년 모두 남자 청소년의 비만 유병률이 여자 청소년에 비해 상대적으로 높다.

답 29 ⑤   30 ① | 01 ②

② 에너지 섭취량은 2015년에는 2,034kcal, 2020년에는 2,055kcal, 2025년에는 2,058kcal로 24kcal 증가했으나 활동량은 2020년 75.5%에서 2025년 60.7%로 14.8% 감소했다.

① 2020년 지질 섭취 비율은 16.4%, 2025년 지질 섭취 비율은 18.3%로 약 2% 증가했다.

③ 2015년 소아 및 청소년 비만 유병률은 6.8%, 2025년 소아 및 청소년 비만 유병률은 12%로 약 2배 증가하였다.

④ 2015년 남자 청소년 비만 유병률은 7.2%, 여자 청소년 비만 유병률은 6.4%, 2025년 남자 청소년 비만 유병률은 14.4%, 여자 청소년 비만 유병률은 9.3%로 남자 청소년의 비만 유병률이 상대적으로 높다.

02 다음 〈표〉는 서울의 미세먼지 월별 대기오염도 측정도를 나타낸 것이다. 이에 대한 설명으로 옳지 않은 것은?

〈표〉 미세먼지 월별 대기오염도

(단위 : $\mu g/m^3$)

구분	2024년 5월	2024년 6월	2024년 7월	2024년 8월	2024년 9월
중구	54	33	31	20	31
강남구	62	43	35	22	33
영등포구	71	46	37	26	41
성동구	74	44	30	22	36
양천구	53	41	21	24	32

① 성동구는 6월 미세먼지의 대기오염도가 8월의 2배이다.

② 5월부터 7월까지는 미세먼지의 대기오염도가 감소하고 있다.

③ 모든 구에서 8월의 미세먼지의 대기오염도가 가장 낮다.

④ 7월에는 영등포구의 미세먼지의 대기오염도가 가장 높다.

③ 양천구는 8월(24)보다 7월(21)의 미세먼지의 대기오염도가 더 낮다.

03 다음은 이동통신 사용자의 통신사별 구성비와 향후 통신사 이동 성향에 관한 자료이다. 1년 뒤 총 사용자 중 A사의 사용자는 몇 %인가?

이동통신 사용자의 통신사 이동 성향

(단위 : %)

현재 ＼ 1년 뒤	A사	B사	C사	합계
A사	80	10	10	100

B사	10	70	20	100
C사	40	10	50	100

현재 이동통신 사용자의 통신사별 구성비

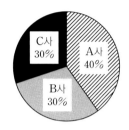

① 32% ② 35%

③ 43% ④ 47%

해 전체 사용자를 100으로 잡았을 때

현재 A사 사용자는 이동통신 사용자의 40%이고, 이 중 80%는 1년 후에도 A사의 사용자로 남아있으므로

$40 \times 0.8 = 32(\%)$

현재 B사의 사용자는 이동통신 사용자의 30%이고, 이 중 10%는 1년 뒤 A사의 사용자이므로

$30 \times 0.1 = 3(\%)$

현재 C사의 사용자는 이동통신 사용자의 30%이고, 이 중 40%는 1년 뒤 A사의 사용자이므로

$30 \times 0.4 = 12(\%)$

∴ $32 + 3 + 12 = 47(\%)$

04 다음 〈표〉는 소비자물가지수를 나타낸 것이다. 2025년 소비자물가상승률은 얼마인가? (단, 소수점 둘째자리에서 반올림함)

〈표〉 소비자물가지수

(단위 : %)

구분	2019년	2020년	2021년	2022년	2023년	2024년	2025년
소비자물가지수	94.7	96.8	98.0	99.3	100.0	101.0	102.9

※ 소비자물가지수는 2023년=100을 기준으로 함

※ 소비자물가상승률={(금년도 소비자물가지수÷전년도 소비자물가지수)−1}×100

① 1.9% ② 2.0%

③ 2.1% ④ 2.2%

해 2025년 소비자물가상승률= $\{(102.9 \div 101.0) - 1\} \times 100 = 1.9\%$

답 02 ③ 03 ④ 04 ①

Part 01 유형파악

Part 02 핵심이론

Part 03 유형연습

Part 04 직무상식/상황판단

Part 05 실전모의고사

부록

정답 및 해설

05 다음 〈표〉는 우리나라의 돼지고기 수입 현황이다. 2020년부터 우리나라에 대한 돼지고기 수입량이 꾸준히 증가한 나라들에서 2024년 한 해 동안 수입한 돼지고기는 총 몇 톤인가?

〈표〉 국가별 돼지고기 수입 현황

(단위 : 톤)

구분	2020년	2021년	2022년	2023년	2024년
미국	17,335	14,448	23,199	62,760	85,744
캐나다	39,497	35,595	40,469	57,545	62,981
칠레	3,475	15,385	23,257	32,425	31,621
덴마크	21,102	19,430	28,190	25,401	24,005
프랑스	111	5,904	14,108	21,298	22,332
벨기에	19,754	14,970	19,699	17,903	20,062
오스트리아	4,474	2,248	6,521	9,869	12,495
네덜란드	2,631	5,824	8,916	10,810	12,092
폴란드	1,728	1,829	4,950	7,867	11,879

① 46,303톤
② 48,296톤
③ 50,584톤
④ 65,047톤

헤 2020년부터 국가별 수입량이 꾸준히 증가한 나라는 프랑스, 네덜란드, 폴란드이다.
2024년 이들 나라에서 수입한 돼지고기를 모두 더하면 46,303톤(22,332＋12,092＋11,879)이다.

06 다음은 어느 지역의 급식 시행 학교 수와 급식인력 현황을 나타낸 〈표〉이다. 전체 급식 시행 학교에서 급식인력은 평균 몇 명인가? (단, 소수점 이하는 반올림한다.)

〈표〉 학교별 급식 시행 학교 수와 급식인력 현황

(단위 : 개, 명)

구분	급식 시행 학교 수	직종별 급식인력					
		영양사			조리사	조리보조원	급식인력 합계
		정규직	비정규직	소계			
초등학교	137	95	21	116	125	321	562
중학교	81	27	34	61	67	159	287

고등학교	63	56	37	93	59	174	326
특수학교	5	4	0	4	7	9	20
전체	286	182	92	274	258	663	1,195

① 약 3명   ② 약 4명

③ 약 5명   ④ 약 6명

해 전체 급식 시행 학교 수는 286개이고, 총 급식인력은 1,195명으로

전체 급식 시행 학교에 대한 평균 급식인력은

$\dfrac{\text{급식 인력 총계}}{\text{전체 급식 시행 학교수}} = \dfrac{1,195}{286} = 4.17832\cdots$

따라서 전체 급식 시행 학교에서 급식인력은 평균 4명이다.

07 다음은 사원 여행지 결정을 위해 60명에게 설문을 한 결과이다. 이에 따라 2024년 자원 봉사를 선택한 사람의 수는 2023년에 비해 몇 % 증가했는가?

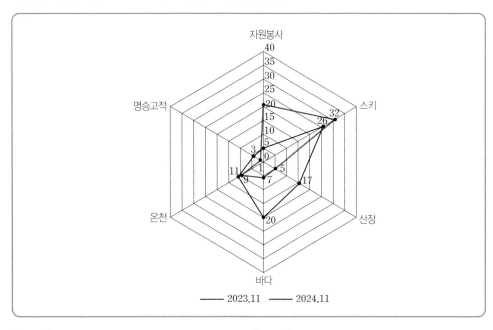

① 100%   ② 200%

③ 300%   ④ 400%

해 2023년의 설문에서 자원봉사라고 응답한 사람은 모두 5명이다. 2024년 같은 항목에 응답한 사람은 모두 20명이므로 전년 대비 15명 증가했다.

따라서 2023년 대비 2024년은 $\dfrac{15}{5} \times 100 = 300(\%)$ 증가했다.

답 05 ①   06 ②   07 ③

08 다음 〈표〉는 연령집단별 대통령 선거투표율을 나타낸 것이다. 이에 대한 설명으로 옳지 <u>않은</u> 것은?

〈표〉 대통령 선거투표율

(단위 : %)

구분	2002년	2007년	2012년	2017년
19세	－	54.2	74.0	77.7
20대	51.1	57.9	71.1	77.1
30대	64.3	51.3	67.7	74.3
40대	76.3	66.3	75.6	74.9
50대	83.7	76.6	82.0	78.6
60대 이상	78.7	76.3	80.9	84.1

※ 투표율＝(투표자수÷선거인수)×100
※ 2002년 당시에는 만 20세 이상이 선거권을 가지고 있었음

① 60대 이상 2012년 투표자는 지난 선거 대비 4.6천명 늘었다.

② 19세, 20대만 투표율이 계속해서 증가하고 있다.

③ 선거투표율은 모든 연령층에서 과반수를 넘기고 있다.

④ 50대 2017년 투표율은 지난 선거 대비 3.4% 감소하였다.

해 ① 60대 이상 2012년 투표율은 지난 선거 대비 4.6% 늘었다. 투표자는 주어진 자료에서 알 수 없다.

09 다음은 주요 국가들의 연구개발 활동을 정리한 자료이다. 이를 바탕으로 할 때, 일본의 노동인구 **500명당 연구원 수는?**

주요 국가들의 연구개발 활동 현황

국가명	절대적 투입규모		상대적 투입규모		산출규모	
	총 R&D 비용 (백만 달러)	연구원 수(명)	GDP대비 총 R&D 비용(%)	노동인구 천 명당 연구원 수(명)	특허 등록 수(건)	논문 수(편)
독일	46,405	516,331	2.43	13.0	51,685	63,847
미국	165,898	962,700	2.64	7.4	147,520	252,623
스웨덴	4,984	56,627	3.27	13.1	18,482	14,446
아이슬란드	663	1,363	1.33	9.5	35	312

아일랜드	609	7,837	1.77	5.6	7,088	2,549
영국	20,307	270,000	2.15	9.5	43,181	67,774
일본	123,283	832,873	2.68	8.0	141,448	67,004
프랑스	30,675	314,170	2.45	12.5	46,213	46,279
한국	7,666	98,764	2.22	7.3	52,900	9,555

① 2명　　　　　　　　　　② 4명

③ 6명　　　　　　　　　　④ 8명

해 일본의 노동인구 천 명당 연구원 수가 8명이므로 노동인구 500명당 연구원 수를 x라 하면

$1,000 : 8 = 500 : x$, $x = 4$(명)

따라서 일본의 노동인구 500명당 연구원 수는 4명이다.

10 다음 〈표〉는 영농형태별 가구원 1인당 경지면적을 나타낸 것이다. 2025년 가구원 1인당 경지면적이 가장 큰 영농형태는?

〈표〉 영농형태별 가구원 1인당 경지면적

(단위 : m²)

연도 영농형태	2023년	2024년	2025년
논벼	8,562.104	8,708.261	8,697.995
과수	6,627.331	6,534.766	6,072.403
채소	5,098.830	5,934.209	5,445.083
특용작물	8,280.670	7,849.730	10,528.868
화훼	3,061.984	3,674.943	3,428.802
일반밭작물	8,808.634	8,982.871	8,805.360
축산	4,536.157	4,519.100	5,008.592
기타	6,314.491	6,093.295	6,596.595

① 논벼　　　　　　　　　　② 채소

③ 축산　　　　　　　　　　④ 특용작물

해 2025년 가구원 1인당 경지면적이 가장 큰 영농형태는 특용작물임을 〈표〉를 통해 바로 알 수 있다.

Part 01 유형파악

Part 02 핵심이론

Part 03 유형연습

Part 04 직무상식/상황면접

Part 05 실전모의고사

부 록

정답 및 해설

11 다음은 실업자와 실업률의 추세를 나타낸 〈표〉이다. 이 자료를 통해 확인할 수 <u>없는</u> 것은?

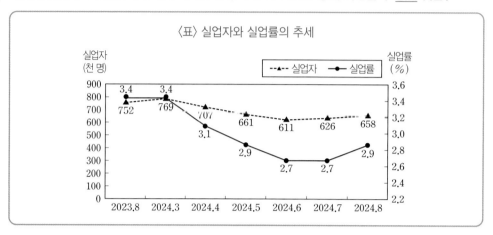

〈표〉 실업자와 실업률의 추세

① 2024년 3월 이후 6월까지 실업자 수와 실업률은 지속적으로 감소하였다.

② 2023년 8월부터 2024년 3월까지 실업자 수는 증가하였다.

③ 2023년 8월부터 2024년 3월까지 실업률은 변화가 없다.

④ 실업자 수가 가장 급격히 감소한 시기는 2024년 4월부터 2024년 5월이다.

해 ④ 2024년 3월에서 2024년 4월까지의 실업자 수는 62,000명 감소하였고, 2024년 4월에서 2024년 5월까지 실업자 수는 46,000명 감소하였다. 따라서 실업자 수가 가장 급격히 감소한 시기는 2024년 3월부터 2024년 4월이다.
   ① 2024년 3월부터 6월까지 실업자 수는 769,000명, 707,000명, 661,000명, 611,000명으로 지속적으로 감소하여 총 158,000명이 감소했으며 같은 시기의 실업률 또한 3.4%, 3.1%, 2.9%, 2.7%로 지속적으로 감소하여 총 0.7% 감소했다.
   ② 2023년 8월부터 2024년 3월까지의 기간 동안 실업자 수는 17,000명 증가했다.
   ③ 2023년 8월부터 2024년 3월까지의 실업률은 3.4%로 동일하다.

12 다음 그림은 A씨와 B씨의 체중 변화를 나타낸 것이다. 3년 전 동월 대비 2024년 3월 A씨와 B씨의 체중 증가율을 바르게 비교한 것은? (단, 소수점 첫째 자리에서 반올림한다.)

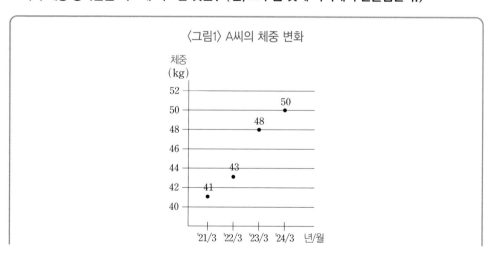

〈그림1〉 A씨의 체중 변화

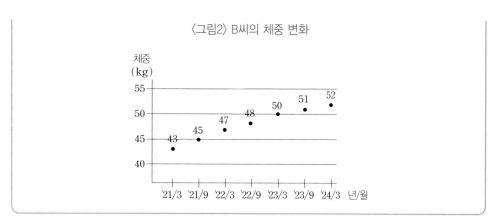

〈그림2〉 B씨의 체중 변화

① A씨의 체중 증가율은 B씨의 체중 증가율보다 약 1% 더 높다.

② A씨의 체중 증가율은 B씨의 체중 증가율보다 약 10% 더 높다.

③ A씨의 체중 증가율은 B씨의 체중 증가율보다 약 1% 더 낮다.

④ A씨의 체중 증가율은 B씨의 체중 증가율보다 약 10% 더 낮다.

해 A씨의 체중 증가율 : $\frac{9}{41} \times 100 ≒ 22(\%)$, B씨의 체중 증가율 : $\frac{9}{43} \times 100 ≒ 21(\%)$

따라서 3년 전 동월 대비 2024년 3월 A씨의 체중 증가율은 B씨의 체중 증가율보다 약 1% 더 높다.

13 다음은 5개 국가가 어떤 국제기구에 납부한 최근 4년간의 자발적 분담금 현황을 나타낸 것이다.
〈보기〉의 설명에 비추어 볼 때, 다음 〈표〉의 A, B, C, D, E에 해당하는 국가를 바르게 나열한
것은?

〈표1〉 국가별 자발적 분담금 총액

(단위 : 백만 달러)

국명	국가별 자발적 분담금			
	2022년	2023년	2024년	2025년
A	500	512	566	664
B	422	507	527	617
C	314	401	491	566
D	379	388	381	425
E	370	374	392	412

Part 01 유형파악

Part 02 핵심이론

Part 03 유형연습

Part 04 직무성격/상황판단

Part 05 실전모의고사

부록

정답 및 해설

〈표2〉 각국의 1인당 자발적 분담금

(단위 : 달러)

국명	국가별 자발적 분담금			
	2022년	2023년	2024년	2025년
A	119	143	158	196
B	46	55	56	78
C	251	277	282	290
D	137	150	189	205
E	35	41	43	47

〈보기〉

㉠ 스웨덴과 이탈리아는 국가별 자발적 분담금 총액의 증가액이 다른 국가들에 비해 낮다.

㉡ 노르웨이와 영국은 2022년 대비 2023년 국가별 자발적 분담금 총액의 증가율이 다른 국가들에 비해 높다.

㉢ 노르웨이와 스웨덴에 살고 있는 1인당 자발적 분담금은 다른 국가들에 비해 크다.

	A	B	C	D	E
①	스페인	영국	노르웨이	스웨덴	이탈리아
②	영국	이탈리아	노르웨이	스웨덴	스페인
③	스페인	노르웨이	영국	스웨덴	이탈리아
④	영국	스페인	노르웨이	스웨덴	이탈리아

해 ㉠에서 스웨덴과 이탈리아의 국가별 자발적 분담금 총액 증가액이 다른 국가들에 비해 낮다고 했으므로, 〈표1〉에 따라 스웨덴과 이탈리아는 D 또는 E국 중의 하나가 된다.

㉡에서 노르웨이와 영국은 2022년 대비 2023년 국가별 자발적 분담금 총액 증가율이 다른 국가들에 비해 높다고 했으므로, 〈표1〉에 따라 노르웨이와 영국은 B 또는 C국 중의 하나가 된다.

㉢에서 노르웨이와 스웨덴의 1인당 자발적 분담금은 다른 국가들에 비해 크다고 했으므로, 노르웨이와 스웨덴은 〈표2〉에 따라 C 또는 D국 중의 하나가 된다.

위의 결과를 종합하면, C국은 노르웨이, D국은 스웨덴, B국은 영국, E국은 이탈리아가 되며, 나머지 A국은 스페인이 되므로, ① 이 적절하다.

14 다음 〈표〉는 연령별 스마트폰 1회 이용 시 평균 이용시간이다. 이에 대한 설명으로 옳지 <u>않은</u> 것은?

〈표〉 연령별 스마트폰 1회 이용 시 평균 이용시간

(단위 : %)

구분	5분 미만	5분~10분 미만	10분~20분 미만	20분~30분 미만	30분 이상
유아 (만3~9세)	29.9	10.8	32.5	10.6	16.2
청소년 (만10~19세)	30.2	17.3	29	12.2	11.3
성인 (만20~59세)	30.5	11.5	13.4	23.7	20.9
60대 (만60~69세)	34.3	19.5	24.3	19.8	2.1

① 10분~20분 미만 사용자들의 비율은 유아가 가장 많다.

② 30분 이상 사용자들의 비율은 성인이 가장 많다.

③ 60대에는 20분~30분 미만 사용자들의 비율이 가장 많다.

④ 5분 미만 사용자들의 비율은 모든 연령층에서 25%를 넘는다.

해 ③ 60대에는 5분 미만 사용자들이 가장 많다.

15 다음 자료는 도로 교통 현안에 대한 글을 쓰기 위해 수집한 자료이다. 이를 활용하여 이끌어 낸 내용으로 적절하지 <u>않은</u> 것은?

(가) 보도자료의 일부

　　도로 교통량의 증가와 자동차 과속으로 인해 야생동물이 교통사고로 죽는 일이 지속적으로 발생하고 있다. 이를 막기 위해 생태 통로를 건설하였으나, 동물의 행동 특성에 대한 고려가 부족해 기대만큼의 성과는 거두지 못하고 있다.

(나) 도로 교통 지표 추이

구분	2023년	2024년	2025년
도로 연장(km)	2,599	2,659	2,850
차량 대수(천 대)	12,914	14,586	15,396
교통 혼잡비용*(십억 원)	21,108	22,769	23,698

답 　14 ③ 　15 ②

Part 01 유형파악

Part 02 핵심이론

Part 03 유형연습

Part 04 직무성격/상황판단

Part 05 실전모의고사

부　록

정답 및 해설

※ 교통 혼잡비용 : 교통 혼잡으로 인하여 추가로 발행하는 사회적 비용

(다) 자동차 배출 가스의 오염 물질 농도
　　－1km 주행 시 일산화탄소(CO)의 농도

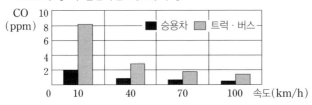

① (가)＋(나) : 교통 혼잡을 개선하기 위해 도로를 신설할 때에는 동물의 행동 특성을 고려한 생태 통로를 만들 필요가 있다.

② (가)＋(다) : 자동차 속도를 줄일수록 야생동물의 교통사고와 배출 가스의 오염 물질 농도가 줄어든다.

③ (나)＋(다) : 교통 혼잡은 사회적 비용을 증가시킬 뿐 아니라 자동차 배출 가스의 오염 물질 농도를 증가시킨다.

④ (다) : 자동차의 배출 가스에 함유된 오염 물질의 양은 차량 종류 및 속도와 밀접하게 관련된다.

🈯 (가)에서 야생 동물의 교통사고의 원인으로 자동차 과속을 들고 있으므로 속도를 줄일수록 사고를 줄일 수 있다고 해석할 수 있다. 또한 (다)에서 속도가 낮을 때 배출되는 일산화탄소의 농도가 더 높게 나타나므로 ②가 적절하지 않다.

① (나)에서는 교통 혼잡비용이 증가하는 것을 보여주고 있으므로 이를 통해 '교통 혼잡을 개선하기 위해서 도로를 신설해야 한다는 내용을, (가)에서는 생태 도로가 동물의 행동 특성을 고려하지 못했다고 했으므로 이를 통해 '동물의 행동 특성을 고려한 생태 도로'를 만들어야 한다는 내용을 이끌어낼 수 있다.

③ (나)를 통해 교통이 혼잡하면 사회적 비용이 증가한다는 내용을 알 수 있다. 또 교통이 혼잡하면 속도가 줄어들게 되는데 (다)를 통해 속도가 줄면 자동차 배출 가스의 오염 물질 농도가 증가한다는 것을 알 수 있다.

④ (다)는 일산화탄소의 농도를 차량의 종류(승용차, 트럭·버스)와 속도에 따라 제시하였으므로 적절한 내용이다.

16 사학자 A씨는 고려시대 문헌을 통하여 당시 상류층(왕족, 귀족, 승려) 남녀 각각 160명에 대한 자료를 분석하여 다음과 같은 〈표〉를 작성하였다. 이 〈표〉에 대한 진술 중 옳은 것은?

〈표〉 고려시대 상류층의 혼인연령, 사망연령 및 자녀수

구분		평균 혼인연령(세)	평균 사망연령(세)	평균 자녀 수(명)
승려(80명)	남(50명)	—	69	—
	여(30명)	—	71	—
왕족(40명)	남(30명)	19	42	10
	여(10명)	15	46	3

귀족(200명)	남(80명)	15	45	5
	여(120명)	20	56	6

※ 승려를 제외한 모든 남자는 혼인하였고 이혼하거나 사별한 사례는 없음

① 귀족 남자의 평균 혼인기간은 왕족 남자의 평균 혼인기간보다 길다.

② 귀족 남자의 평균 혼인연령은 왕족보다 높다.

③ 귀족의 평균 자녀 수는 5.5명이다.

④ 평균 사망연령의 남녀 간 차이는 승려가 귀족보다 많다.

해 ② 귀족의 평균 혼인연령은 남자는 15세로 왕족의 남자 혼인연령 19세보다 낮다.

③ 귀족의 평균 자녀 수는 $\frac{(80 \times 5) + (120 \times 6)}{200} = 5.6$(명)이다.

④ 평균 사망연령의 남녀 간 차이는 승려는 2년, 귀족은 11년으로 승려가 귀족보다 작다.

17 다음은 공인중개사 A의 중개수수료 요율표이다. 을이 병에게 주택을 임대해주며 9,500만 원의 전세금을 받았다면 A가 을로부터 받을 수 있는 수수료는 최대 얼마인가?

공인중개사 A의 중개수수료율

종별	거래가액	수수료율	한도액
매매 · 교환	5,000만 원 미만	거래가액의 0.6% 이내	250,000원
	5,000만 원 이상 2억 원 미만	거래가액의 0.5% 이내	800,000원
	2억 원 이상 6억 원 미만	거래가액의 0.4% 이내	—
매매 · 교환 이외의 임대차 등	5,000만 원 미만	거래가액의 0.5% 이내	200,000원
	5,000만 원 이상 1억 원 미만	거래가액의 0.4% 이내	300,000원
	1억 원 이상 3억 원 미만	거래가액의 0.3% 이내	—

① 12만 원

② 18만 원

③ 22만 원

④ 30만 원

해 9,500만 원×0.004=38만 원이다. 그러나 한도액인 30만 원을 넘었으므로 최대 수수료는 30만 원이 된다.

답 16 ① 17 ④

Part 01 유형파악

Part 02 핵심이론

Part 03 유형연습

Part 04 직무상식/상황판단

Part 05 실전모의고사

부록

정답 및 해설

18 다음은 중국, 인도, 파키스탄, 인도네시아에서 2010년과 2024년의 농촌 인구, 도시 인구를 나타낸 〈표〉이다. 이에 대한 해석으로 옳지 <u>않은</u> 것은?

〈표〉 중국, 인도, 파키스탄, 인도네시아의 농촌 · 도시 인구

(단위 : 백만 명)

인구 \ 나라	2010년		2024년	
	도시	농촌	도시	농촌
중국	410	868	752	744
인도	288	725	633	749
파키스탄	58	99	157	124
인도네시아	87	125	180	104

① 2010년에 중국 인구는 인도와 파키스탄 인구를 합한 것보다 많다.

② 2010년 인도의 도시 인구는 2024년 파키스탄 혹은 인도네시아의 전체 인구보다 많다.

③ 2010년과 2024년 모두 중국의 농촌 인구가 인도의 농촌 인구보다 많다.

④ 2010년과 2024년 모두 파키스탄의 인구보다 인도네시아 인구가 많다.

해 ③ 2024년에는 인도의 농촌 인구(749백만 명)가 중국의 농촌 인구(744백만 명)를 앞지른다.
① 2010년 중국 인구는 1,278백만 명으로 같은 해의 인도와 파키스탄 인구의 합인 1,170백만 명보다 많다.
② 2010년 인도의 도시 인구는 288백만 명으로 2024년 파키스탄 전체 인구(281백만 명) 혹은 인도네시아 전체 인구(284백만 명)보다도 많다.

[19~20] 다음은 지하층이 없고 건물마다 각 층의 바닥면적이 동일한 건물들에 대한 건물 정보이다. 다음 물음에 답하시오.

건물명	건폐율(%)	대지면적(m^2)	연면적(m^2)
A	50	300	600
B	60	300	1,080
C	60	200	720
D	50	200	800

※ 건폐율 = $\dfrac{\text{건축면적}}{\text{대지면적}} \times 100$

※ 건축면적 = 건물 1층의 바닥면적

※ 연면적 = 건물의 각 층 바닥면적의 총합

19 A~D 중 건축면적이 두 번째로 넓은 건물은?

① A   ② B

③ C   ④ D

해 A의 건축면적 : $\dfrac{x}{300} \times 100 = 50$, $x = 150(\text{m}^2)$

B의 건축면적 : $\dfrac{x}{300} \times 100 = 60$, $x = 180(\text{m}^2)$

C의 건축면적 : $\dfrac{x}{200} \times 100 = 60$, $x = 120(\text{m}^2)$

D의 건축면적 : $\dfrac{x}{200} \times 100 = 50$, $x = 100(\text{m}^2)$

건축면적이 두 번째로 넓은 건물은 A이다.

20 A~D 중 층수가 잘못 표기된 것은?

① A−3층   ② B−6층

③ C−6층   ④ D−8층

해 층수는 연면적을 건축면적으로 나눈 것과 같으므로,

A의 층수 : $600 \div 150 = 4$(층)

B의 층수 : $1{,}080 \div 180 = 6$(층)

C의 층수 : $720 \div 120 = 6$(층)

D의 층수 : $800 \div 100 = 8$(층)

따라서 A의 층수가 잘못 표기 되었다.

21 아버지의 나이는 형 나이의 3배이고, 동생 나이의 5배이다. 형과 동생이 8살 차이라면 아버지의 나이는 몇 세인가?

① 45세   ② 50세

③ 55세   ④ 60세

해 아버지의 나이를 x라 할 때

형의 나이 : $\dfrac{1}{3}x$, 동생의 나이 : $\dfrac{1}{5}x$

형과 동생의 나이 차는 8살이므로

$\dfrac{1}{3}x - \dfrac{1}{5}x = 8$, $x = 60$(세)

∴ 아버지의 나이는 60세이다.

답 18 ③   19 ①   20 ①   21 ④

Part 01 유형파악

Part 02 핵심이론

Part 03 유형연습

Part 04 직무상식/생활편의

Part 05 실전모의고사

부록

정답 및 해설

22 서로 다른 두 개의 주사위를 동시에 던질 때, 나오는 눈의 합이 2 또는 4가 되는 경우의 수를 구하면?

① 4가지   ② 6가지

③ 8가지   ④ 10가지

해 서로 다른 주사위 A, B가 나온 눈을 (A, B)로 표시할 때, 각각의 경우의 수는 다음과 같다.
눈의 합이 2가 되는 경우 : (1, 1)
눈의 합이 4가 되는 경우 : (1, 3), (2, 2), (3, 1)
∴ 눈의 합이 2 또는 4가 되는 경우의 수는 4가지이다.

23 30명이 4개씩 사과를 나누면 5개가 남는다고 할 때, 22명이 7개씩 나누면 몇 개가 부족한가?

① 27개   ② 28개

③ 29개   ④ 30개

해 30명이 4개씩 사과를 나누면 5개가 남으므로
$30 \times 4 + 5 = 125$
$22 \times 7 = 154$
∴ $125 - 154 = -29$(개)

24 가로의 길이가 세로의 길이보다 2cm 더 길고 넓이가 120cm²인 직사각형이 있다. 세로의 길이를 처음보다 20% 더 늘였을 때, 이 직사각형의 넓이는 몇 cm²인가?

① 132cm²   ② 144cm²

③ 156cm²   ④ 168cm²

해 처음 직사각형의 가로 길이를 x라 하면
$x \times (x-2) = 120$
$x = 12$
즉 처음 직사각형의 가로는 12cm, 세로는 10cm이고
세로의 길이를 20% 늘이면 $10 \times (1+0.2) = 12$cm
따라서 세로의 길이를 늘인 직사각형의 넓이는 $12 \times 12 = 144$cm²

25 한 우리 안에 얼룩말과 타조가 총 22마리 섞여 있는데, 다리의 수를 세어봤더니 72개였다. 타조는 몇 마리 있는가?

① 7   ② 8

③ 9   ④ 10

해 얼룩말의 수를 x, 타조의 수를 y라 하면

$x+y=22$

$4x+2y=72$

$y=22-x$를 대입하면

$4x+2(22-x)=72$

$x=14$, $y=8$

26 30km 떨어진 곳에 위치한 A와 B 두 사람이 서로를 향해 각각 15km/h, 5km/h의 속도로 간다고 할 때, 두 사람은 동시에 출발한 후 얼마 뒤에 만나게 되는가?

① 1시간 25분   ② 1시간 30분

③ 1시간 40분   ④ 1시간 45분

해 두 사람이 만날 때까지 걸린 시간을 t(시간)라고 할 때,

만날 때까지 A가 이동한 거리와 B가 이동한 거리의 합이 30km이므로

$15t+5t=30$

$t=1.5$(시간)

∴ $t=1$(시간) 30(분)

27 물 120g에 식염 80g을 녹였을 때 이 식염수의 농도는 얼마인가?

① 10%   ② 20%

③ 30%   ④ 40%

해 식염수의 양=식염의 양+물의 양

식염수의 농도$=\dfrac{\text{식염의 양}}{\text{식염수의 양}}\times100$이므로

$\dfrac{80}{80+120}\times100=\dfrac{80}{200}\times100=40(\%)$

∴ 식염수의 농도는 40%

Part 01 유형파악

Part 02 핵심이론

Part 03 유형연습

Part 04 직무상식/상황판단

Part 05 실전모의고사

부록

정답 및 해설

[28~30] 다음은 2024년 1월부터 2024년 6월까지의 특허 심사건수 및 등록률에 대한 〈표〉이다. 〈표〉를 참고하여 물음에 답하시오.

〈표1〉 특허 심사건수 및 등록률 추이

(단위 : 건, %)

구분	2024. 1	2024. 2	2024. 3	2024. 4	2024. 5	2024. 6
심사건수	840	860	920	945	1,000	1,225
등록률	55.0	51.5	58.0	61.0	63.0	67.5

〈표2〉 특허 심사건수 증감 및 등록률 증감 추이(전년 동월 대비)

(단위 : 건, %p)

구분	2024. 1	2024. 2	2024. 3	2024. 4	2024. 5	2024. 6
심사건수 증감	125	100	130	145	190	325
등록률 증감	1.3	−1.2	−0.5	1.6	3.3	4.2

※ 등록률$=\dfrac{\text{등록건수}}{\text{심사건수}} \times 100$

28 2024년 3월의 심사건수 및 등록률의 증가율은 전월대비 각각 얼마인가?

	심사건수	등록률
①	55	6.0%p
②	60	6.5%p
③	65	6.0%p
④	70	6.5%p

해 2024년 3월의 심사건수는 전월(2024년 2월) 대비 920−860=60(건), 등록률은 58.0−51.5=6.5(%p) 증가하였다.

29 2023년 1월부터 6월까지의 기간 중 등록률이 가장 낮았던 시기를 다음에서 고르면?

① 1월 ② 2월
③ 3월 ④ 4월

해 〈표2〉가 전년 동월 대비 특허 심사건수 증감 및 등록률 증감 추이를 나타내므로, 이를 통해 2023년 1월부터 6월까지의 등록률을 구할 수 있다.

(단위 : 건, %)

구분	2023. 1	2023. 2	2023. 3	2023. 4	2023. 5	2023. 6
심사건수	840−125=715	860−100=760	920−130=790	945−145=800	1,000−190=810	1,225−325=900
등록률	55.0−1.3=53.7	51.5−(−1.2) =52.7	58.0−(−0.5) =58.5	61.0−1.6=59.4	63.0−3.3=59.7	67.5−4.2=63.3

30 2024년 6월의 심사건수는 전월대비 몇 % 증가하였는가?

① 20.5%

② 21.5%

③ 22.5%

④ 23.5%

해 2024년 5월의 심사건수가 1,000건이므로 2024년 6월의 심사건수는 전월대비 $\frac{225}{1,000} \times 100 = 22.5(\%)$가 증가하였다.

답 28 ② 29 ② 3U ③

Part 01 유형파악

Part 02 핵심이론

Part 03 유형연습

Part 04 직무상식/상황판단

Part 05 실전모의고사

부 록

정답 및 해설

작은 전쟁 + 협약표 관사 유군 행

PART

04

직무성격검사
상황판단검사

직무성격검사

직무성격검사는 말 그대로 간부에게 요구되는 인성, 행동, 성격, 특성 등을 중점적으로 평가하는 검사이다. 따라서 다채롭고 많은 질문들이 주어지며, 이를 통해 수험생이 부사관으로서 임무수행 및 군 생활에 있어 적합함을 평가한다. 직무성격검사는 추후에 진행되는 면접의 자료로 사용되기도 한다.

1 직무성격검사 확인

(1) 대응법

직무성격검사는 짧은 질문에 대한 자신의 생각을 답변을 하는 것이다. 30분이라는 시간 안에 180문항에 답변을 해야 하므로, 솔직한 자신의 생각을 답하면 된다. 대신 자신의 생각은 일관성 있게 유지되어야 하며, 모든 질문에 답변을 할 수 있도록 해야 한다.

(2) 유형파악

대체적으로 길지 않은 질문이 주어지고, 이에 따른 자신의 생각을 ①~⑤로 지정된 답변을 택하면 된다. 질문의 내용을 정확히 이해하되, 심오한 고민을 하지 않는 것이 좋다. 평상시의 자신의 모습을 생각하여 답변하는 것이 가장 좋다.

대표유형

[01~10] 다음 제시된 상황을 읽고 자신의 성향을 기준으로 판단하여 제시된 보기 ①~⑤ 중에서 본인이 해당된다고 생각하는 것을 고르시오.

전혀 그렇지 않다	그렇지 않다	보통이다	그렇다	매우 그렇다
①	②	③	④	⑤

번호	내용	선택
01	작은 일에도 걱정을 많이 한다.	① ② ③ ④ ⑤
02	나와 친밀한 사람에게 불행한 일이 있을 때, 내 일처럼 느낀다.	① ② ③ ④ ⑤

Part 01 유형파악

Part 02 핵심이론

Part 03 유형연습

Part 04 직무성격검사편

Part 05 실전모의고사

부 록

정답 및 해설

03	일을 할 때 새로운 방법을 고안해서 하는 것을 좋아한다.	① ② ③ ④ ⑤
04	자신에 대해 엄격하다.	① ② ③ ④ ⑤
05	혼자 할 수 있는 취미나 여가생활이 좋다.	① ② ③ ④ ⑤
06	주변 사람들은 나의 능력을 인정해준다.	① ② ③ ④ ⑤
07	법과 규칙은 엄격히 집행되어야 한다고 생각한다.	① ② ③ ④ ⑤
08	마음이 대개 편안한 상태이다.	① ② ③ ④ ⑤
09	주변 사람들의 기분이나 감정을 잘 파악한다.	① ② ③ ④ ⑤
10	일상적인 것보다는 새로운 것을 더 좋아한다.	① ② ③ ④ ⑤

Tip 직무성격검사에는 정확한 답이 없으니 솔직한 자신의 생각을 일관성 있게 답변하는 것이 좋다.

2 직무성격검사 연습

[01~180] 다음 제시된 상황을 읽고 자신의 성향을 기준으로 판단하여 제시된 보기 ①~⑤ 중에서 본인이 해당된다고 생각하는 것을 고르시오.

전혀 그렇지 않다	그렇지 않다	보통이다	그렇다	매우 그렇다
①	②	③	④	⑤

번호	내용	선택
01	금방 싫증이 나는 편이다.	① ② ③ ④ ⑤
02	다른 사람에게 나의 생각을 분명히 주장한다.	① ② ③ ④ ⑤
03	교통사고를 당하지 않을까 항상 신경이 쓰인다.	① ② ③ ④ ⑤
04	지금까지도 가슴 아픈 과거의 실패가 있다.	① ② ③ ④ ⑤
05	고생은 사서라도 하는 편이다.	① ② ③ ④ ⑤
06	의견이나 생각이 자주 바뀌는 편이다.	① ② ③ ④ ⑤
07	다른 사람의 험담을 한 번도 해본 적이 없다.	① ② ③ ④ ⑤
08	내 주위의 사람들이 나를 어떻게 생각하는지 신경 쓰인다.	① ② ③ ④ ⑤
09	친하거나 가까운 사람에게 의존하는 경향이 있다.	① ② ③ ④ ⑤
10	학교를 그만두고 싶다는 생각을 한 적이 있다.	① ② ③ ④ ⑤
11	나쁜 일이 생기면 계속 이어질 것 같은 생각이 든다.	① ② ③ ④ ⑤
12	개성 있는 사람이 좋다.	① ② ③ ④ ⑤

13	나는 기분파라고 생각한다.	①	②	③	④	⑤
14	친구와 만나는 것도 귀찮다고 생각한 적이 있다.	①	②	③	④	⑤
15	알고 보면 이 세상에 싫은 사람은 없다.	①	②	③	④	⑤
16	화를 잘 내지 않는 편이다.	①	②	③	④	⑤
17	어떤 일에 일단 흥분되면 잘 진정되지 않는 편이다.	①	②	③	④	⑤
18	하는 일이 잘못되면 내 책임이 크다고 생각한다.	①	②	③	④	⑤
19	남에게 시끄럽다는 소리를 들은 적이 있다.	①	②	③	④	⑤
20	맘에 드는 일에는 금방 빠져드는 타입이다.	①	②	③	④	⑤
21	지루한 것은 참기 어렵다.	①	②	③	④	⑤
22	남에게 폐를 끼친 적이 한 번도 없다.	①	②	③	④	⑤
23	혼자만의 고독을 즐긴다.	①	②	③	④	⑤
24	화날 만한 일이 생기면 곧바로 화를 낸다.	①	②	③	④	⑤
25	주위의 속삭이는 말은 나에 대한 이야기라는 느낌이 든다.	①	②	③	④	⑤
26	신경질적인 면이 있다.	①	②	③	④	⑤
27	나 자신은 감정적인 인간이라고 생각한다.	①	②	③	④	⑤
28	종종 다른 사람이 바보 같다는 생각이 든다.	①	②	③	④	⑤
29	다른 사람에 대한 칭찬에 인색하지 않다.	①	②	③	④	⑤
30	언행에 있어 다른 사람의 이목이 신경 쓰인다.	①	②	③	④	⑤
31	나는 자부심이 대단한 사람이다.	①	②	③	④	⑤
32	거짓말을 한 적이 없다.	①	②	③	④	⑤
33	사소한 일에도 끙끙대며 걱정하는 편이다.	①	②	③	④	⑤
34	나만의 신념을 가지고 있다.	①	②	③	④	⑤
35	나는 융통성이 별로 없다.	①	②	③	④	⑤
36	나는 낙천적인 사람이다.	①	②	③	④	⑤
37	뉴스에서 범죄 소식을 들으면 불안한 마음이 든다.	①	②	③	④	⑤
38	솔직히 논쟁 시 다른 사람의 의견을 듣는 것이 싫다.	①	②	③	④	⑤
39	과제를 잊은 적이 한 번도 없다.	①	②	③	④	⑤
40	남의 생각이나 행동 패턴을 분석하여 잘 파악하는 편이다.	①	②	③	④	⑤
41	일상적 현상이나 일에 대해서도 곰곰이 생각해 보는 편이다.	①	②	③	④	⑤
42	일을 처리하는데 있어 더 나은 방법이 있는지 따져보는 편이다.	①	②	③	④	⑤
43	세세한 일까지 챙기는 편이다.	①	②	③	④	⑤

44	낯선 상황을 접할 때도 거의 긴장하지 않는다.	① ② ③ ④ ⑤
45	항상 혁신적인 태도를 유지하는 편이다.	① ② ③ ④ ⑤
46	신중하고 꼼꼼하다는 주위의 평가가 있다.	① ② ③ ④ ⑤
47	나는 인정이 넘치는 사람이다.	① ② ③ ④ ⑤
48	새로운 사람을 사귀는 것이 어렵지 않다.	① ② ③ ④ ⑤
49	나는 아주 진취적인 사람이다.	① ② ③ ④ ⑤
50	낯선 사람과의 술자리에서는 조용히 있는 편이다.	① ② ③ ④ ⑤
51	꼬치꼬치 따지는 사람은 짜증이 난다.	① ② ③ ④ ⑤
52	남을 귀찮게 하는 것은 큰 실례이다.	① ② ③ ④ ⑤
53	어떤 모임에서든 분위기를 잘 띄우는 편이다.	① ② ③ ④ ⑤
54	동료와의 유대관계 유지를 위해 사생활을 포기할 수 있다.	① ② ③ ④ ⑤
55	위험을 감수하지 않고는 성공할 수 없다고 생각한다.	① ② ③ ④ ⑤
56	결국 더 중요한 것은 과정보다는 결과이다.	① ② ③ ④ ⑤
57	내가 속한 조직이나 분야에서 언젠가는 최고가 되고 싶다.	① ② ③ ④ ⑤
58	실패한 일은 반드시 되짚어 보고 원인을 분석한다.	① ② ③ ④ ⑤
59	어떤 일이든 도전해서 성공할 자신이 있다.	① ② ③ ④ ⑤
60	방이나 책상 정리를 항상 깔끔히 하는 편이다.	① ② ③ ④ ⑤
61	나는 나만의 개성이 넘치는 사람이다.	① ② ③ ④ ⑤
62	나는 마음만 먹으면 어떤 사람도 설득시킬 수 있다.	① ② ③ ④ ⑤
63	승부근성이 강하다.	① ② ③ ④ ⑤
64	종종 사소한 일에 예민하게 반응한다.	① ② ③ ④ ⑤
65	아무것도 하지 않고 멍하게 있는 것을 무척 싫어한다.	① ② ③ ④ ⑤
66	옳다고 생각하는 일은 끝까지 밀어붙이는 편이다.	① ② ③ ④ ⑤
67	기분이 들떠 잠을 못 잔 적이 많다.	① ② ③ ④ ⑤
68	안 되는 일에는 포기가 남들보다 빠르다.	① ② ③ ④ ⑤
69	남에게 상처가 될 말은 절대 하지 않는다.	① ② ③ ④ ⑤
70	사람을 사귀는 것이 성가시다고 생각한 적이 있다.	① ② ③ ④ ⑤
71	남에게 칭찬받기 위해 하기 싫은 일도 곧잘 한다.	① ② ③ ④ ⑤
72	타인에 대한 배려심이 남달리 강하다고 생각한다.	① ② ③ ④ ⑤
73	친절한 사람이라는 말을 자주 듣는다.	① ② ③ ④ ⑤
74	다수의 의견은 절대 존중한다.	① ② ③ ④ ⑤

Part 01 유형파악

Part 02 핵심이론

Part 03 유형연습

Part 04 직무상식/생활면접

Part 05 실전모의고사

부록

정답 및 해설

75	가까운 사람에게는 쉽게 비밀을 털어 놓는다.	①	②	③	④	⑤
76	일을 처리하는데 있어 나만의 노하우가 있다.	①	②	③	④	⑤
77	가끔 아무것도 의식하지 않고 함부로 말할 때가 있다.	①	②	③	④	⑤
78	기분을 솔직하게 표현하는 편이다.	①	②	③	④	⑤
79	감정의 기복이 심한 편이다.	①	②	③	④	⑤
80	친한 친구가 다른 사람을 욕하면 동조해 주는 편이다.	①	②	③	④	⑤
81	공공장소에서 시끄럽게 이야기하는 사람은 꼴 보기 싫다.	①	②	③	④	⑤
82	아주 늦게 가느니 차라리 안 가는게 낫다고 생각한다.	①	②	③	④	⑤
83	법이나 규칙은 어떠한 경우에도 지켜야 한다.	①	②	③	④	⑤
84	스포츠 경기에서 응원하는 팀이 지면 그날 기분이 우울하다.	①	②	③	④	⑤
85	어떤 일을 함에 있어 비교적 구체적인 계획을 세우는 편이다.	①	②	③	④	⑤
86	주위 환경 변화에 그다지 동요하지 않는다.	①	②	③	④	⑤
87	능력이 뛰어난 사람을 보면 무척 부럽다는 생각이 든다.	①	②	③	④	⑤
88	유행에 민감한 편이다.	①	②	③	④	⑤
89	해야 할 일은 신속히 처리하는 편이다.	①	②	③	④	⑤
90	전통이나 관습에 구애받지 않는 편이다.	①	②	③	④	⑤
91	고집이 세다는 이야기를 가끔 듣는다.	①	②	③	④	⑤
92	불평불만을 늘어놓는 사람은 한심해 보인다.	①	②	③	④	⑤
93	부끄러운 일을 당하면 얼굴이 화끈거린다.	①	②	③	④	⑤
94	나는 의지가 강한 사람이다.	①	②	③	④	⑤
95	나와 무관한 일에 관련되는 것은 언제나 성가시다.	①	②	③	④	⑤
96	뻔뻔하다는 말을 듣는 것은 정말 싫다.	①	②	③	④	⑤
97	무서운 영화를 보면서 안 무서운 척 한 적이 있다.	①	②	③	④	⑤
98	여간해서는 병원에 가지 않는다.	①	②	③	④	⑤
99	세상에는 불의가 눈감아질 때가 많다.	①	②	③	④	⑤
100	손해를 감수하면서까지 정직할 필요는 없다.	①	②	③	④	⑤
101	진실은 언제나 밝혀지기 마련이다.	①	②	③	④	⑤
102	양심에 어긋난 행동은 하지 않는다.	①	②	③	④	⑤
103	일처리는 마감 일정에 맞추기보다 항상 조금 일찍 끝낸다.	①	②	③	④	⑤
104	내가 유치하게 느껴질 때가 종종 있다.	①	②	③	④	⑤
105	윗사람들로부터 고분고분하다는 말을 듣는 편이다.	①	②	③	④	⑤

106	내면의 과시욕을 억누르는 편이다.	①	②	③	④	⑤
107	내가 생각하는 이상 세계와 지금의 현실 세계는 차이가 크다.	①	②	③	④	⑤
108	아는 사람과 만나는 것이 불편할 때가 종종 있다.	①	②	③	④	⑤
109	1등을 제외하고 2등 이하는 잘 모를 때가 많다.	①	②	③	④	⑤
110	읽기 시작한 책은 대부분 끝까지 읽는 편이다.	①	②	③	④	⑤
111	비 오는 날과 맑은 날에 느끼는 기분 차가 큰 편이다.	①	②	③	④	⑤
112	뜻밖에 시간이 빌 때는 무엇을 할지 모를 때가 많다.	①	②	③	④	⑤
113	자신이 지나치게 신중하다고 느낄 때가 있다.	①	②	③	④	⑤
114	우산을 챙겨오지 못해 비를 맞은 적이 많다.	①	②	③	④	⑤
115	남이 하는 칭찬이 유쾌하지만은 않다.	①	②	③	④	⑤
116	화려한 옷차림보다는 수수한 것을 더 선호한다.	①	②	③	④	⑤
117	남의 배려가 귀찮게 느껴질 때가 있다.	①	②	③	④	⑤
118	작은 일에 연연해 하지 않는 것이 성공의 지름길이다.	①	②	③	④	⑤
119	주변 사람들은 나의 재능을 과소평가한다.	①	②	③	④	⑤
120	규칙을 지키는 것이 경쟁에서의 승리보다 중요하다.	①	②	③	④	⑤
121	약속은 반드시 지켜야 한다.	①	②	③	④	⑤
122	책임감이 강하다.	①	②	③	④	⑤
123	조직이나 어떤 모임에서 눈에 띄는 행동을 하지 않는다.	①	②	③	④	⑤
124	갑자기 이유 없이 화가 날 때가 있다.	①	②	③	④	⑤
125	자신의 결점보다 남의 결점을 잘 찾아낸다.	①	②	③	④	⑤
126	어떤 상황에서든 결정이 빠른 편이다.	①	②	③	④	⑤
127	상사의 부당한 명령도 언제나 수용해야 한다.	①	②	③	④	⑤
128	어떤 상황에서든 차분함을 잃지 않는다.	①	②	③	④	⑤
129	기왕이면 새로운 것이 좋다.	①	②	③	④	⑤
130	말보다는 행동이 중요하다.	①	②	③	④	⑤
131	가끔 주위의 물건을 때려 부수고 싶을 때가 있다.	①	②	③	④	⑤
132	낯선 상황에도 빨리 적응한다.	①	②	③	④	⑤
133	스스로에 대해서는 아주 엄격한 편이다.	①	②	③	④	⑤
134	혼자 노는 것보다는 여럿이 어울려 노는 것이 좋다.	①	②	③	④	⑤
135	때로는 선의의 거짓말이 필요하다.	①	②	③	④	⑤
136	주변 사람들의 불행한 일은 나의 일 같이 느껴진다.	①	②	③	④	⑤

Part 01 유형파악

Part 02 핵심이론

Part 03 유형연습

Part 04 직무성격/생활편답

Part 05 실전모의고사

부 록

정답 및 해설

137	다른 사람들의 기분이나 감정 상태를 잘 파악한다.	①	②	③	④	⑤
138	가끔 불을 지르고 싶은 충동을 느낀다.	①	②	③	④	⑤
139	일을 처리하는데 있어 나만의 기준이 있다.	①	②	③	④	⑤
140	어렸을 때 혼자 논 적이 많았다.	①	②	③	④	⑤
141	약자에게 약하고 강자에게 강하다.	①	②	③	④	⑤
142	중요한 일은 일단 결정을 내리고 그 후 합당한 이유를 찾는 편이디.	①	②	③	④	⑤
143	스스로 판단해 볼 때 자신은 머리가 아주 좋은 편이다.	①	②	③	④	⑤
144	나는 무척 용기 있는 사람이다.	①	②	③	④	⑤
145	남에서 아픈 모습을 보이는 것을 싫어하는 편이다.	①	②	③	④	⑤
146	나는 다른 사람으로부터 영향을 받기 쉬운 타입이다.	①	②	③	④	⑤
147	어떤 사람이든 끝까지 미워하기는 어렵다.	①	②	③	④	⑤
148	사실 세상은 불공평하다.	①	②	③	④	⑤
149	욕심이 많은 것과 목표가 큰 것은 아주 비슷하다고 생각한다.	①	②	③	④	⑤
150	과욕은 나쁘지만 아무런 욕심이 없는 것보다는 낫다.	①	②	③	④	⑤
151	가끔 혼자 살고 싶다는 생각을 한다.	①	②	③	④	⑤
152	나의 평소 심적 상태는 무척 안정되어 있다.	①	②	③	④	⑤
153	취미가 다양한 편이다.	①	②	③	④	⑤
154	다른 사람들과 잘 협조하는 편이다.	①	②	③	④	⑤
155	근거 없는 소문은 무시하는 편이다.	①	②	③	④	⑤
156	자랑할 만한 남다른 특기가 많다.	①	②	③	④	⑤
157	규칙적으로 운동한다.	①	②	③	④	⑤
158	스스로 생각해봐도 대견한 일을 많이 한 편이다.	①	②	③	④	⑤
159	사람들이 나쁘다고 생각할 때가 있다.	①	②	③	④	⑤
160	고민을 털어놓을 친구가 많은 편이다.	①	②	③	④	⑤
161	남이 재촉할 때는 화부터 난다.	①	②	③	④	⑤
162	강한 의지보다는 바른 생각이 우선이다.	①	②	③	④	⑤
163	나의 미래는 밝다고 생각한다.	①	②	③	④	⑤
164	다른 사람이 답답하다고 느낄 때가 많다.	①	②	③	④	⑤
165	여러 일이 한꺼번에 닥치면 포기하고 싶다.	①	②	③	④	⑤
166	문제가 발생하면 그 원인부터 따진다.	①	②	③	④	⑤
167	쉽게 감동받는 편이다.	①	②	③	④	⑤

168	후회를 자주 하는 편이다.	①	②	③	④	⑤
169	말다툼을 자주 한다.	①	②	③	④	⑤
170	스트레스는 바로바로 풀려고 노력한다.	①	②	③	④	⑤
171	어떤 일을 끝마치지 않고는 다른 일에 집중할 수 없다.	①	②	③	④	⑤
172	매일 한 가지씩은 반성한다.	①	②	③	④	⑤
173	열심히 일하다가도 갑자기 하기 싫을 때가 있다.	①	②	③	④	⑤
174	세상을 바꾸고 싶다는 생각이 자주 든다.	①	②	③	④	⑤
175	지나치게 긴장해 일을 망친 적이 있다.	①	②	③	④	⑤
176	사회생활에서는 인간관계가 무엇보다 중요하다.	①	②	③	④	⑤
177	정이 많은 사람이 능력 있는 사람보다 좋다.	①	②	③	④	⑤
178	돈을 허비한 적이 한 번도 없다.	①	②	③	④	⑤
179	한 번 믿은 사람은 끝까지 믿는 편이다.	①	②	③	④	⑤
180	세상이 나아지는데 이바지하고 싶은 꿈을 가지고 있다.	①	②	③	④	⑤

Part 01 유형파악
Part 02 핵심이론
Part 03 유형연습
Part 04 직무적성/생활면접
Part 05 실전모의고사
부록
정답 및 해설

상황판단검사

상황판단검사는 수험생이 부사관으로서 인성·적성검사에서 측정하기 어려운 직무관련 시나리오에 대해 주어진 답변 중 어떻게 대처하는지를 검사한다. 이를 통해 수험생의 상황판단능력과 위기대처능력 등을 평가하고, 나아가 수험생의 직무 적합도를 평가한다. 따라서 해당 검사는 병사가 아닌 부사관으로서 자신의 판단을 답변하여야 한다.

1 상황판단검사 확인

(1) 대응법

상황판단검사는 주어진 시나리오에 군 간부, 부사관으로서의 답변을 하는 것이다. 20분이라는 시간 안에 15문항의 상황을 파악하고 답변해야 하므로, 부사관으로서의 기본 자질과 소양을 평상시에도 기를 수 있도록 노력해야 한다.

(2) 유형파악

주어진 시나리오에 대하여 가장 할 것 같은 행동과 가장 하지 않을 것 같은 행동을 주어진 보기 중에 답변하는 것이다. 따라서 자신의 생각과 일치하는 것이 없다면 자신의 생각과 가장 비슷한 답변을 골라야 함을 주의해야 한다.

⭐ **대표유형**

다음 상황을 읽고 제시된 질문에 적합하다고 생각하는 답을 적으시오.

> 당신은 소대장이다. 어느 날 중대장이 당신이 보기에 잘못된 것으로 보이는 결정을 내렸다. 당신은 그가 가능한 그 결정을 취하할 수 있도록 설득하려 노력했으나, 그는 이미 확고한 결단을 내렸으니 따르라고 한다. 그러나 당신의 동료 소대장들과 부사관들도 모두 중대장이 잘못된 결정을 내린 것 같다는 것에 동의하고 있다.

이 상황에서 당신이 ⓐ 가장 할 것 같은 행동은 무엇입니까? (   )
이 상황에서 당신이 ⓑ 가장 하지 않을 것 같은 행동은 무엇입니까? (   )

① 대대장에게 가서 상황을 설명하고, 조언을 부탁한다.

② 소대로 돌아가서 나는 중대장의 결정에 찬성하니, 모두 명령을 따라야 한다고 설득한다.

③ 부사관들에게 나는 중대장의 결정에 찬성하지는 않지만, 어쩔 수 없으니 명령을 그냥 따르자고 말한다.

④ 부사관들에게 나는 중대장의 결정에 따르지 않는다는 것을 말하고, 이 상황에서 어떻게 처신해야 할지 조언을 구한다.

⑤ 소대로 돌아가서 나는 중대장의 결정에 찬성하지는 않지만, 어쩔 수 없으니 명령을 일단 따르라고 이야기한다.

⑥ 중대장에게 다시 가서, 나는 그 결정이 문제가 있다고 생각하며, 부사관들과 대원들에게 잘못된 명령을 시행하라고 하기는 어렵다고 이야기한다.

⑦ 한 시간 정도의 시간이 지난 후, 중대장에게 다시 가서 대안을 제시한다.

Tip 주어진 상황에 따라 답변의 방향을 달라질 수 있으나, 상황판단검사에서도 역시 일관성 있게 군 간부로서, 부사관으로서의 신분과 지위에 맞게 답변하는 것이 중요하다.

② 상황판단검사 연습

[01~15] 다음 상황을 읽고 제시된 질문에 적합하다고 생각하는 답을 적으시오.

01

A부대의 B중사는 현재의 훈련 방식보다 좀 더 효율적인 새로운 훈련 방식을 찾아 이를 제안하였다. 그런데 C원사는 이를 무시하고 기존의 방식의 훈련을 고수하고자 한다.

이 상황에서 당신이 B중사라면 ⓐ 가장 할 것 같은 행동은 무엇입니까? ( )
ⓑ 가장 하지 않을 것 같은 행동은 무엇입니까? ( )

① C원사와의 갈등으로 인해 문제를 일으키기를 원하지 않으므로 C원사의 지시대로 훈련을 진행시킨다.

② 다른 부사관들과 상의하여 새로운 훈련 방식을 수용하도록 한다.

③ 대대장에게 가서 기존의 방식보다 훨씬 효율적이라는 점을 부각시키면서 직접 새로운 방식을 제안한다.

④ 부사관들에게 나는 C원사의 결정에 찬성하지는 않지만, 이쩔 수 없으니 그 명령을 따르자고 말한다.

⑤ C원사에게 두 가지 훈련을 같이 실시해보고 나서 다시 결정하자고 한다.

⑥ C원사에게 기존의 훈련 방식을 고수하려는 이유가 무엇인지 물어보고, 그 이유에 해당되는 내용을 새로운 훈련 방식에 추가하여 C원사로 하여금 따르도록 유도한다.

Part 01 유형파악

Part 02 핵심이론

Part 03 유형연습

Part 04 직무성격상황판단

Part 05 실전모의고사

부록

정답 및 해설

⑦ 결정된 훈련 방식을 바꿔치기하여 자신이 제안한 새로운 방식으로 명령이 하달되도록 한다.

02

> D라는 부사관은 H대대에서 근무하고 있다. 특정 사안에 따른 K중대장의 업무상 명령이 있었으나 D부사관은 그 명령이 불합리하다고 생각하고 있다.

이때 당신이 D부사관이라면 ⓐ 가장 할 것 같은 행동은 무엇입니까? ( )
ⓑ 가장 하지 않을 것 같은 행동은 무엇입니까? ( )

① 소대원들에게 나는 중대장의 결정에 찬성하지는 않지만, 어쩔 수 없으니 그 명령을 일단 따르라고 지시한다.

② K중대장에게 다시 가서 그 결정에 따른 명령에는 문제가 있다는 자신의 생각을 밝히고, 또한 부사관들과 소대원들에게 잘못된 명령을 지시하기는 어렵다고 말한다.

③ 다른 부사관들에게 자신은 K중대장의 결정에 따르지 않겠다고 말하고, 이 상황에서 어떻게 처신해야 할지 조언을 구한다.

④ H대대의 대대장에게 가서 상황의 불합리성을 설명하고, K중대장에게 시정 명령을 내려줄 것을 건의한다.

⑤ 다른 동료 부사관들과 단합하여 K중대장에게 다른 대안을 제시해달라는 의견을 모아 전달한다.

⑥ 계급 사회에서 상사의 명령에 따르는 것은 당연하므로, 그 명령이 불합리하다 생각할지라도 무조건적으로 K중대장의 명령에 따라 행동한다.

⑦ 일단 K중대장의 명령에 따라 행동하고, 그 이후 나타나는 불합리한 부분을 중대장 스스로가 느끼도록 하기 위해 불합리한 부분이 더 잘 나타날 수 있도록 부각시켜 행동한다.

03

> J병장이 여러 소대원들에게 몇천 원에서 몇만 원씩의 돈을 빌려갔다가 차일피일 미루며 아직까지 갚지 않고 있다. 돈을 빌려주었던 소대원들끼리 이에 대해 하는 이야기를 하는 것을 L부소대장이 듣게 되었다.

이때 당신이 L부소대장이라면 ⓐ 가장 할 것 같은 행동은 무엇입니까? ( )
ⓑ 가장 하지 않을 것 같은 행동은 무엇입니까? ( )

① 상관에게 보고하여 J병장이 영창 등 합당한 처벌을 받도록 조치한다.

② J병장을 불러 어떠한 이유로 그렇게 했는지 물어본 후 잘 알아듣게 타이른다.

③ J병장이 소대원들에게 공개적으로 사과하게 하고 매월 월급에서 갚으라고 한다.

④ J병장 대신 돈을 갚아주고 J병장에게 돈이 필요하면 나에게 빌리라고 한다.

⑤ 돈을 빌려준 소대원들에게 J병장에게 빌려준 돈만큼 빌리라고 말해준다.

⑥ J병장의 월급을 몇 달간 감봉하여 그 감봉된 금액으로 빌려준 소대원들에게 일정 금액씩 갚아준다.

⑦ J병장 부모님에게 전후 사실을 알려주고 대신하여 돈을 갚게 하여 일을 수습한다.

04

M대대에서 근무하고 있는 위관급 장교 P는 M대대 내의 군사기밀 중 일부를 누설하였다. 그리고 같은 부대에서 근무하고 있는 S상사가 우연히 이 사실을 알게 되었다.

이때 당신이 S상사라면 ⓐ 가장 할 것 같은 행동은 무엇입니까? (   )
ⓑ 가장 하지 않을 것 같은 행동은 무엇입니까? (   )

① M대대의 대대장에게 사실 그대로를 보고하여 P장교가 군사재판에 의해 처벌받도록 한다.

② P장교에게 부대 기밀을 누설한 것은 어떤 이유에서든 잘못되었다고 따진다.

③ P장교에게 스스로 대대장에게 찾아가서 사실을 보고하고 자신이 저지른 잘못에 대해 처벌을 받음으로써 사태를 수습하라고 설득한다.

④ 둘 만의 비밀유지를 약속하고 P장교에게 기밀을 공유하자고 한다.

⑤ P장교가 처음 한 행동이니 눈감아준다고 말하고 이를 못 본 척 한다.

⑥ 대대장에게 알리지 않고 계속 P장교의 행동을 감시한다.

⑦ 자신이 한 일이 아니므로 그냥 무시하고 지나친다.

05

Y부사관은 복무 중에 소대 내에서 W상병을 비롯한 몇몇의 선임병들이 후임병을 구타하고 있는 현장을 목격하였다.

이때 당신이 Y부사관이라면 ⓐ 가장 할 것 같은 행동은 무엇입니까? (   )
ⓑ 가장 하지 않을 것 같은 행동은 무엇입니까? (   )

① 구타를 당장 중지시키고 W상병 등의 선임병들을 불러 이유 불문하고 체벌을 가한다.

② 상급자에게 보고하여 군사재판에 회부되게 하여 구타를 가한 선임병들이 폭행죄로 처벌을 받도록 한다.

Part 01 유형파악
Part 02 핵심이론
Part 03 유형연습
Part 04 직무상황면접
Part 05 실전모의고사
부록
정답 및 해설

③ W상병 등 구타를 가한 선임병들에게 그 이유를 물어보고 다시는 이런 일이 재발되지 않도록 따끔하게 주의를 준다.

④ 어떤 이유에서건 구타는 잘못된 행위라는 것을 분명히 인지시키고 다시는 이러한 행위를 하지 않겠다는 약속을 받는다.

⑤ 구타를 당한 후임병들에게 사과하게 한 후 그냥 눈감아준다.

⑥ 구타를 가한 선임병들을 세워놓고 반대로 후임병들이 한 대씩 때릴 수 있도록 한다.

⑦ 못 본 척하고 그냥 지나친다.

06

A부대의 B부소대장은 C소대장을 보좌하여 부대 내의 소대원들을 나누어 인솔하여 전투 훈련을 나갔다. 훈련을 실시하던 중 D일병이 부상을 당했는데 다른 소대원들은 모두 환자를 돌볼 수 있는 상황이 아니고 C소대장도 다른 소대원들을 지휘하고 있는 상황이다.

이때 당신이 B부소대장이라면 ⓐ 가장 할 것 같은 행동은 무엇입니까? (   )
ⓑ 가장 하지 않을 것 같은 행동은 무엇입니까? (   )

① 훈련 중인 몇몇 소대원들로 하여금 D일병을 군의 병원으로 옮겨 치료받게 한다.

② C소대장에게 연락하여 훈련을 전면 중단시키고 D일병을 군의 병원으로 옮겨 치료받게 한다.

③ 군의 병원에 연락하여 D일병을 후송할 장비와 인력을 보내 줄 것을 요청한다.

④ 소대의 훈련지휘를 분대장에게 맡기고 직접 D일병을 군의 병원으로 후송한다.

⑤ 중대장에게 연락하여 현재의 상황을 설명하고 어떻게 할 것인지를 묻는다.

⑥ 훈련을 전면 중단시킬 수는 없으므로 일단 급한 대로 자신이 응급처치를 실시하고, 훈련이 끝날 때까지는 참으라고 한다.

⑦ 큰 부상이 아니니 훈련을 마칠 때까지 그냥 참고 견디라고 한다.

07

H이병은 논산 훈련소에 입소하여 훈련을 받은 후 J부대로 자대 배치를 받아 온 지 약 2주일 정도 되었다. 그런데 H이병은 평소 숫기가 없고 소심한 성격 탓에 군 생활에 적응하지 못하고 힘들어 했는데, 이 사실을 K부소대장이 처음 알게 되었다.

이때 당신이 K부소대장이라면 ⓐ 가장 할 것 같은 행동은 무엇입니까? (   )
ⓑ 가장 하지 않을 것 같은 행동은 무엇입니까? (   )

① 같은 내무반에서 생활하고 있는 제일 선임병에게 H이병을 특별히 신경 써서 보살펴 주라고 지시한다.

② H이병에게 성격을 바꾸어 같은 내무반 병들과 빨리 어울리며 적응할 수 있도록 노력해 보라고 충고한다.

③ 군 생활에 적응이 될 때까지 어려움을 견디게 해줄 수 있는 취미 생활을 가져보라고 한다.

④ 중대장에게 이를 알리고 휴가를 보내 줄 것을 건의한다.

⑤ 모르는 척 무시하고 그냥 내버려둔다.

⑥ 다른 방법이 없으므로 그냥 꾹 참고 견디라고 한다.

⑦ 당분간 모든 훈련에서 제외시켜 내무반에서 편히 쉴 수 있도록 선처해준다.

08

> 진급 심사를 얼마 남겨두지 않은 L부소대장이 근무 종료 후 부대 인근의 한 주점에서 음주를 한 후 취기가 있는 상태에서 근처를 지나던 N중대장에게 발각되었다.

이때 당신이 L부소대장이라면 ⓐ 가장 할 것 같은 행동은 무엇입니까? (   )
ⓑ 가장 하지 않을 것 같은 행동은 무엇입니까? (   )

① 딱 한 잔 마셨을 뿐이라고 잡아떼고 선처를 빈다.

② 다른 소대장이 고민 상담을 해달라며 하도 졸라 어쩔 수 없이 마셨다고 변명한다.

③ 근무 종료 후의 음주를 묵인해주는 다른 부대의 관례를 말하며 봐달라고 한다.

④ 음주로 인해 사고를 저지르거나 소란을 피우지 않았으니 그냥 눈감아 달라고 당당히 요구한다.

⑤ N중대장을 설득하여 술자리로 끌어들이고 잘 대접한다.

⑥ 음주를 한 다른 소대장들의 이름을 전부 말해 자신에 대한 처벌을 막거나 혼자만 처벌받는 일이 없도록 한다.

⑦ 자신의 실수를 인정하고 용서를 빌며, 재발방지와 시정의 약속을 한다.

09

> M소대장은 지난 인사발령으로 다른 부대의 소대를 맡게 되었다. 그런데 그 소대에는 M소대장보다 나이가 많은 다수의 소대원이 있다.

이때 당신이 M소대장이라면 ⓐ 가장 할 것 같은 행동은 무엇입니까? (   )
ⓑ 가장 하지 않을 것 같은 행동은 무엇입니까? (   )

Part 01 유형파악

Part 02 핵심이론

Part 03 유형연습

Part 04 직무성격/상황판단

Part 05 실전모의고사

부 록

정답 및 해설

① 소대원 중 선임이나 분대장을 등을 꽉 휘어잡고 기선을 제압하기 위해 노력한다.

② 자신의 지시나 명령 수행에 불성실한 소대원에게 아주 혹독한 정신교육을 시키고 중대장에게 보고한다.

③ 계급의 차이를 분명히 주지시키고 나이가 많은 사병이라도 엄격하게 대한다.

④ 선임 소대장이나 그 밖에 비슷한 경험이 있는 다른 소대장들에게 조언을 구한다.

⑤ 자신보다 나이가 많은 사병들은 그만큼 충분히 예우해 준다.

⑥ 새로 맡게 된 소대의 관례를 우선시하고 소대원들을 최대한 배려한다.

⑦ 소대원 중 실질적인 영향력이 가장 큰 병들과 친목을 도모하고 소대 분위기를 화기애애하도록 만든다.

10

> P소대장은 자신의 직속상관인 O중대장이 부대의 업무와 관련된 중요한 실수를 하는 것을 목격했다. 그런데 O중대장은 자신의 실수를 P소대장이 눈감아주면 진급 심사 등에 있어 특혜를 주겠다고 하며 설득했다.

이때 당신이 P소대장이라면 ⓐ 가장 할 것 같은 행동은 무엇입니까? (　　)
ⓑ 가장 하지 않을 것 같은 행동은 무엇입니까? (　　)

① 직속 상사의 부탁이라도 부당한 것이므로 단호히 거부한다.

② O중대장의 상관을 찾아 중대장의 실수와 부당한 제안을 모두 보고한다.

③ O중대장에게 자신의 실수를 사실대로 보고하도록 설득한다.

④ 특혜 제안은 수용하지 않고 그냥 실수를 못 본 척 해준다.

⑤ 관련 사실에 대해 입을 다물고 다른 부대로의 전출을 요구한다.

⑥ 다른 동료 소대장에게 전후 사실을 설명하고 어떻게 처신해야 할 것인지 조언을 구한다.

⑦ 제안을 수용하는 조건으로 특혜를 확실히 보장받을 수 있도록 중대장의 서명날인을 받아둔다.

11

> S소대장은 우연히 소대원들이 자신에 대해 불평을 늘어놓고 비난하는 것을 듣게 되었다.

이때 당신이 S소대장이라면 ⓐ 가장 할 것 같은 행동은 무엇입니까? (　　)
ⓑ 가장 하지 않을 것 같은 행동은 무엇입니까? (　　)

① 자신을 비난하는 부하들을 모두 불러 경고하고 얼차려를 시킨다.

② 자신에 대한 비난을 다 알고 있다는 것을 넌지시 알려 주의를 환기시키고 우회적으로 경고한다.

③ 상급자에게 모두 보고하여 규정대로 처리하게 한다.

④ 그냥 못 들은 척 하고 넘어간다.

⑤ 다른 소대의 소대장들에게 조언을 구하여 대처한다.

⑥ 자신을 비난하는 소대원들 모두와 더 친분을 쌓아 가까워지도록 한다.

⑦ 불평불만의 내용을 모두 수용·파악하여 잘못된 부분은 시정한다.

12

> Y소대장은 우연히 같은 부대의 부하인 W부소대장이 부대의 비품을 횡령하고 있다는 사실을 알게 되었다. 그런데 그 내막을 알아보던 중 W부소대장의 다른 가족들의 형편이 무척 곤궁하다는 것을 알게 되었다.

이때 당신이 Y소대장이라면 ⓐ 가장 할 것 같은 행동은 무엇입니까? (   )
ⓑ 가장 하지 않을 것 같은 행동은 무엇입니까? (   )

① 자신의 상관에게 W부소대장의 횡령 사실을 그대로 보고 한다.

② 횡령 사실을 직접 보고하기보다는 우회적으로 다른 부대원들이 알게 한다.

③ 부대의 비품 관리 강화 캠페인을 벌여 W부소대장이 횡령 행위를 멈추도록 간접적인 압박을 가한다.

④ W부소대장을 개인적으로 불러 횡령 사실을 알고 있다고 말하고 그만두라고 지시한다.

⑤ W부소대장의 가족을 금전적으로 도울 수 있는 방안을 모색해 본다.

⑥ 그의 딱한 처지를 이해하고 발각되지 않게 조언을 해준다.

⑦ 다른 가족들의 형편을 고려하여 그냥 못 본 척한다.

13

> C소대장이 통솔하고 있는 D소대원의 실수로 부대에 문제가 발생하였다. 이에 C소대장은 상관에게 불려가 소대원을 제대로 관리하지 못한 것에 대해 심한 문책을 받고 인격적인 모멸감까지 당했다.

이때 당신이 C소대장이라면 ⓐ 가장 할 것 같은 행동은 무엇입니까? (   )
ⓑ 가장 하지 않을 것 같은 행동은 무엇입니까? (   )

① 자신의 직접 잘못이 아님에도 인격적 모멸을 가한 것에 대해 상관에게 항의한다.

② 소대나 보직의 변경을 요구한다.

③ 상관에게 당한 일은 깨끗이 잊고 자신의 업무를 계속한다.

Part 01 유형파악
Part 02 핵심이론
Part 03 유형연습
Part 04 직무성격/상황판단
Part 05 실전모의고사
부록
정답 및 해설

④ 다른 소대장들에게 관련 사실을 말하고 조언을 구하여 어떻게 할 지 결정한다.

⑤ D소대원에게도 자신이 당한 만큼의 모멸감을 안겨 준다.

⑥ 소대원 전체의 정신 기강을 확립하는 차원에서 혹독한 정신교육과 얼차려를 실시한다.

⑦ D소대원을 적절히 관리하지 못한 점을 반성하고 소대원 관리에 더욱 노력한다.

14

H부사관은 같은 부대로 배치받은 동기인 J부사관과 함께 근무하면서 평소 자신이 더 성실하고 지휘관으로서의 능력도 뛰어나다고 생각하고 있었다. 그런데 이후 진급 심사에서 J부사관만 진급하고 H부사관은 진급하지 못했다.

이때 당신이 H부사관이라면 ⓐ 가장 할 것 같은 행동은 무엇입니까? (   )

ⓑ 가장 하지 않을 것 같은 행동은 무엇입니까? (   )

① 진급 심사 결과가 부당하다고 상관에게 항의한다.

② 가능한 경로를 통해 공식적으로 재심사를 요구한다.

③ 부대 내에서 자신이 J부사관보다 뛰어나며 진급 심사가 잘못되었다는 여론을 형성하려 노력한다.

④ 부대 내에서의 문제 제기보다는 다른 부대로의 전출을 요구한다.

⑤ 어쩔 수 없으므로 진급 심사 결과를 수용하고 J를 상사로 인정한다.

⑥ 진급 심사의 결과는 수용하되 J부사관을 상사로 인정하지는 않는다.

⑦ 자신이 탈락한 이유를 알아보고 부족한 점을 보충하고 개선하려 노력한다.

15

L소대장은 부하인 M부소대장에게 공적인 업무를 명령했다. 그런데 M부소대장은 명령을 수행하기 전, 중대장의 개인적인 심부름도 받게 되어 결국 N중대장의 심부름만 하고 L소대장의 명령은 이행하지 못했다.

이때 당신이 L소대장이라면 ⓐ 가장 할 것 같은 행동은 무엇입니까? (   )

ⓑ 가장 하지 않을 것 같은 행동은 무엇입니까? (   )

① 군대는 계급이 우선이므로, 상상의 명령에 따른 M부소대장의 행동에 대하여 칭찬한다.

② N중대장에게 찾아가 개인적인 심부름을 시킨 것에 대해 항의한다.

③ M부소대장을 불러 자신이 명령한 업무를 하지 않은 이유에 대해 물어본다.

④ M부소대장의 난처한 상황을 고려하여 그냥 넘긴다.

⑤ 군대 내에서 상관의 개인적인 심부름은 부당한 것이라고 군 관련 홈페이지에 익명의 글을 남긴다.

⑥ M부소대장에게 공적인 업무와 사적인 일이 충돌할 때는 공적인 업무가 우선이라고 설교한다.

⑦ M부소대장이 명령을 수행하지 못한 것에 대해 처벌한다.

Part 01 유형파악

Part 02 핵심이론

Part 03 유형연습

Part 04 직무성격/상황판단

Part 05 실전모의고사

부록

정답 및 해설

해 군 부 사 관 표 대 양 형 + 실 전 문 문 재

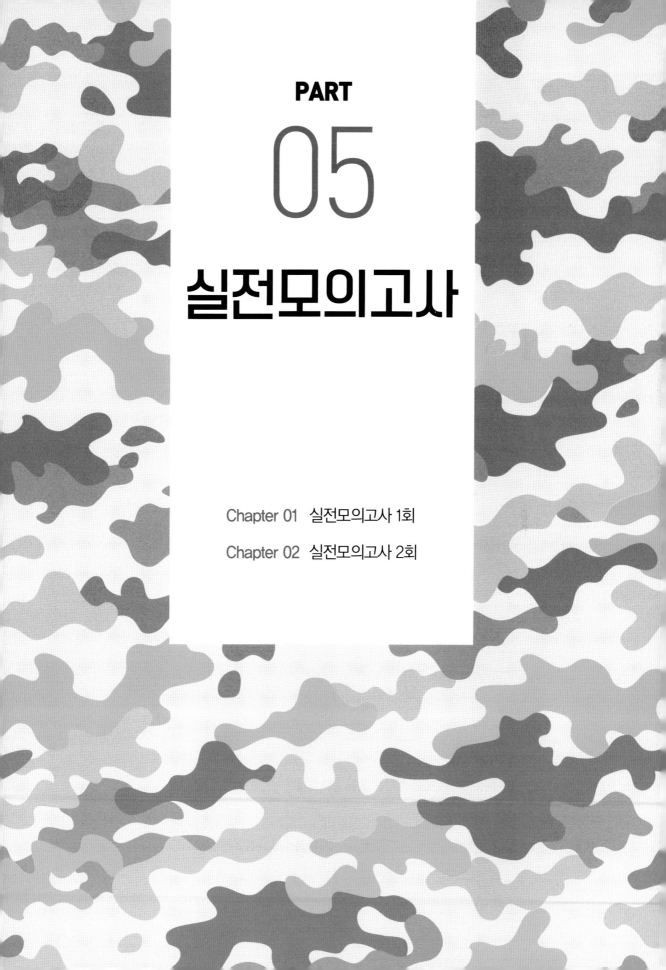

PART

05

실전모의고사

실전모의고사 1회

정답 및 해설 P, 252

• 영역을 구별하여 언어논리 25문항(20분), 자료해석 20문항(25분), 공간능력 18문항(10분), 지각속도 30문항(3분)으로 구성되어 있습니다.

| 언어논리 | 25문항 | 20분 |

01 다음 주어진 상황에 가장 잘 부합하는 한자성어는?

> 반평생을 같이 지내온 짐승이었다. 같은 주막에서 잠자고, 같은 달빛에 젖으면서 장에서 장으로 걸어 다니는 동안에 이십 년의 세월이 사람과 짐승을 함께 늙게 하였다.

① 고립무원(孤立無援)　　　　　② 금석맹약(金石盟約)

③ 동고동락(同苦同樂)　　　　　④ 상행하효(上行下效)

⑤ 감탄고토(甘呑苦吐)

02 다음 제시된 예문의 밑줄 친 부분과 같은 의미로 사용된 것은?

> 나는 인간이 부재하는 정글 속에서 내 짧고 불행한 생애의 마지막을 <u>맞고</u> 싶지 않았다.

① 내 육감은 잘 <u>맞는</u> 편이다.

② 그들은 우리를 반갑게 <u>맞아</u> 주었다.

③ 우리 대학은 설립 60주년을 <u>맞았다</u>.

④ 우박을 <u>맞아</u> 비닐하우스에 구멍이 났다.

⑤ 엄마는 항상 <u>맞는</u> 말씀만 하신다.

03 다음 제시된 문장의 빈칸에 들어갈 말로 가장 적합한 것은?

> • 그는 자신의 지위와 (　　　　)하는 대우를 요구했다.
> • 외교 정책은 중국 사회의 변화에 (　　　　)하여 신축성 있게 전개되어 갔다.

① 부응(符應)　　　　　　　　　② 대응(對應)

③ 호응(呼應)　　　　　　　　　④ 상통(相通)

⑤ 상응(相應)

04 다음 중 한자성어와 그 뜻이 잘못 짝지어진 것은?

① 수주대토(守株待兔) - 그루터기에서 우연히 토끼를 잡음. 우연한 기회에 얻은 행운

② 수어지교(水魚之交) - 물고기와 물의 관계. 아주 친밀하여 떨어질 수 없는 사이

③ 단사표음(簞食瓢飮) - 대나무 그릇에 담은 밥과 표주박에 든 물. 청빈하고 소박한 생활

④ 안하무인(眼下無人) - 눈 아래에 사람이 없음. 교만하여 다름 사람을 업신여김

⑤ 흥진비래(興盡悲來) - 즐거운 일이 다하면 슬픈 일이 닥쳐온다는 뜻으로, 세상일은 순환되는 것임을 이르는 말

05 다음 제시된 예문의 밑줄 친 부분과 같은 의미로 사용된 것은?

> 그는 사람이 너무 좋아서 남이 하는 부탁을 거절하지 못한다.

① 사람이 얼마나 독한지, 마을 사람들이 무작정 욕부터 하고 볼 지경이었다.

② 그 일에 많은 사람을 동원하여도 정해진 기간 안에 끝낼 수 있을지는 아무도 장담하지 못 한다.

③ 우리는 조를 짜서 사람이 많이 난 곳으로 유명한 고장을 찾아다니며 특별한 이유가 있는지 알아보기로 했다.

④ 어제 있었던 일을 사람들이 뭐라고 해도 나로서는 어쩔 수 없는 일이었다.

⑤ '매를 들어서 사람을 만들 수 있겠냐'라고 허탈하게 중얼거린 아버지는 이내 고개를 떨구셨다.

06 다음 속담의 뜻으로 알맞은 것은?

> 급하면 바늘허리에 실 매어 쓸까

① 자기에게만 이롭도록 일을 함

② 일을 할 때는 일정한 순서를 밟아서 해야 함

③ 뒷일은 생각하지 않고 우선 당장 좋으면 그만인 것처럼 행동함

④ 눈만 높고 수완은 없음

⑤ 말을 잘못하면 재앙을 받게 되니 말조심을 해야함

Part 01 유형파악

Part 02 핵심이론

Part 03 유형연습

Part 04 직무성격/상황판단

Part 05 실전모의고사

부 록

정답 및 해설

07 다음 밑줄 친 부분이 맞춤법에 맞게 쓰인 것은?

① 잔치를 <u>벌렸다</u>.

② 글씨가 완전 <u>개발새발</u>이다.

③ <u>어리버리하게</u> 굴지 말고 정신 차려.

④ 나라와 백성들을 위한 학문을 <u>연구도록</u> 하시오.

⑤ 밤새 고민하다가 정신을 차리니 <u>동녘</u> 하늘이 희뿌옇게 변해 있었다.

08 다음 주어진 상황에 가장 잘 부합하는 한자성어는?

> 2030년 한국이 월드컵을 유치할 경우 국가 브랜드가 높아지고 스포츠 산업이 성장하며, 해외 명문 구단에서 한국 출신 축구 선수의 영입이 늘어날 것은 당연한 결과이다.

① 취사선택(取捨選擇)　　　　　② 임기응변(臨機應變)

③ 명약관화(明若觀火)　　　　　④ 타산지석(他山之石)

⑤ 지어지앙(池魚之殃)

09 다음 문장의 뜻에 알맞은 속담은?

> 일이 뚜렷하지 못하면 반드시 잘못이 따름

① 노루 피하니 범이 온다

② 숲이 짙으면 범이 든다

③ 시골 놈이 서울 놈 못 속이면 보름씩 배를 앓는다

④ 방둥이 부러진 소 사돈 아니면 못 팔아먹는다

⑤ 산 까마귀 염불한다

10 다음에 제시된 문장의 밑줄 친 부분과 의미가 가장 비슷한 것은?

> 그 사람들은 모두 <u>호사가</u>라서 소문이 금방 퍼질 것이다.

① 트집이나 시비를 자주 일으키는 사람

② 남의 일에 대해 말하기 좋아하는 사람

③ 여색을 몹시 좋아하는 사람

④ 홍보기를 잘하는 사람

⑤ 몹시 수다스러운 사람

11 다음 글의 내용상 밑줄 친 부분에 올 문장으로 가장 적절한 것은?

> _____ 이런 차이는 서로 다른 기후에 오랫동안 노출됨으로써 형성되었다고 설명할 수 있다. 유인원이 봄에서 털을 잃어버려 자외선에 무방비로 노출되자, 직접 내리쬐는 햇빛에 견디기 위해 그들의 흰 속살은 멜라닌으로 보호되는 검은 피부로 변하게 되었다. 아프리카를 떠난 인류의 조상들 중 일부가 열사량이 적은 유럽으로 이동하면서 그들의 피부가 다시 희게 변했다. 뼈를 만드는 데 관여하는 중요 물질인 비타민 D를 생성하려면 자외선이 필요하므로 이를 더 받아들이기 위해 피부색이 밝게 바뀌었던 것이다.

① 생물 개개 형질의 유용성은 생존 또는 번식의 문제와 관련된다.

② 인종 간의 차이에 대한 연구는 17세기에 시작되었다.

③ 인종의 여러 차이점 가운데 가장 두드러진 것은 피부색이다.

④ 인간의 지적능력, 외모 등은 유전자에 의해 결정된다.

⑤ 인간은 빠른 변화에 적응하는 것이 경쟁력이다.

12 다음 글의 중심내용으로 옳은 것은?

> 원형 감옥은 원래 영국의 철학자이자 사회 개혁가인 제레미 벤담(Jeremy Bentham)의 유토피아적인 열망에 의해 구상된 것으로 알려져 있다. 벤담은 지금의 인식과는 달리 원형 감옥이 사회 개혁을 가능케 해주는 가장 효율적인 수단이 될 수 있다고 생각했지만, 결국 받아들여지지 않았다. 사회 문화적으로 원형 감옥은 그 당시 유행했던 '사회 물리학'의 한 예로 간주될 수 있다.
> 원형 감옥은 중앙에 감시하는 방이 있고, 그 주위에 개별 감방들이 있는 원형 건물이다. 각 방에 있는 죄수들은 간수 또는 감시자의 관찰에 노출되지만, 죄수는 감시하는 사람들을 볼 수가 없다. 이는 정교하게 고안된 조명과 목재 블라인드에 의해 가능하다. 보이지 않는 사람들에 의해 감시되고 있다는 생각 자체가 지속적인 통제를 가능케 해준다. 즉 감시하는지 안 하는지 모르기 때문에 항상 감시당하고 있다고 생각해야 하는 것이다. 따라서 죄수들은 모든 규칙을 스스로 지키지 않을 수 없게 된다.

① 원형 감옥은 시선의 불균형을 확인시켜 주는 장치이다.

② 원형 감옥은 타자와 자신, 양자에 의한 이중 통제 장치이다.

③ 원형 감옥의 원리는 감옥 이외에 다른 사회 부문에 적용될 수 있다.

④ 원형 감옥은 관찰자를 전지전능한 신의 위치로 격상시키는 세속적 힘을 부여한다.

⑤ 원형 감옥은 피관찰자가 느끼는 불확실성을 수단으로 활용해 피관찰자를 복종하도록 한다.

Part 01 유형파악

Part 02 핵심이론

Part 03 유형연습

Part 04 직무상식/상황판단

Part 05 실전모의고사

부 록

정답 및 해설

13 다음 글에서 추론할 수 있는 내용으로 옳은 것은?

> 서로 공유하고 있는 이익의 영역이 확대되면 적국을 뚜렷이 가려내기가 어려워진다. 고도로 상호 작용하는 세계에서 한 국가의 적국은 동시에 그 국가의 협력국이 되기도 한다. 한 예로 소련 정부는 미국을 적국으로 다루는 데 있어서 양면성을 보였다. 그 이유는 소련이 미국을 무역 협력국이자 첨단 기술의 원천으로 필요로 했기 때문이다.
> 만일 중복되는 국가 이익의 영역이 계속 증가하게 되면 결국에 한 국가의 이익과 다른 국가의 이익이 같아질까? 그건 아니다. 고도로 상호 작용하는 세계에서 이익과 이익의 충돌은 사라지는 것이 아니라, 단지 수정되고 변형될 뿐이다. 이익이 자연스럽게 조화되는 일은 상호 의존과 진보된 기술로부터 나오지는 않을 것이다. 상호 작용 또는 기술 연속체를 한없이 따라가는 것만으로는 유토피아를 발견할 수 없다. 공유된 이익의 영역이 확장될 수는 있겠지만, 가치와 우선순위의 차이와 중요한 상황적 차이 때문에 이익 갈등은 계속 존재하게 될 것이다.

① 주요 국가들 간의 상호 의존적 국가 이익은 미래에 빠른 속도로 증가할 것이다.

② 국가 간에 공유된 이익의 확장은 이익 갈등을 변화시키기는 하지만 완전히 소멸시키지는 못한다.

③ 국가 이익은 기술적 진보의 차이와 상호 작용의 한계를 고려할 때 궁극적으로는 실현 불가능할 것이다.

④ 세계 경제가 발전해 가면서 더 많은 상호 작용이 이루어지고 기술이 발전함에 따라 국가 이익들은 자연스럽게 조화된다.

⑤ 국가 이익이 보다 광범위하게 정의됨에 따라, 한 국가의 이익은 점차 다른 국가들이 넓혀 놓았던 이익과 충돌하게 될 것이다.

14 다음 글에서 추론할 수 있는 내용으로 옳은 것은?

> 공직(公直)은 연산 매곡 사람이다. 어려서부터 용감하고 지략이 있었다. 신라 말기에 스스로 장군이라 칭하며 백성들을 이끌고 신라로부터 독립하였다. 당시 난리가 나서 백제를 섬기게 되었고 견훤의 심복이 되어 큰아들 공직달, 작은아들 공금서 및 딸 하나를 백제에 볼모로 두었다.
> 공직은 일찍이 백제에 입조하였다가 견훤의 잔인무도함을 보고 공직달에게 말하기를, "지금 이 나라를 보니 사치하고 무도한지라 나는 비록 심복으로 있었지만 다시는 여기로 오지 않겠다. 듣건대 고려 왕공(王公)의 문(文)은 백성을 안정시킬 만하고 무(武)는 난폭한 자를 금제할 수 있을 만하다고 한다. 때문에 사방에서 그의 위엄을 무서워하지 않는 자가 없으며 그의 덕을 따르지 않는 자가 없다 한다. 나는 그에게 귀순하려는데 너의 뜻은 어떠하냐?"하니 공직달이 대답하기를, "볼모로 온 후 이곳 풍속을 보니 이들은 부강만 믿고 서로 다투어 교만하며 자랑하기만 힘쓰니 어찌 나라를 유지할 수 있겠습니까? 지금 아버님께서 현명한 군주에게 귀순하여 우리 마을을 보존하고 편안케 하고자 하시니 어찌 마땅한 일이 아니겠습니까! 저는 마땅히 아우와 여동생과 함께 틈을 타서 고려로 가겠습니다. 설사 거기로 가지 못한다 하더라도 아버님의 명철하신 조처 덕에 자손에

게 경사가 미칠 터이니 저는 비록 죽어도 한이 없겠습니다."라고 하였다.

공직은 드디어 결심하고 태조에게 귀순하였다. 태조가 기뻐하여 말하기를, "그대가 치세와 난세, 흥성과 패망의 기미를 명확히 관찰하여 나에게 귀순하였으니 나는 매우 가상히 생각한다. 그대는 더욱 심력을 다하여 변경을 진무하고 우리 왕실의 울타리가 될지어다."라고 하였다.

공직이 사례하고 이어 말하기를, "백제의 일모산군(一牟山郡)은 저의 고을과 접경인데, 제가 귀순했다는 이유로 견훤의 무리가 항상 와서 침범하고 약탈하므로 백성들이 생업에 안착하지 못하고 있습니다. 제가 그곳을 공격 · 점령하여 저의 고을 백성들로 하여금 약탈을 당하지 않고 오로지 농업과 양잠에 힘쓰며 태조께 충실히 귀화하도록 하고 싶습니다."라고 하니 태조가 이를 허락하였다. 견훤은 공직이 왕건에게 귀순하였다는 소식을 듣고 크게 노하여 공직달 등을 잡아 옥에 가두었다.

① 왕건은 귀순한 인물들의 힘을 빌려 천하를 통일하였다.

② 공직은 일모산군을 공격하여 백성을 안정시킬 수 있었다.

③ 공직이 왕건에게 귀순하자 그의 마을 사람들이 크게 반겼다.

④ 신라 말 지방에서는 독자적인 권력을 행사하는 세력이 있었다.

⑤ 견훤의 백제에서는 가족 중 한 사람이 나라를 배신하면 나머지 가족을 모두 처형했다.

15 다음 글의 빈칸에 들어갈 접속사로 가장 적절한 것은?

음악에서 연주라는 개념이 본격적으로 의미를 갖게 된 것은 18세기부터이다. 이 시기의 연주는 작곡자가 음악을 통해 전달하고자 의도했던 감정을 청중에게 정확히 전달하는 것으로 이해되었다. (㉠) 연주자는 자신의 생각이나 주관을 드러내기 보다는 음악 작품이 지닌 감정을 청중에게 정확히 전달하는 역할을 했다. (㉡) 연주란 연주자가 소리를 통해 악보를 객관적으로 표현하는 작업을 의미했으며, 청중들은 연주를 통해 작곡자가 제시한 감정을 감상하였던 것이다. (㉢) 이러한 연주의 개념은 19세기에 들어 바뀌게 된다.

	㉠	㉡	㉢
①	따라서	다시 말해	하지만
②	또한	그래서	요컨대
③	그리고	하지만	그렇지만
④	그래서	요컨대	그리고
⑤	그런데	또한	그러나

Part 01 유형파악
Part 02 핵심이론
Part 03 유형연습
Part 04 직무성격/상황판단
Part 05 실전모의고사
부록
정답 및 해설

16 이 글에서 ㉠, ㉡에 대한 설명으로 적절하지 않은 것은?

일반적으로 기억은 인간의 도덕적 판단이나 행동, 자아의 정체성을 확립하는 데 필수적이라는 점에서 긍정적으로 인식되지만 반복은 부정적인 의미를 지니기 마련이다. 다시 말해 인간은 기억을 통해 자신의 잘못된 행동을 반성하고 이를 반복하지 않도록 노력함으로써 도덕적인 행동을 할 수 있으며 이를 통해 도덕적으로 진보할 수 있는 가능성을 지니게 된 것이다.

그러나 기억과 반복에 관련된 이와 같은 통념은 최근 들어 변화하기 시작했다. 과거를 재구성하는 기억에 대한 불신이 커지는 반면 반복의 긍정적 측면이 계속 부각되고 있기 때문이다. 인간의 기억은 컴퓨터처럼 과거 경험을 그대로 불러내어 재현하는 것이 아니라 오히려 과거의 경험을 의도적으로 재구성하고 왜곡하여 허구적으로 구성해 내는 것이라는 생각이 점차 설득력을 얻고 있는 것이다. 즉, 우리의 기억이란 우리가 기억해야 할 것만을 기억하는 것이며 잊고 싶은 ㉠ 경험들은 기억의 저편으로 몰아내 버림으로써 자신의 소망과 기대, 선입견을 중심으로 가공된 ㉡ 기억이 현재의 기억이 된다는 것이다.

이처럼 과거의 경험을 재구성해 내는 기억의 기능은 있는 그대로 재현하는 것이 아니라는 점에서 그 중요성에 대한 회의가 강화되고 있는 반면 반복의 의미는 새롭게 평가되고 있다. 이전까지 반복이 동일한 것의 되풀이를 의미했다면 오늘날의 반복은 재현이나 되풀이를 의미하는 것이 아니다. 복고의 경우 그것은 단지 과거의 모습을 복원하는 것이 아니라 이를 패러디하거나 유희적으로 다루는 방식을 취하고 있는데 이는 복고라 하더라도 과거의 모습이 단순히 있는 그대로 재현되는 것은 아니기 때문이다. 이러한 의미에서 반복은 이전과는 전혀 다른 의미로 다가올 수밖에 없다.

① ㉠은 과거에 분명히 존재하였던 객관적 사실이다.
② ㉡은 ㉠을 바탕으로 한다.
③ ㉠만 있다고 해서 ㉡이 구성되는 것은 아니다.
④ ㉡은 진리를 판단하는 규범이 된다.
⑤ ㉡은 경우에 따라 왜곡되기도 한다.

17 다음 중 글의 내용과 일치하는 것은?

복제인간은 체세포 제공자를 어느 정도나 닮게 될까? 우리는 그 실마리를 일종의 '복제인간'이라 할 만한 일란성 쌍둥이에서 찾을 수 있다. 쌍둥이를 연구하는 과학자들에 따르면, 일란성 쌍둥이의 경우 키나 몸무게 같은 생물학적 특징뿐 아니라 심지어 이혼 패턴과 같은 비생물학적 행동까지도 유사하다고 한다. 그렇다면 아인슈타인을 복제하면 복제인간도 아인슈타인과 똑같은 천재가 될까? 과학자들은 이 같은 질문에 대부분 '아니다'라고 말한다. 일란성 쌍둥이는 비슷한 환경에 놓이는 반면 복제인간과 체세포 제공자는 완전히 다른 환경에 놓일 수 있기 때문에, 복제인간의 경우 환경의 영향이 일란성 쌍둥이에 비해 훨씬 크게 작용할 것이다. 물론 그 경우에도 복제인간은 다른 사람보다는 체세포 제공자를 많이 닮을 것이다. 그러나 과학자들은 환경이 동일하더라도 복

Part 01 유형파악

Part 02 핵심이론

Part 03 유형연습

Part 04 직무상식/상황판단

Part 05 실전모의고사

부 록

정답 및 해설

제인간이 체세포 제공자와 똑같지는 않을 것이라고 예상한다. 어쩌면 복제인간은 외모마저 체세포 제공자와 다를지 모른다. 최근 국내 연구팀은 복제동물이 체세포 제공자와 다른 외모를 보일 수 있다는 사례를 보고하였다. 흑갈색 돼지를 체세포 복제방식으로 복제한 돼지 다섯 마리 가운데 한 마리가 흰색으로 태어난 것이다. 연구팀은 미토콘드리아 유전자의 차이 때문에 복제돼지가 흰색이 되었다고 추정하고 있다.

유전자에는 핵 속의 DNA에 있는 것 말고도 미토콘드리아 DNA에 있는 것이 있고, 이 '미토콘드리아 유전자'는 전체 유전자의 약 1%를 차지한다. 연구팀이 미토콘드리아 유전자를 원인으로 지목하는 이유는 이 유전자가 세포질 속에만 존재하는 것으로서 수정 과정에서 난자를 통해 어미로부터만 유전되기 때문이다. 다섯 마리의 복제돼지는 각각 다른 난자를 이용해 복제됐고, 따라서 다른 미토콘드리아의 영향을 받았을 것으로 추측하고 있다.

① DNA 구조만을 고려한다고 할 때, 일란성 쌍둥이는 복제인간과 같다.

② 복제인간과 난자 제공자는 동일한 미토콘드리아 DNA를 가지고 있다.

③ 체세포 제공자와 복제인간의 유전자는 항상 일란성 쌍둥이 간의 유전자보다 서로 유사하다.

④ 체세포와 난자를 한 사람으로부터 제공받더라도, 복제인간은 체세포 제공자와 다른 DNA를 갖는다.

⑤ 복제인간이 환경의 영향으로 체세포 제공자와 여러 가지 면에서 다른 특성을 보이며 성장할 가능성은 없다.

18 다음에 제시된 문장을 글의 논리적 순서에 따라 바르게 배열한 것은?

⊙ 논리적 사고란, 사물을 사리에 맞게 차근차근 따지고 앞뒤를 가려 모순 없이 여러 가지를 생각하는 것을 말한다.

ⓛ 사물을 논리적으로 따져 생각할 수 있는 논리적 사고력은 일상생활과 과학 연구에 있어서 중요한 도구가 될 뿐만 아니라, 인류의 문화를 발전시키는 창조력의 원천이 된다.

ⓒ 오늘날 인류가 이룩한 문명과 인류가 누리는 풍부하고 윤택한 생활도 논리적 사고력에 그 바탕을 두고 있다.

ⓔ 예를 들면, 컴퓨터의 복잡한 원리도 인간의 이러한 능력을 체계적으로 탐구하는 논리학에서 온 것이다.

ⓜ 오늘날에 있어서 논리의 역할은 많은 지식과 정보를 보다 신속하고 정확하게 다룰 수 있게 하는 데 있다고 할 수 있다.

① ⊙-ⓛ-ⓒ-ⓔ-ⓜ

② ⊙-ⓒ-ⓛ-ⓔ-ⓜ

③ ⓛ-⊙-ⓒ-ⓜ-ⓔ

④ ⓜ-ⓔ-⊙-ⓛ-ⓒ

⑤ ⓜ-ⓔ-ⓛ-ⓒ-⊙

19 다음 글에서 추론할 수 있는 내용으로 옳은 것은?

　　근대 산업 문명은 사람들의 정신을 병들게 하고, 끊임없이 이기심을 자극하며, 금전과 물건의 노예로 타락시킬 뿐만 아니라, 내면적인 평화와 명상의 생활을 불가능하게 만든다. 그로 인하여 유럽의 노동 계급과 빈민에게 사회는 지옥이 되고, 비서구 지역의 수많은 민중은 제국주의의 침탈 밑에서 허덕이게 되었다. 여기에서, 간디 사상에 물레의 상징이 갖는 의미가 드러난다. 간디는 모든 인도 사람들이 매일 한두 시간만이라도 물레질을 할 것을 권유하였다. 물레질의 가치는 경제적 필요 이상의 것이라고 생각한 것이다.

　　물레는 무엇보다 인간의 노역에 도움을 주면서 결코 인간을 소외시키지 않는 인간적 규모의 기계의 전형이다. 간디는 기계 자체에 대해 반대한 적은 없지만, 거대 기계에는 필연적으로 복잡하고 위계적인 사회 조직, 지배와 피지배의 구조, 도시화, 낭비적 소비가 수반된다는 것을 주목했다. 생산 수단이 민중 자신의 손에 있을 때 비로소 착취 구조가 종식된다고 할 때, 복잡하고 거대한 기계는 그 자체로 비인간화와 억압의 구조를 강화하기 쉬운 것이다.

　　간디는 산업화의 확대, 또는 경제 성장이 참다운 인간의 행복에 기여한다고는 결코 생각할 수 없었다. 간디가 구상했던 이상적인 사회는 자기 충족적인 소농촌 공동체를 기본 단위로 하면서 궁극적으로는 중앙 집권적인 국가 기구의 소멸과 더불어 마을 민주주의에 의한 자치가 실현되는 공간이다. 거기에서는 인간을 도외시한 이윤을 위한 이윤 추구도, 물건과 권력에 대한 맹목적인 탐욕도 있을 수가 없다. 이것은 비폭력과 사랑과 유대 속에 어울려 살 때에 사람은 가장 행복하고 자기완성이 가능하다고 믿는 사상에 매우 적합한 정치 공동체라 할 수 있다.

　　물레는 간디에게 그러한 공동체의 건설에 필요한 인간 심성 교육에 알맞은 수단이기도 하였다. 물레질과 같은 단순하지만 생산적인 작업의 경험은 정신 노동과 육체 노동의 분리 위에 기초하는 모든 불평등 사상의 문화적·심리적 토대의 소멸에 기여할 것이다.

김종철 - 『간디의 물레』

① 거대 기계는 억압의 구조를 제거해 준다.
② 근대 산업 문명은 인간의 내면적 평화를 가져왔다.
③ 간디는 경제 성장이 인간의 행복에 기여한다고 생각했다.
④ 물레는 노역에 도움을 주면서 인간을 소외시키지 않는다.
⑤ 물레는 폭력주의와 육체 노동을 중시하는 현대문명을 의미한다.

20 다음 제시된 글에 대한 반응으로 적절하지 <u>않은</u> 것은?

　　종교의 의미와 기능, 또는 종교에 대한 바람직한 태도, 종교와 자신의 관계 등에 대해 성찰하는 태도는 단순한 지적 호기심과는 다르다. 그것은 진실한 삶에 대한 성찰을 전제하는 것으로 모든 사람이 지녀야 하는 것이기도 하다.

　　그러나 이와 같이 실존적 측면에서의 성찰 과제로 종교를 바라보는 것은 오히려 자신의 자존을 훼손하는 것으로 보는 견해도 있다. 하지만 조금만 시각을 달리하면 그것이 적절하지 않다는 것을 쉽게 알 수 있다. 무엇보다 종교가 오랜 시간 동안 인류와 함께 성장해 왔다는 사실은 우리가 종교에 대해 진지한 성찰을 해야 하는 이유 중 하나이다.

어떤 사람이 오직 자신이 경험한 것에 의지해 절대적인 판단을 내리고, 엄연히 존재하는 현실을 거부한 채 충분한 성찰과 검토를 거치지 않은 판단이 마구 일어난다면 누구도 그 사람이 삶에 대한 총체적 인식에 도달했다고 말하지 않을 것이다. 교양인이라면 어떤 현상이나 대상이 자신의 삶과 직접적인 연관성을 가지고 있지 않더라도 성실한 태도로 그것을 성찰해야 하는 것처럼 종교에 대해서도 마찬가지의 태도를 가져야만 한다.

건전한 사고는 대상에 대한 비판적 인식에서 출발한다. 자기 자신만의 생각에 갇혀있거나 대상이나 객체에 함몰되어 있으면 올바른 인식에 도달할 수 없다. 그리고 그 결과 올바른 판단을 내릴 수 없게 되며 바람직한 삶 역시 요원한 것이 된다. 결국 교양인에게 종교에 대한 성찰은 기본적인 소양이라고 할 수 있는 것이다.

① 종교에 대한 긍정적인 관심을 가질 필요가 없다.
② 자신과 직접적인 연관이 없는 대상에 대해서도 성찰해야 한다.
③ 종교의 가장 근본적인 의미는 인간 구원의 가능성이다.
④ 타인의 종교를 인정하지 못하는 것은 건강한 소양이 부족한 것이다.
⑤ 경험의 한계를 인식하면 종교를 더욱 바르게 성찰할 수 있다.

21 다음 제시된 예문의 밑줄 친 부분과 같은 의미로 사용된 것은?

> 한밤중에 들리는 요란한 소리에 잠이 깼다.

① 사람의 욕심은 예나 지금이나 한이 없다.
② 한낮에는 외출을 삼가십시오.
③ 특별한 변수가 없는 한 오늘 안에 회의결과를 보고하세요.
④ 사거리에서 한 십 분쯤 걸으면 편의점이 있다.
⑤ 운동을 끝까지 하지 않는 한 살은 빠지지 않는다.

22 다음 제시된 문장의 빈칸에 들어갈 말로 가장 적합한 것은?

> 그는 병역을 ( )한 혐의로 경찰서에서 조사를 받고 있다.

① 거피(去皮)　　② 기피(忌避)
③ 도피(逃避)　　④ 면피(免避)
⑤ 외면(外面)

23 다음 글의 내용과 일치하는 것은?

> 우리는 모두 오류를 범하는 경향이 있으며, 국민이든 인간이라는 존재로 구성된 어떤 집단이든 이 점에서는 마찬가지이다. 내가 국민이 그 정부를 제거할 수 있어야 한다는 이념을 지지하는 이유는 단 한 가지다. 독재 정권을 피하는 데 이보다 더 좋은 길을 나는 알지 못하기 때문이다. 국민법정(popular tribunal)으로서 이해되는 민주주의—내가 지지하는 민주주의—조차도 결코 오류가 없을 수는 없다. 윈스턴 처칠이 반어적으로 표현한 익살은 이런 사태에 꼭 들어맞는다.
> '민주주의는 최악의 정부형태이다. 물론 다른 모든 정부의 형태를 제외하고'
> 여기서 잠깐 정리를 하면, 국민주권으로서의 민주주의의 이념과 국민의 심판대로서의 민주주의, 또는 제거할 수 없는 정부(다시 말해서, 독재 정권)를 피하는 수단으로서의 민주주의의 이념 사이에는 단순히 언어적인 차이만이 있는 것이 아니다. 그 차이는 실제적으로 커다란 함의를 갖는다.
> 이를테면, 스위스에서도 그것은 매우 중요하다. 교육체계에서 초등학교와 중 · 고등학교에서는 독재 정권을 피할 필요성을 주장하는 좀 더 신중하고 현실적인 이론 대신에 해롭고 이데올로기적인 국민주권이론을 찬양하고 있는 것으로 안다. 나는 독재 정권은 참을 수 없고 도덕적으로 옹호될 수 없는 것으로 여긴다.

① 국민주권이론에 비해 민주주의에 오류가 더 많다.
② 민주주의는 이념이 아닌, 현실의 시각에서 볼 때 최악의 정부 형태이다.
③ 민주주의는 독재 정권을 방지하는 데 가장 큰 의미를 갖는다.
④ 민주주의 이념 아래에서 국민들은 가장 합리적인 선택을 할 수 있다.
⑤ 국민주권으로서의 민주주의 이념과 국민의 심판대로서의 민주주의의 이념의 차이는 현실적으로 매우 구분하기가 어렵다.

24 다음 글의 주제로 알맞은 것은?

> 인간의 몸은 이원론적 세계관이 지배적이었던 서구 역사에서 오랫동안 정신에 종속된 하위의 존재로 홀대당해 왔다. 특히 계획과 합리적 행위를 우선시하는 산업 사회로의 발전 과정에서 인간은 자신의 몸을 훈육하도록 교육받았으며 자연히 육체의 욕구는 더욱 폄하되고 억압되었다. 그러나 현대로 오면서 몸은 새롭게 평가되기 시작했다.
> 기존 가치들의 전복을 꾀한 니체의 철학은 몸에 대한 새로운 이해를 하도록 이끌었다. 니체는 기존의 플라톤적 육체관을 비판하면서 몸을 철학의 중심 테마로 끌어올렸다. 즉 인간의 본질적 가치를 이성이나 영혼(정신)으로 파악했던 기존의 사고에 반대하여 몸을 인간 존재의 가장 중요한 부분으로 파악했다.
> 그동안 음악이나 미술과 달리 춤은 오랫동안 독립된 예술 장르로 인정받지 못했는데 이는 춤의 표현 수단이었던 몸에 대한 부정적 인식에 기인한 결과였다. 이제 춤은 몸에 대한 새로운 자각과 더불어 이성의 언어를 대치할 예술의 중심 장르로 격상되었다. 육체의 자유로운 표현으로서의 춤,

이성적 언어의 중개를 거치지 않는 직접적인 표현으로서의 춤은 현대 문명으로 인한 소외와 억압의 사슬을 끊고 자연성을 회복할 수 있는 매체로 새롭게 주목받게 된 것이다.

① 거대한 플라톤의 담론에서 파생된 여러 작은 담론들
② 몸과 춤을 주체적인 것으로 바라보려는 시각의 부상
③ 몸에 관한 관점을 단순한 사회 현상으로 치부하는 이론
④ 이성을 중시하는 이론과 몸을 중시하는 이론의 절충과 종합
⑤ 음악과 미술에 대해 춤을 독립된 예술로 변화시킨 시각의 실체

25 다음 글을 통해 추론할 수 없는 것은?

한 마리의 개미가 모래 위를 기어가고 있다. 개미가 기어감에 따라 모래 위에는 하나의 선이 생긴다. 개미가 모래 위에서 방향을 이리저리 틀기도 하고 가로지르기도 하여 형성된 모양이 아주 우연히도 이순신 장군의 모습과 유사한 그림과 같이 되었다고 하자. 이 경우 그 개미가 이순신 장군의 그림을 그렸다고 할 수 있는가?

개미는 단순히 어떤 모양의 자국을 남긴 것이다. 우리가 그 자국을 이순신 장군의 그림으로 보는 것은 우리 스스로가 그렇게 보기 때문이다. 선 그 자체는 어떠한 것도 표상하지 않는다. 이순신 장군의 모습과 단순히 유사하다고 해서 그것이 바로 이순신 장군을 표상하거나 지시한다고 할 수는 없다. 반대로 어떤 것이 이순신 장군을 표상하거나 지시한다고 해서 반드시 이순신 장군의 모습과 유사하다고 할 수도 없다. 이순신 장군의 모습을 본뜨지도 않았으면서 이순신 장군을 가리키는 데에 사용되는 것은 활자화된 '이순신 장군'과 입으로 말해진 '이순신 장군' 등 수없이 많다. 개미가 그린 선이 만약 이순신 장군의 모습이 아니라 '이순신 장군'이란 글자 모양이라고 하자. 분명히 그것은 아주 우연히 그렇게 되었다. 따라서 개미가 우연히 그린 모래 위의 '이순신 장군'은 이순신 장군을 표상한다고 할 수 없다. 활자화된 모양인 '이순신 장군'이 어느 책이나 신문에 나온 것이라면 그것은 이순신 장군을 표상하겠지만 말이다. '이순신'이란 이름을 책에서 본다면 그 이름을 활자화한 사람이 있을 것이고, 그 사람은 이순신 장군의 모습을 생각할 수도 있고 그를 지시하려는 의도를 가졌을 것이기 때문이다.

① 이름이 어떤 것을 표상하기 위한 의도는 필요조건이다.
② 어떤 것을 표상하기 위해 유사성은 충분조건이 아니다.
③ 개미가 남긴 모래 위의 흔적 자체는 어떤 것도 표상하지 않는다.
④ 이순신 장군을 그리고자 그린 그림이라도 이순신 장군과 닮지 않았다면 그를 표상하는 그림이라고 볼 수 없다.
⑤ 이름이 어떤 대상을 표상하기 위해서는 그 이름을 사용한 사람이 그 대상에 대해서 생각할 수 있는 능력이 있어야 한다.

Part 01 유형파악
Part 02 핵심이론
Part 03 유형연습
Part 04 직무성격/상황판단
Part 05 실전모의고사
부 록
정답 및 해설

01 현재 어머니는 52세이고, 아들은 14세이다. 지금부터 몇 년 후에 어머니의 나이가 아들 나이의 3배가 되는가?

① 3년   ② 4년   ③ 5년   ④ 6년

02 0, 1, 2, 3, 4, 5의 숫자가 하나씩 적힌 6장의 카드에서 3장을 택하여 만들 수 있는 세 자리의 자연수 중 4의 배수의 개수는?

① 24   ② 26   ③ 28   ④ 30

03 책을 한 권 복사하는 데 A 복사기는 12분, B 복사기는 8분이 걸린다. 처음 2분간은 A 복사기를 사용하고, 이후에 A와 B를 같이 사용한다면 총 복사 시간은 몇 분인가?

① 5분   ② 6분   ③ 7분   ④ 8분

04 가은이가 집에서 800m 떨어진 도서관을 갈 때 처음에는 분속 50m로 걷다가 나중에는 분속 200m로 뛰어갔더니 10분이 걸렸다. 가은이가 걸은 거리는 얼마인가?

① 400m   ② 420m   ③ 450m   ④ 480m

05 농도 14%의 소금물 300g에 물을 더 넣어 농도를 4%로 하려고 한다. 물을 얼마나 더 넣어야 하는가?

① 450g   ② 600g   ③ 650g   ④ 750g

06 연못 주위에 나무를 심으려고 하는데, 나무의 간격을 10m에서 5m로 바꾸면 필요한 나무는 11 그루가 늘어난다. 연못의 둘레는?

① 100m   ② 110m   ③ 120m   ④ 130m

Part 01 유형파악

Part 02 핵심이론

Part 03 유형연습

Part 04 직무상식/상황판단

Part 05 실전모의고사

부 록

정답 및 해설

[07~08] 다음에 제시된 통계 자료를 토대로 물음에 가장 알맞은 답을 고르시오.

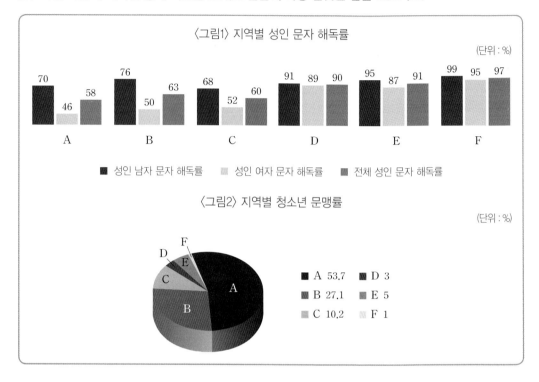

〈그림1〉 지역별 성인 문자 해독률

(단위 : %)

■ 성인 남자 문자 해독률   ■ 성인 여자 문자 해독률   ■ 전체 성인 문자 해독률

〈그림2〉 지역별 청소년 문맹률

(단위 : %)

■ A 53.7   ■ D 3
■ B 27.1   ■ E 5
■ C 10.2   ■ F 1

07 다음 중 가장 올바른 설명은 무엇인가?

① 성인 남녀 간 문맹률의 차이가 가장 큰 지역은 B이다.

② 성인 남자 문맹률이 높은 지역일수록 청소년 문맹률이 높다.

③ C지역의 성인 남자 문맹률은 성인 여자 문맹률보다 높다.

④ F지역에서 성인 여자 문맹률은 문맹 청소년 비율보다 3배가 크다.

08 성인 남녀 간 문맹률의 차이가 가장 큰 지역의 청소년 문맹률(%)과 청소년 문맹률이 세 번째로 높은 지역의 남녀 간 성인 문맹률 차이값(%)의 곱은 얼마인가?

① 163.2   ② 276.4   ③ 433.6   ④ 704.6

09 다음 〈표〉는 중학생의 주당 운동시간 현황을 조사한 자료이다. 이에 대한 〈보기〉의 설명 중 옳지 않은 것은?

〈표〉 중학생의 주당 운동시간 현황

(단위 : %, 명)

구분		남학생			여학생		
		1학년	2학년	3학년	1학년	2학년	3학년
1시간 미만	비율	10.0	5.7	7.6	18.8	19.2	25.1
	인원수	118	66	87	221	217	281
1시간 이상 2시간 미만	비율	22.2	20.4	19.7	26.6	31.3	29.3
	인원수	261	235	224	312	353	328
2시간 이상 3시간 미만	비율	21.8	20.9	24.1	20.7	18.0	21.6
	인원수	256	241	274	243	203	242
3시간 이상 4시간 미만	비율	34.8	34.0	23.4	30.0	27.3	14.0
	인원수	409	392	266	353	308	157
4시간 이상	비율	11.2	19.0	25.2	3.9	4.2	10.0
	인원수	132	219	287	46	47	112
합계	비율	100.0	100.0	100.0	100.0	100.0	100.0
	인원수	1,176	1,153	1,138	1,175	1,128	1,120

〈보기〉

ㄱ. '1시간 미만' 운동하는 3학년 남학생 수는 '4시간 이상' 운동하는 1학년 여학생 수보다 많다.

ㄴ. 동일 학년의 남학생과 여학생을 비교하면, 남학생 중 '1시간 미만' 운동하는 남학생의 비율이 여학생 중 '1시간 미만' 운동하는 여학생의 비율보다 각 학년에서 모두 낮다.

ㄷ. 남학생과 여학생 각각, 학년이 높아질수록 3시간 이상 운동하는 학생의 비율이 낮아진다.

ㄹ. 모든 학년별 남학생과 여학생 각각에서, '3시간 이상 4시간 미만' 운동하는 학생의 비율이 '4시간 이상' 운동하는 학생의 비율보다 높다.

① ㄱ, ㄴ   ② ㄱ, ㄹ   ③ ㄴ, ㄷ   ④ ㄷ, ㄹ

2000년	392,453	1.7	20.6	9.5	57.5
2010년	399,312	0.8	14.7	4.5	48.5
2020년	334,030	0.6	7.5	2.5	25.8

① 남편 기준 15~19세 청소년 혼인 구성비는 아내 기준 20~24세 청소년 혼인 구성비보다 항상 낮다.

② 1990년 이후 20~24세 청소년 혼인 구성비는 남편 기준과 아내 기준 모두 지속적으로 감소하고 있다.

③ 2000년 이후 남편 기준 20~24세 청소년의 혼인 구성비가 10년 전에 비해 가장 큰 폭으로 감소한 해는 2020년이다.

④ 1990년에 비하여 2020년에 아내 기준 15~19세 청소년 혼인 구성비는 18% 이상 감소하였다.

13 다음은 A반 학생 40명의 100m 달리기 기록을 조사하여 나타낸 〈표〉이다. x에 들어갈 알맞은 값과 기록이 16초 이상 17초 미만인 학생 수로 옳은 것은?

〈표〉 A반 학생들의 달리기 기록

기록(초)	상대도수
0 이상 ~ 13 미만	0
13 이상 ~ 14 미만	0.05
14 이상 ~ 15 미만	0.15
15 이상 ~ 16 미만	0.25
16 이상 ~ 17 미만	x
17 이상 ~ 18 미만	0.1
18 이상 ~ 19 미만	0.1
합계	1

① 0.35, 12명

② 0.45, 13명

③ 0.35, 14명

④ 0.45, 15명

[10~11] 아래는 A, B, C, D 4개의 도시의 2025년도 인구 구성에 관한 내용이다. 이를 토대로 하여 다음 물음에 답하시오.

2025년도 인구 구성

구분	전체 인구(명)	남성 비율(%)	초등학생 비율(%)
A시	500,000	51	10
B시	520,000	49	9
C시	490,000	45	11
D시	400,000	51	7

10 2025년에 A시의 초등학생의 17%가 학교를 졸업하였다. 이 도시의 중학교 진학률을 100%라 할 때 2025년도에 새로 중학생이 된 학생은 모두 몇 명인가?

① 50,000명 ② 12,500명 ③ 8,500명 ④ 4,335명

11 다음 설명 중 옳은 것은?

① 여성 인구가 가장 많은 곳은 B시이다.

② A시의 남성 인구와 D시의 남성 인구는 같다.

③ 초등학교 여학생의 수가 가장 많은 곳은 C시이다.

④ B시의 초등학생 수가 C시의 초등학생 수보다 적다.

12 다음 〈표〉는 전체 혼인건수와 청소년(15~24세) 혼인의 구성비에 대한 자료이다. 이에 명 중 옳지 **않은** 것은?

〈표〉 연도별 총 혼인건수 및 청소년 혼인 구성비

구분	총 혼인건수 (건)	청소년 혼인 구성비(%)		아내
		남편 기준		
		15~19세	20~24세	15~19세
1990년	295,137	3.0	25.0	20.9

14 다음에 나열된 숫자의 공통된 규칙을 찾아 빈칸에 들어갈 답을 구하면?

13 18 8 23 3 28 −2 (   )

① 0   ② 22

③ 33   ④ 44

15 연속한 세 홀수가 있다. 가운데 홀수의 4배에서 6을 뺀 수는 다른 두 홀수의 합보다 크다고 한다. 이들 세 수를 곱한 값 중 가장 작은 값은?

① 15   ② 35

③ 105   ④ 315

16 다음 〈표〉는 냉장고, 세탁기, 에어컨, 침대, TV 등 5개 제품의 생산 및 내수 현황을 나타낸 것이다. 주어진 설명을 참고하여 A, B, C, D, E에 해당하는 제품을 순서대로 나열한 것은?

〈표〉 5개 제품의 생산 및 내수 현황

(단위 : 만대)

제품 \ 구분	생산		내수	
	2023년 5월	2024년 5월	2023년 5월	2024년 5월
A	347	397	163	215
B	263	293	133	163
C	385	359	103	158
D	150	157	72	77
E	161	59	151	126

㉠ 2023년 5월에 냉장고, 세탁기, TV는 전년 동월에 비해 생산과 내수가 모두 증가하였다.

㉡ 2023년 5월에 에어컨은 전년 동월에 비해 생산은 감소하였으나 내수는 증가하였다.

㉢ 2023년 5월에 전년 동월에 비해 생산이 증가한 제품 가운데 생산증가대수 대비 내수증가대수의 비율이 가장 낮은 제품은 세탁기이다.

㉣ 2023년 5월에 전년 동월 대비 생산 증가율이 가장 높은 제품은 TV이다.

Part 01 유형파악
Part 02 핵심이론
Part 03 유형연습
Part 04 직무상식/상황판단
Part 05 실전모의고사
부록
정답 및 해설

	A	B	C	D	E
①	냉장고	TV	침대	에어컨	세탁기
②	세탁기	TV	침대	냉장고	에어컨
③	TV	세탁기	에어컨	냉장고	침대
④	TV	냉장고	에어컨	세탁기	침대

17 다음은 어느 대학의 금년도 응시자와 합격자 수를 나타낸 자료이다. 가장 경쟁률이 높은 학과와 대략적인 경쟁률은?

(단위 : 명)

구분	응시자 수	합격자 수
인문과학부	2,400	1,000
사회과학부	3,600	1,450
자연과학부	1,950	850
법학부	1,650	700

① 인문과학부, 1 : 2.4

② 사회과학부, 1 : 2.5

③ 자연과학부, 1 : 2.6

④ 법학부, 1 : 2.7

18 다음은 어느 고등학교 3학년 2개 반의 국어, 영어, 수학 과목 시험성적에 관한 〈표〉이다. 이에 대한 내용으로 옳지 <u>않은</u> 것은?

〈표〉 반별 · 과목별 시험성적

(단위 : 점)

구분	평균				전체
	1반		2반		
	남학생(20명)	여학생(10명)	남학생(15명)	여학생(15명)	
국어	6.0	6.5	A	6.0	365
영어	B	5.5	5.0	6.0	320
수학	5.0	5.0	6.0	5.0	315

※ 각 과목의 만점은 10점임.

① A는 B보다 크다.

② 국어 과목의 경우 2반 학생의 평균이 1반 학생의 평균보다 높다.

③ 3개 과목 전체 평균의 경우 1반의 여학생 평균이 1반의 남학생 평균보다 높다.

④ 전체 남학생의 수학 평균은 전체 여학생의 수학 평균보다 높다.

[19~20] 다음은 어떤 공장에서 생산되는 제품의 2025년 1분기 생산량을 나타낸 것이다. 이를 토대로 하여 다음 물음에 답하시오.

2025년 1분기 생산량

(단위 : 개)

구분	A제품 생산량	B제품 생산량
1월	4,200	2,600
2월	4,500	2,500
3월	5,000	2,800

19 A제품의 단가는 3,000원, B제품의 단가는 5,500원이라 할 때 이 공장의 2025년 1분기 총 생산액은 얼마인가?

① 8,325만 원   ② 8,455만 원   ③ 8,650만 원   ④ 8,750만 원

20 A제품과 B제품의 월별 생산액의 차가 가장 큰 달과 가장 작은 달을 바르게 짝지은 것은?(단, A제품의 단가는 3,000원, B제품의 단가는 5,500원이다.)

① 1월, 2월   ② 1월, 3월   ③ 3월, 1월   ④ 3월, 2월

Part 01 유형파악

Part 02 핵심이론

Part 03 유형연습

Part 04 직무성격상황판단

Part 05 실전모의고사

부록

정답 및 해설

[01~05] 다음 조건을 참고하여 제시된 입체도형의 전개도를 고르시오.

- 입체도형을 전개하여 전개도를 만들 때, 전개도에 표시된 그림(예 : ▌, ◿ 등)은 회전의 효과를 반영함. 즉, 본 문제의 풀이과정에서 보기의 전개도 상에 표시된 "▐"와 "▬"은 서로 다른 것으로 취급함.
- 단, 기호 및 문자(예 : ☎, ♤, ♨, K, H)의 회전에 의한 효과는 본 문제의 풀이과정에 반영하지 않음. 즉, 입체도형을 펼쳐 전개도를 만들었을 때에 "☎"의 방향으로 나타나는 기호 및 문자도 보기에서는 "☎"방향으로 표시하며 동일한 것으로 취급함.

01

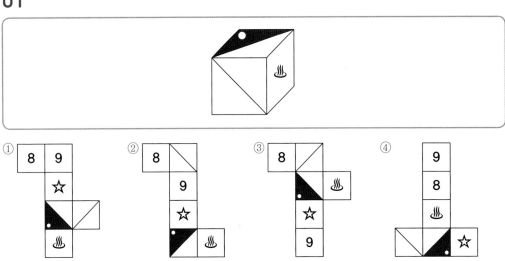

02

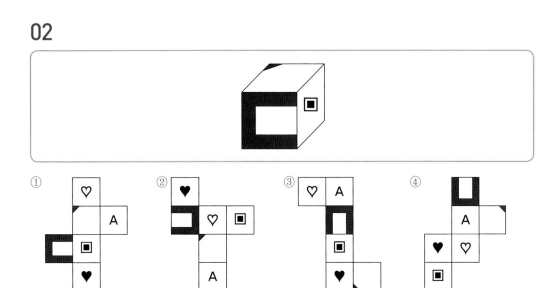

03

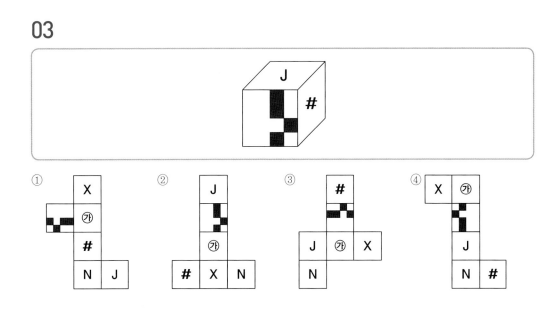

Part 01 유형파악

Part 02 핵심이론

Part 03 유형연습

Part 04 직무상식/생활법률

Part 05 실전모의고사

부록

정답 및 해설

04

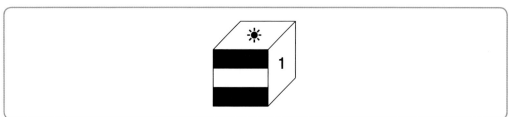

① 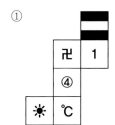 ② 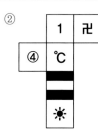 ③ 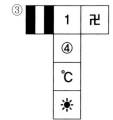 ④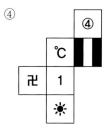

05

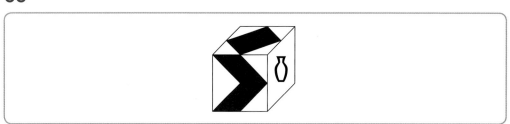

① 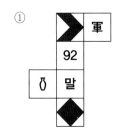 ② 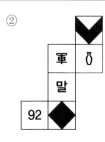 ③ 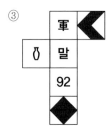 ④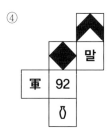

[06~10] 다음 전개도의 입체도형으로 알맞은 것을 고르시오.

- 입체도형을 전개하여 전개도를 만들 때, 전개도에 표시된 그림(예 : █▌, ◪ 등)은 회전의 효과를 반영함. 즉, 본 문제의 풀이과정에서 보기의 전개도 상에 표시된 "█▌"와 "━"은 서로 다른 것으로 취급함.
- 단, 기호 및 문자(예 : ☎, ♧, ♨, K, H)의 회전에 의한 효과는 본 문제의 풀이과정에 반영하지 않음. 즉, 입체도형을 펼쳐 전개도를 만들었을 때에 "☎"의 방향으로 나타나는 기호 및 문자도 보기에서는 "☎"방향으로 표시하며 동일한 것으로 취급함.

06

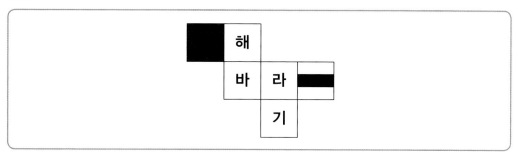

①  ②  ③ 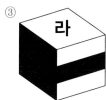 ④

Part 01 유형파악

Part 02 핵심이론

Part 03 유형연습

Part 04 직무상식/상황판단

Part 05 실전모의고사

부 록

정답 및 해설

07

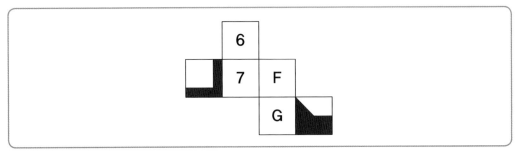

 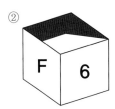  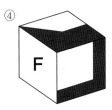

08

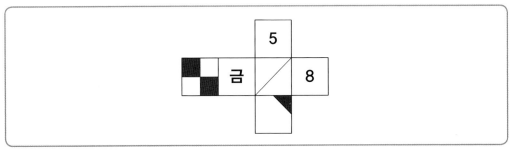

 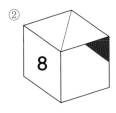 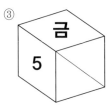 

09

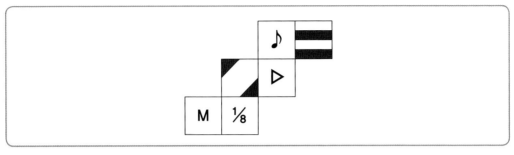

① 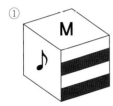　② 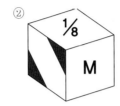　③ 　④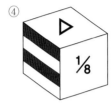

10

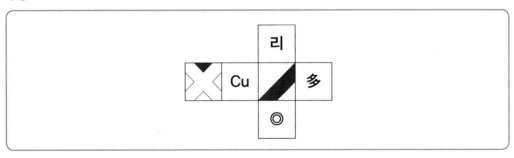

① 　② 　③ 　④

Part 01 유형파악
Part 02 핵심이론
Part 03 유형연습
Part 04 지무상식/상황판단
Part 05 실전모의고사
부록
정답 및 해설

[11~14] 다음 제시된 블록의 개수를 고르시오.(단, 보이지 않는 뒤의 블록은 없다고 생각한다.)

11

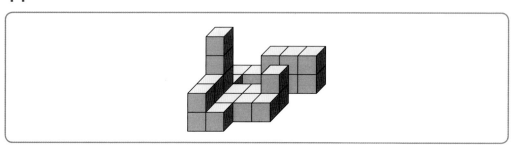

① 25   ② 26   ③ 27   ④ 28

12

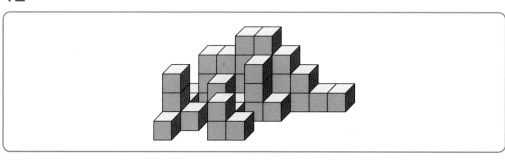

① 39   ② 40   ③ 41   ④ 42

13

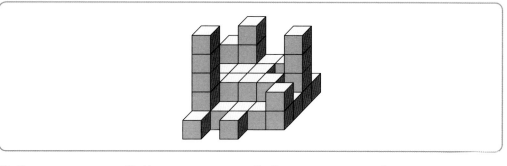

① 40   ② 41   ③ 42   ④ 43

14

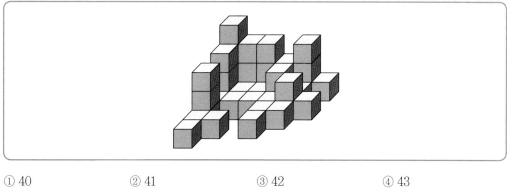

① 40   ② 41   ③ 42   ④ 43

Part 01 유형파악

Part 02 핵심이론

Part 03 유형연습

Part 04 직무성격/상황판단

Part 05 실전모의고사

부 록

정답 및 해설

[15~18] 다음 제시된 블록을 화살표 방향에서 바라봤을 때의 모양을 고르시오.

15

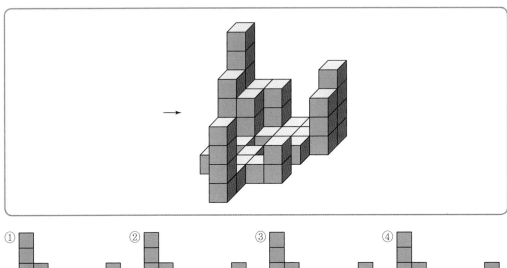

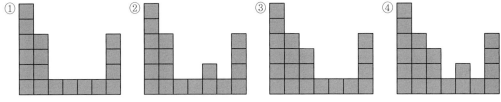

16

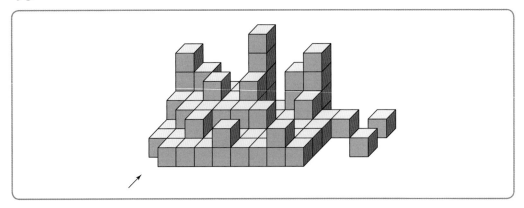

①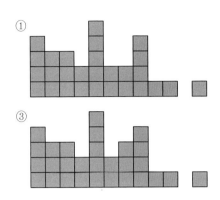

②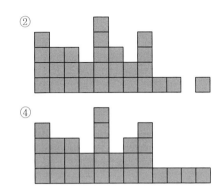

③

④

17

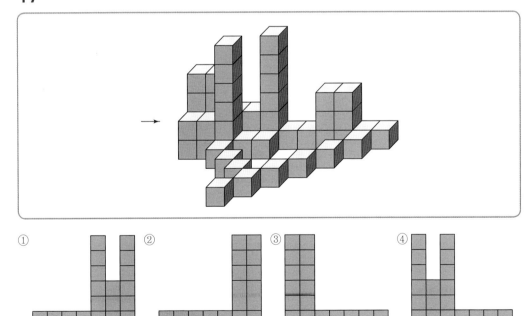

① ② ③ ④

Part 01 유형파악

Part 02 핵심이론

Part 03 유형연습

Part 04 지무성격/상황판단

Part 05 실전모의고사

부 록

정답 및 해설

18

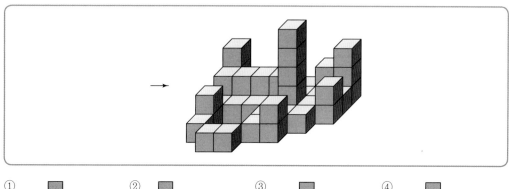

① 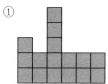　　② 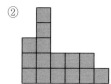　　③ 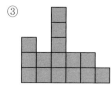　　④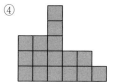

[01~05] 다음 〈보기〉의 왼쪽과 오른쪽의 대응을 참고하여 각 문제의 대응이 같으면 답안지에 '① 맞음'을, 틀리면 '② 틀림'을 선택하시오.

─〈보기〉─

경기 = @	제주 = #	강원 = $	광주 = %
전북 = &	부산 = *	서울 = +	충남 = ₩

01

&　@　$　+　*　－　전북　경기　강원　서울　제주

① 맞음　　　　　　　　　　　　　　② 틀림

02

$ ₩ + % # − 강원 충남 서울 광주 제주

① 맞음   ② 틀림

03

* % @ ₩ $ − 부산 광주 전북 충남 강원

① 맞음   ② 틀림

04

+ * % # & − 서울 부산 광주 제주 충남

① 맞음   ② 틀림

05

₩ * # % + − 충남 부산 제주 광주 서울

① 맞음   ② 틀림

[06~11] 다음 〈보기〉의 왼쪽과 오른쪽의 대응을 참고하여 각 문제의 대응이 같으면 답안지에 '① 맞음'을, 틀리면 '② 틀림'을 선택하시오.

─〈보기〉─

A = 지	Q = 속	W = 시	R = 문
T = 각	Y = 도	Z = 험	G = 제

Part 01 우형파악
Part 02 핵심이론
Part 03 유형연습
Part 04 직무성격/상황판단
Part 05 실전모의고사
부록
정답 및 해설

06

속 각 시 제 문 - Q T W Z R

① 맞음   ② 틀림

07

문 지 험 각 도 - R A Z T Y

① 맞음   ② 틀림

08

도 제 지 시 험 - Y G A W Q

① 맞음   ② 틀림

09

문 도 속 각 시 제 - R Y Q T W G

① 맞음   ② 틀림

10

속 지 각 험 제 시 - Q A R Z T W

① 맞음   ② 틀림

[11~15] 다음 〈보기〉의 왼쪽과 오른쪽의 대응을 참고하여 각 문제의 대응이 같으면 답안지에 '① 맞음'을, 틀리면 '② 틀림'을 선택하시오.

─── 〈보기〉 ───

# = ▲	+ = ○	* = △	∵ = ■
$ = □	∞ = ◇	% = ●	∫ = ◆

11

∞ ▲ ∵ ∫ ● − ◇ * ■ ◆ %

① 맞음   ② 틀림

12

% ◇ □ + # ◆ − ● ∞ $ ○ ▲ ∫

① 맞음   ② 틀림

13

∵ ● $ ▲ ◇ * − ■ % □ # + △

① 맞음   ② 틀림

14

◆ % # ○ △ $ − ∫ ● ▲ + * □

① 맞음   ② 틀림

Part 01 유형파악
Part 02 핵심이론
Part 03 유형연습
Part 04 직무성격/상황판단
Part 05 실전모의고사
부 록
정답 및 해설

15

\# ∫ ∵ ● ○ * − ▲ ◆ ■ % + △

① 맞음   ② 틀림

[16~20] 다음 〈보기〉의 왼쪽과 오른쪽의 대응을 참고하여 각 문제의 대응이 같으면 답안지에 '① 맞음'을, 틀리면 '② 틀림'을 선택하시오.

――――――――――――〈 보기 〉――――――――――――

향수 = 561	고향 = 210	나무 = 894	선녀 = 679	구두 = 235
사슴 = 108	예금 = 425	개미 = 623	유리 = 954	태양 = 378

16

예금 유리 향수 구두 사슴 − 425 210 561 235 108

① 맞음   ② 틀림

17

선녀 태양 고향 개미 나무 − 679 378 210 623 954

① 맞음   ② 틀림

18

구두 사슴 예금 선녀 유리 − 235 108 425 679 954

① 맞음   ② 틀림

19

> 나무 개미 태양 향수 고향 － 894 623 378 561 210

① 맞음   ② 틀림

20

> 사슴 예금 구두 유리 선녀 － 108 425 235 378 679

① 맞음   ② 틀림

[21~30] 문제의 왼쪽에 제시된 기호, 문자, 숫자의 개수를 모두 세어 개수를 고르시오.

21

ㅏ	저렴한 가격 및 다양한 서비스 제공에 따른 구매 수요 증가

① 5개   ② 6개   ③ 7개   ④ 8개

22

ㄷ	ㅂㅇㄷㅊㄹㅁㄷㄹㅈㄷㅅㅎㅋㅂㅊㅈㅌㅁㄷㅁㅌ ㅁㅈㅅㄴㄷㄱㅎㄷㅊㅎㄹㅎㄷㄷㅅㅁㅇㅁㅋㄷㄹ ㅎㄷㄷ

① 11개   ② 12개   ③ 13개   ④ 14개

Part 01 유형파악

Part 02 핵심이론

Part 03 유형연습

Part 04 직무성격/상황판단

Part 05 실전모의고사

부 록

정답 및 해설

23

n	His grandmother is the chairperson in name only

① 2개 ② 3개 ③ 4개 ④ 5개

24

5	29950283792040097422598643809843288900 7654532146580

① 2개 ② 3개 ③ 4개 ④ 5개

25

9	38dsokgfiwd056928j909k23jjfd854ut626059606 kd83orkw8359g2q9v123948595495136595

① 9개 ② 10개 ③ 11개 ④ 12개

26

⊄	⊇⊄⊇⊄⊉⊇⊇⊄⊇⊄⊉⊅⊅⊄⊇⊆⊅⊄⊄⊄⊆⊄⊇⊄⊆ ⊉⊇⊆⊆⊄⊅⊆⊇⊆⊇⊄⊉⊄⊄⊅⊅⊇⊉⊇⊄⊅⊅⊄⊇⊆⊅⊄⊄ ⊆⊄⊄⊅⊆⊇⊆⊅⊄⊉⊄⊇⊇⊆⊉⊆

① 2개 ② 3개 ③ 4개 ④ 5개

27

s	Drivers should keep a safe distance from the car in front

① 2개   ② 3개   ③ 4개   ④ 5개

28

ㅁ	버켄스탁의 열매는 대단히 매혹적인 향기를 갖고 있지만 식용이 아니며 그것을 먹을 경우 아주 심한 복통이 일어난다.

① 4개   ② 5개   ③ 6개   ④ 7개

29

손	슡숀순손산선숀산손숫순숀산숫숀손순솔송숍손송숟속손숍솜슡숀손숫선순샨숟손슡선삽손샅삭삼송슨순

① 5개   ② 6개   ③ 7개   ④ 8개

30

4	kgksoekr3904jf8264995kakfo03o1969450392kjdkf1o7q4o237dkw 5s8d9g6w5d5s56329814df4856975w4sdf2

① 7개   ② 8개   ③ 9개   ④ 10개

Part 01 유형파악

Part 02 핵심이론

Part 03 유형연습

Part 04 직무상식/상황판단

Part 05 실전모의고사

부록

정답 및 해설

• 영역을 구별하여 언어논리 25문항(20분), 자료해석 20문항(25분), 공간능력 18문항(10분), 지각속도 30문항(3분)으로 구성되어 있습니다.

언어논리   25문항 | 20분

01 다음 주어진 상황에 가장 잘 부합하는 한자성어는?

> 사상 초유의 취업난으로 인해서 전통문화 동아리를 떠나는 내국인 대학생들이 늘고 있다. 오히려 한국 전통문화를 배우려는 외국인 유학생들로 인해 전통문화 동아리의 명맥이 이어지고 있는 실정이다.

① 중과부적(衆寡不敵)　　　　　　　② 허허실실(虛虛實實)

③ 주객전도(主客顚倒)　　　　　　　④ 가렴주구(苛斂誅求)

⑤ 인면수심(人面獸心)

02 다음 중 한자성어와 그 뜻이 잘못 짝지어진 것은?

① 단순호치(丹脣皓齒) – 붉은 입술과 하얀 치아. 아름다운 여자

② 연목구어(緣木求魚) – 나무로 된 물고기. 쓸모없는 물건

③ 여리박빙(如履薄氷) – 살얼음을 밟는 것과 같음. 아슬아슬하고 위험한 일

④ 혼정신성(昏定晨省) – 밤에는 부모의 잠자리를 보아 드리고 이른 아침에는 부모의 안부를 물음. 부모에게 효성을 다함

⑤ 불치하문(不恥下問) – 손아랫사람이나 지위나 학식이 자기만 못한 사람에게 모르는 것을 묻는 일을 부끄러워하지 아니함

03 다음 제시된 예문의 밑줄 친 부분과 같은 의미로 사용된 것은?

> 부모님은 나에게 어려서부터 아무리 작은 일이라도 자신이 <u>맡은</u> 일에는 최선을 다해야 한다고 말씀하셨다.

① 내가 자리를 맡아둘 테니까 빨리 와야 해.

② 그녀의 가방을 맡아둔 지 30분이 지났음에도 그녀는 돌아오지 않았다.

③ 부모님께 여행을 다녀와도 좋다는 허락을 맡았다.

④ 이번 임무는 내가 직접 맡는다.

⑤ 감기 때문에 코로 냄새를 못 맡는다.

04 다음 중 올바르게 표현된 문장은?

① 그는 운동도 잘할 뿐만 아니라 남달리 부지런하다는 사실이다.

② 여러분, 우뢰와 같은 박수로 환영해 주십시오.

③ 나는 매일매일 별로 런닝머신을 즐겁게 한다.

④ 그 얘기 좀 그만 울궈먹어라.

⑤ 늑장 부리다 결국 수업에 지각했다.

05 다음 문장의 뜻에 알맞은 속담은?

> 어리석고 미련한 사람은 아무리 가르쳐도 보람이 없음

① 소 궁둥이에다 꼴을 던진다

② 굴우물에 말똥 쓸어 넣듯 한다

③ 온몸이 입이라도 말 못하겠다

④ 벼룩도 낯짝이 있다

⑤ 개미 금탑 모으듯 한다

06 다음 주어진 상황에 가장 잘 부합하는 한자성어는?

> 구름이 해를 비추어 노을이 되고, 물줄기가 바위에 걸려 폭포를 만든다. 의탁하는 바가 다르고 보니 이름 또한 이에 따르게 된다. 이는 벗 사귀는 도리에 있어 유념해 둘 만한 것이다.

① 읍참마속(泣斬馬謖)　　　　② 반포보은(反哺報恩)

③ 근주자적(近朱者赤)　　　　④ 목불인견(目不忍見)

⑤ 초미지급(焦眉之急)

Part 01 유형파악

Part 02 핵심이론

Part 03 유형연습

Part 04 직무상식/상황판단

Part 05 실전모의고사

부 록

정답 및 해설

07 다음 제시된 예문의 밑줄 친 부분과 같은 의미로 사용된 것은?

> 자기 앞 공출량도 제대로 못 감당해 나가는 소작인들한테 식량을 의탁할 수는 없었다.

① 지금은 무엇보다 앞을 내다볼 수 있는 자세가 요구된다.
② 어려운 현실 앞에서는 그도 어쩔 도리가 없었다.
③ 이번 외상값은 이 친구 앞으로 달아 놓게.
④ 앞선 세대의 조언을 참고할 필요가 있다.
⑤ 연병장 앞에는 드넓은 해안선이 이어져 있다.

08 다음에 제시된 문장의 밑줄 친 부분과 의미가 가장 비슷한 것은?

> 그는 신입사원의 일솜씨를 탐탁하게 생각하였다.

① 못마땅하게   ② 만족스럽게
③ 조심스럽게   ④ 꺼림칙하게
⑤ 삐딱하게

09 다음에 제시된 문장의 밑줄 친 부분과 의미가 가장 비슷한 것은?

> 옆집 아주머니는 손이 맑다.

① 인색하다.   ② 검소하다.
③ 인심이 좋다.   ④ 양심적인 사람이다.
⑤ 남에게 베푸는 것을 좋아한다.

10 다음 제시된 문장의 빈칸에 들어갈 말로 가장 적합한 것은?

> 등갈비는 뼈를 (   ) 먹기가 번거롭다.

① 발라   ② 골라
③ 꺼내   ④ 빼서
⑤ 추려

11 다음에 제시된 글에서 추론할 수 있는 주제로 가장 적절한 것은?

> 대왕 단보가 빈곡(邠谷)이라는 곳에 있었을 때 오랑캐가 쳐들어 왔다. 왕이 모피와 비단을 보내어 달래려 했으나 받지 않고 말을 보냈으나 역시 받지 않았다.
> 오랑캐가 바라는 것은 땅이었다. 대왕 단보가 말했다.
> "나는 백성의 아비나 형과 살면서 그 아들이나 동생을 죽도록 내버려 두는 일은 차마 견딜 수가 없다. 너희들은 모두 힘써 격려하며 이곳에 살도록 하라. 내 신하가 되든 오랑캐의 신하가 되든 무슨 차이가 있겠느냐. 나는 '사람을 먹여 살리는 땅을 뺏으려고 사람을 해쳐서는 안 된다.'는 말을 들었다."
> 그래서 대왕 단보가 지팡이를 짚고 그곳을 떠나자 백성들은 서로 잇달아 그를 따랐는데, 이윽고 기산(岐山) 밑에서 나라를 다시 이룩했다.

① 왕은 인(仁)과 의(義)의 명분을 따라야 한다.
② 생명은 소중한 것이므로 생명을 존중해야 한다.
③ 사람은 충효열(忠孝烈)의 가치를 받들어야 한다.
④ 인의(仁義)와 덕치(德治)로 국력(國力)을 길러야 한다.
⑤ 백성을 보호하는 것이 나라를 지키는 것보다 중요하다.

12 ㉠의 전제로 가장 적절한 것은?

> 길이 든다는 것은 주어진 환경이나 조건에 충실하여 자신의 내면에서 일어나는 자연스러운 본성 또는 욕망에 의해 행동하는 것을 의미한다. 그것은 일종의 조건 반사와 마찬가지이다. 따라서 길들기를 거부하는 것은 동물의 본능을 거스르는 최고의 반역이며 ㉠ 인간이 된다는 것은 이러한 반역에 성공하였음을 의미한다. 그런데 고통스러운 인간이 되기보다 행복한 동물로 남기를 바랄 때에는 자연스럽게 순응하고, 길들기를 선택하게 된다.
> 플라톤이 동굴의 비유를 통해 보여주고자 했던 것이 무엇일까? 그것은 사람들이 살아가는 현실이 이렇게 길들은 공간이라는 점이다. 따라서 길드는 것은 무엇이나 동굴이고, 길드는 자는 죄수일 수밖에 없다. 이유 없이 억압에 길들어 버리는 것, 모순과 타협하고 좌절하는 것, 이것이야 말로 우리가 극복해야 하는 원초적인 죄악이다.

① 인간과 자연의 관계는 중요하다.
② 동물은 환경에 빠르게 적응한다.
③ 행복을 추구하는 것은 동물과 인간이 공유하는 가치이다.
④ 인간은 주체적으로 행동하는 존재이다.
⑤ 길들기 유무에 따라 인간과 동물을 구별할 수 있다.

Part 01 유해위인
Part 02 핵심이론
Part 03 유해연습
Part 04 직무성격/상황판단
Part 05 실전모의고사
부록
정답 및 해설

13 다음 글의 밑줄 친 부분에 들어갈 문장으로 가장 적절한 것은?

> 웰즈의 소설 〈타임머신〉을 보면, 타임머신을 만든 발명가가 과거로 여행을 하는 도중에 나비를 밟음으로써 역사를 변화시키는 대목이 나온다. 시간 여행을 다룬 다른 소설에 등장하는 주인공들도 역사를 바꾸는 위험에 대해 걱정하곤 한다. 그러나 만약 역사가 그렇게 바뀔 수 있다면 시간 여행자에 의한 모순이 생겨난다. 어떤 시간 여행자가 시간을 거슬러 그의 할아버지가 소년이었던 과거로 여행을 왔다고 가정해 보자. 그런데 어떤 이유로 인하여 이 시간 여행자가 자신의 할아버지를 총으로 살해했다고 하자. 이 경우 할아버지가 자식을 보지 못하고 사망한다면 그 손자 역시 존재할 수 없기 때문에, 손자인 시간 여행자가 쏜 총 한방은 바로 그 사건의 발생을 위한 필요조건을 제거해 버리는 결과를 낳고 만다. 이러한 모순으로 인하여 시간 여행은 논리 법칙과 양립할 수 없다는 결론을 내릴 수 있다. 반면 시간 여행의 가능성을 옹호하는 사람은 위의 반론에서 벗어나기 위하여 다음과 같은 요지의 주장을 한다. _____

① 비교적 가까운 과거로의 여행은 논리 법칙에 어긋나지 않는다.

② 역사는 시간 여행 중에 발생하는 사건에 의해 변화하지 않는다.

③ 과거로의 시간 여행자는 나비를 발로 밟지 않도록 조심해야 한다.

④ 시간 여행자가 과거로 시간 여행을 한다면 자신의 할아버지를 만날 수 있을 것이다.

⑤ 스티븐 호킹 박사를 과거로 데려가 아인슈타인과 공동 연구를 시킨다면 더욱 많은 업적을 남길 것이다.

14 다음에 제시된 문장을 글의 논리적 순서에 따라 바르게 배열한 것은?

> ㉠ 학문을 한다면서 논리를 불신하거나 논리에 대해서 의심을 가지는 것은 용납할 수 없다. 논리를 불신하면 학문을 하지 않는 것이 적절한 선택이다. 학문이란 그리 대단한 것이 아닐 수 있다. 학문보다 더 좋은 활동이 얼마든지 있어 학문을 낮추어 보겠다고 하면 반대할 이유가 없다.
> ㉡ 학문에서 진실을 탐구하는 행위라 하더라도 논리화되지 않은 체험에 의지하거나 논리적 타당성이 입증되지 않은 사사로운 확신을 근거로 한다면 학문이 아니다. 예술도 진실을 탐구하는 행위의 하나라고 할 수 있으나 논리를 필수적인 방법으로 사용하지는 않으므로 학문이 아니다.
> ㉢ 교수이기는 해도 학자가 아닌 사람들이 학문을 와해시키기 위해 애쓰는 것을 흔히 볼 수 있다. 편하게 지내기 좋은 직업인 것 같아 교수가 되었는데 교수는 누구나 논문을 써야한다는 악법에 걸려 본의 아니게 학문을 하는 흉내는 내야 하니 논리를 무시하고 논문을 쓰는 편법을 마련하고 논리 자체에 대한 악담으로 자기 행위를 정당화하게 된다. 그래서 생기는 혼란을 방지하려면 교수라는 직업이 아무 매력도 없게 하거나 아니면 학문을 하지 않으려는 사람이 교수가 되는 길을 원천 봉쇄해야 한다.
> ㉣ 논리를 어느 정도 신뢰할 수 있는가 의심스러울 수 있다. 논리에 대한 불신을 아예 없애는 것은 불가능하고 무익하다. 논리를 신뢰할 것인가는 개개인이 자유롭게 선택할 수 있는 기본권의 하나라고 해도 무방하다. 그러나 학문은 논리에 대한 신뢰를 자기 인생관으로 삼은 사람들이 독점해서 하는 행위이다.

① ㄱ-ㄴ-ㄷ-ㄹ ② ㄱ-ㄷ-ㄴ-ㄹ
③ ㄴ-ㄹ-ㄱ-ㄷ ④ ㄷ-ㄱ-ㄹ-ㄴ
⑤ ㄹ-ㄱ-ㄴ-ㄷ

15 다음 글의 내용과 일치하는 것은?

경제학은 인간의 합리성을 가정하나 동물 근성도 잘 감안하지 않으면 안 된다. 인간은 쉽사리 감정적이 되며, 경제 사회가 불안할수록 동물 근성이 잘 발동된다. 이런 의미에서도 경제 안정은 근본 문제가 된다. 그리고 경제는 이러한 인간의 경제 행위를 바탕으로 하므로 그 예측이 어렵다. 예를 들어 일기 예보의 경우에는 내일의 일기를 오늘 예보하더라도 일기가 예보 자체의 영향을 받지 않는다. 그러나 경기 예측의 경우에는 다르다. 예를 들어 정부가 경기 침체를 예고하면 많은 사람들은 이에 대비하여 행동을 하고, 반대로 경기회복을 예고하면 또한 그에 따라 행동하기 때문에 경기 예측 그 자체가 경기 변동에 영향을 미친다. 따라서 예측이 어느 정도 빗나가는 것이 보통이다. '될 것이다.' 또는 '안 될 것이다.'와 같은 예측은 이른바 '자기실현적 예언'이 될 소지가 크다.

① 일기 예보는 날씨 변화에 영향을 주기 쉽다.
② 경기 예측은 사람들의 행동에 영향을 미친다.
③ 경기 예측과 실제 경기 변동은 아무런 상관이 없다.
④ 인간 행동의 변화를 통해 경기 예측이 가능하다.
⑤ 경제가 불안할수록 인간의 이성적 측면이 크게 작용한다.

16 다음 글에서 추론할 수 있는 내용으로 옳은 것은?

다원주의 사회 내에서는 불가피하게 다양한 가치관들이 충돌한다. 이러한 충돌과 갈등을 어떻게 해결할 것인가? 자유주의는 상충되는 가치관으로 인해 개인들 사이에서 갈등이 빚어질 경우, 이러한 갈등을 사적 영역의 문제로 간주하고 공적 영역에서 배제함으로써 그 갈등을 해결하고자 했다.

하지만 다원주의 사회에서 발생하는 심각한 갈등들을 해소하기 위해서 모든 사람이 수용할 수 있는 합리성에 호소하는 것은 어리석은 일이다. 왜냐하면 모든 사람들이 수용할 수 있는 합리성의 범위가 너무 협소하기 때문이다. 물론 이러한 상황에서도 민주적 합의는 여전히 유효하고 필요하다. 비록 서로 처한 상황이 다르더라도 정치적으로 평등한 모든 시민들이 자유롭게 합의할 때, 비로소 그 갈등은 합법적이고 민주적으로 해결될 것이기 때문이다. 따라서 다원주의 사회의 문제는

Part 01 유형파악

Part 02 핵심이론

Part 03 유형연습

Part 04 직무상식/상황판단

Part 05 실전모의고사

부 록

정답 및 해설

궁극적으로 자유주의의 제도적 토대 위에서 해결되어야 한다.

가령 한 집단이 다른 집단에게 자신의 정체성을 '인정'해 달라고 요구할 때 나타나는 문화적 갈등은 그 해결이 간단하지 않다. 예컨대 각료 중 하나가 동성애자로 밝혀졌을 경우, 동성애를 혐오하는 사람들은 그의 해임을 요구할 것이다. 이 상황에서 발생하는 갈등은 평등한 시민들의 자유로운 합의, 대의원의 투표, 여론조사, 최고통치자의 정치적 결단 등의 절차적 방식으로는 잘 해결되지 않는다. 동성애자들이 요구하고 있는 것은 자신들도 사회의 떳떳한 구성원이라는 사실을 다른 구성원들이 인정해 주는 것이기 때문이다.

이처럼 오늘날 자유주의가 직면한 문제는 단순히 개인과 개인의 갈등뿐 아니라 집단과 집단의 갈등을 내포한다. 사회 내 소수 집단들은 주류 집단에게 사회적 재화 중에서 자신들의 정당한 몫을 요구하고, 더 나아가 자신들도 하나의 문화공동체를 형성하고 있는 구성원이라는 사실을 인정하라고 요구한다. 그들이 저항을 통해, 심지어는 폭력을 사용해서라도 자신의 정체성을 인정하라고 요구한다는 사실은 소수 문화가 얼마나 불평등한 관계에 처해 있는지를 여실히 보여준다. 따라서 자유주의가 채택하는 개인주의나 절차주의적 방법으로는 소수자들의 불평등을 실질적으로 해결하지 못한다. 그 해결은 오직 그들의 문화적 정체성을 인정할 때에만 가능할 것이다.

① 다원주의 사회에서 다양한 가치관의 갈등은 개인 간의 합의를 통해서 해결된다.

② 진정한 다원주의는 집단 간의 공평성보다도 개인의 자유와 권리를 우선적으로 보장한다.

③ 국가는 개인과 개인 사이의 갈등을 조정ㆍ해결할 수 있는 제도적 장치를 마련하여야 한다.

④ 다원주의 사회에서 집단 간의 가치관 갈등을 해결하기 위해서는 서로 다른 문화적 정체성을 인정해야 한다.

⑤ 국가는 개인들이 추구하는 다양한 가치에 대해 어떤 특정한 입장도 옹호해서는 안 되며 중립적 입장을 취해야 된다.

17 다음에 제시된 글에서 추론할 수 있는 주제로 가장 적절한 것은?

진화론자는 어떠한 한 종에 대해 과거의 진화적 내용을 증명하거나 앞으로의 진화를 예견할 수 없고 단지 어떤 사실을 해석하거나 이에 대하여 이야기를 만들 뿐이다. 왜냐하면 과거 일회성의 사건은 반복되거나 실험적으로 검증할 수 없고 예견은 검증된 사실로부터 가능하기 때문이다. 이러한 관점에서 보면 진화론자와 역사학자는 닮은 점이 있다. 그러나 진화론자는 역사학자보다는 상당히 많은 과학적 이점을 가지고 있다. 즉, 상호 연관성을 가진 생물학적 법칙, 객관적 증거인 상동 기관, 일반적인 과학의 법칙 등으로부터 체계를 세울 수 있다. 상동 기관은 다양한 생물이 전혀 별개로 형성되었다기보다는 하나의 조상으로부터 출발하였다는 가설을 뒷받침하는 좋은 증거이다. 진화론은 생물의 속성에 대해 일반적으로 예견할 수 있지만, 아직까지 진화론에는 물리학에 견줄 수 있는 법칙이 정립되어 있지 않다. 이것은 진화론이 해결할 수 없는 본질적인 특성에 기인한다.

① 진화론은 인문 과학의 속성과 자연 과학의 속성을 모두 지니고 있다.

② 진화론은 객관적 증거들을 이용하여 생명 현상의 법칙을 세운다.

③ 진화론이 과학으로서 인정을 받기 위해서는 법칙의 정립이 시급하다.

④ 진화론은 과거의 사실을 검증함으로써 진화 현상에 대한 예측을 가능하게 한다.

⑤ 진화론이 법칙의 체계가 되기 위해서는 역사학과의 상호 연관성을 배제해야 한다.

18 다음 글에 나타난 석가탑에 대한 설명으로 옳은 것은?

경주 불국사 석가탑은 석조 예술품이면서도 기둥과 지붕 모양을 갖추어 목탑의 외관을 보여 준다. 또한 수십 개의 석재들이 정교하게 하나의 구조물로 짜 맞추어져 있어 정치(精緻)한 아름다움을 보인다. 그리하여 석가탑은 구조적인 면에서 우리나라 석탑 양식의 정형으로 인정받고 있으며, 그 완성도가 높아 이후 세워진 석탑들의 표본이 되고 있다.

석가탑은 기단부, 탑신부, 상륜부의 세 부분으로 구성되어 있다. 기단부의 하층은 낮지만 넓게, 상층은 다소 좁지만 높게 구성되어서 안정감을 준다. 한편 상층 기단 괴임의 하단 모서리는 둥글게, 상단 모서리는 각지게 변화를 주어 율동감을 느끼게 한다.

탑신부는 3층으로, 각 층은 탑신과 옥개로 구성되어 있다. 탑신과 옥개는 상층으로 올라가면서 폭과 높이가 줄어들도록 만들어져 있어 전체적으로 균제미(均齊美)가 드러난다. 특히 1층과 2층 탑신 높이의 비례는 3 : 1로 시각적인 안정감을 준다. 또 살며시 추켜올려진 옥개의 전각은 직선 중심의 강한 외관을 반전시키고, 전체 이미지에 유려함과 경쾌함을 더한다.

상륜부는 원래의 것이 남아 있지 않다. 현재의 상륜부는 신라 시대에 제작된 다른 석탑의 것을 본떠 근래에 새롭게 만든 것인데, 연꽃 모양으로 장식된 석재들이 쌓아올려진 형태는 상승감을 자아낸다.

석가탑은 화려함을 절제하여 전체적인 조형미가 더 잘 드러나도록 만들어진 걸작이다. 석가탑이 가지는 이러한 아름다움을 통해 옛사람들의 뛰어난 안목과 미감, 그리고 세련된 기교와 견실한 힘을 느낄 수 있다.

① 기단부는 하층보다 상층에서 폭과 높이를 줄여 균형이 잘 맞는다.

② 탑신부 옥개 전각의 직선적 조형은 유려함과 경쾌함이 돋보인다.

③ 상륜부는 근래에 제작된 것으로, 현대적인 상승감이 잘 드러난다.

④ 석재들을 목조의 형식으로 정교하게 짜맞추어 구조물의 완성도가 높다.

⑤ 균제미와 함께 직선적 미감에 곡선미를 가미하는 등 세련된 아름다움을 보여준다.

Part 01 유형파악

Part 02 핵심이론

Part 03 유형연습

Part 04 직무성격/상황판단

Part 05 실전모의고사

부록

정답 및 해설

19 다음 글의 내용과 일치하지 <u>않는</u> 것은?

관리자의 역할 중에 가장 중요한 덕목은 공과 사를 구분하는 것이다. 일반 직원과 개인적으로 어울릴 때는 격의 없이 친하게 지내야 하지만, 직원이 실수를 한 경우에는 나무라거나 충고를 할 줄도 알아야 한다. 직원에게 주의를 줄 때에는 진심을 담아 말하는 것과 사실을 중심으로 얘기하는 것이 중요하다. 사실을 얘기할 때 자료를 제시하는 것도 좋은 방법이다. 야단을 치게 된 경위를 알기 쉽게 설명하면서 '왜' 그렇게 되었는지를 생각하게 한다. 그러나 그 직원의 성격을 개입시킨다면 굉장히 난감해할 뿐만 아니라 반발이 생길수도 있다. 또한 일방적인 얘기보다 상대방에게 질문을 하면서 당사자에게 설명할 기회를 주는 것도 좋다. 질문할 때 과도하게 몰아세우거나 다른 직원과 비교하는 것은 옳은 방법이 아니다. 이 모든 것을 가능한 짧은 시간에 끝내고 마지막에 직원에게 용기가 될 수 있는 한마디를 하는 것도 잊지 말아야 한다.

① 직원을 나무랄 때 끝에 가서는 용기를 북돋워주는 말을 해주는 것이 좋다.
② 관리자는 사적인 인간관계와 공적인 업무를 구분하여 처리할 수 있어야한다.
③ 관리자로서 잘못을 지적할 때는 사실에 입각해서 정확한 의사를 전달해야한다.
④ 직원을 나무랄 때 그가 변명이나 앞으로의 계획을 말할 수 있는 기회를 주는 것이 좋다.
⑤ 직원을 꾸짖을 때 그의 성격 때문에 일이 그릇될 수 있음을 반드시 알려주는 것이 좋다.

20 다음 글의 내용과 일치하지 <u>않는</u> 것은?

윤리학은 규범에 관한 진술을 연구하는 학문이다. 우리가 하나의 규범을 진술하고 있는지 아니면 가치 판단을 진술하고 있는지에 관한 문제는 단지 설명 방식의 차이에 불과하다. 규범은 예를 들어 "살인하지 마라."와 같은 명령 형식을 가지고 있다. 이 명령에 대응하는 가치 판단은 "살인은 죄악이다."와 같은 것이다. "살인하지 마라."와 같은 규범은 문법적으로 명령 형식이며, 따라서 참이거나 거짓으로 드러날 수 있는 사실적 진술로 간주되지 않을 것이다. 그러나 "살인은 죄악이다."와 같은 가치 판단은 규범의 경우와 마찬가지로 단지 어떤 희망을 표현하는 것에 불과하지만 문법적으로는 서술문의 형식을 가지고 있다.

일부 사람들은 이러한 형식에 속아 넘어가서 가치 판단이 실제로는 하나의 주장이며, 따라서 참이거나 거짓이 되어야만 한다고 생각한다. 그러므로 이들은 자신의 가치 판단에 관한 근거를 제시하고 이를 반대하는 사람들의 주장을 논박하려고 노력한다. 그러나 실제로 가치 판단은 오해의 소지가 있는 문법적 형식을 가진 명령이다. 그것은 사람들의 행위에 영향을 미칠 수 있으며 이러한 영향은 우리들의 희망에 부합하거나 부합하지 않을 뿐이지 참이거나 거짓이라고 할 수 없다.

① 가치판단은 그 문법적 형식에서 규범에 관한 진술과 구별된다.
② "도둑질 하지 마라."라는 규범을 사실적 진술로 간주해서는 안 된다.
③ "도둑질은 나쁜 일이다."와 같은 진술은 참이거나 거짓이라고 할 수 없다.

④ 윤리학은 사실적 진술을 다루는 경험과학과 그 연구대상의 성격에서 차별화되지 않는다.

⑤ "곤경에 빠진 사람을 도와주는 것은 좋은 일이다."와 같은 진술은 사람들의 태도와 행동에 영향을 미칠 수 있다.

21 다음 글의 내용과 일치하는 것은?

우리 몸속에는 다양한 종류의 호르몬이 존재하며 제각각 자신이 맡은 역할을 수행한다. 인슐린도 이러한 호르몬 중 하나이다. 인슐린의 중요한 역할 중의 하나는 다양한 근육 세포로 혈당을 내보내 에너지원으로 사용할 수 있도록 작용하는 것이다. 이러한 인슐린을 분비하는 곳은 췌장인데, 췌장의 랑게르한스섬이라는 곳에서 24시간 동안 쉬지 않고 인슐린을 분비한다. 이것을 기초 분비라고 하는데, 췌장이 특별한 자극을 받지 않았을 때의 분비를 뜻한다.

인슐린은 혈당치를 낮추는 역할도 담당한다. 혈당치가 급격하게 높아졌을 때는 혈당치를 평상시의 상태로 되돌리려고 한다. 따라서 당질을 섭취하여 혈액 속에 포도당이 증가하게 되면 인슐린이 즉각적으로 대량 분비된다. 이렇게 평소보다 10~30배나 되는 많은 양의 인슐린이 대량으로 분비되는 것을 추가 분비라고 한다.

인슐린은 우선 대량의 혈당을 근육 세포로 내보낸다. 근육에서는 혈당을 에너지원으로 이용하고 남은 것은 글리코겐으로 저장한다. 그리고 인슐린은 간에서도 혈당을 글리코겐으로 변화시켜 저장한다. 하지만 무한정 저장할 수 있는 것이 아니다. 근육이나 간에서 글리코겐을 받아들이는 양에 한계가 있기 때문이다. 허용된 양을 초과하게 되면 갈 곳을 잃게 된 혈당은 인슐린에 의해 지방 세포로 보내지게 되고 중성 지방으로 변하여 체지방이 된다. 즉 인슐린이 대량으로 분비되면 소비되지 않은 혈당은 체지방으로 축적되어 뚱뚱해 지게 되는 것이다.

인슐린 분비는 생명을 유지하기 위해 필수적인 중요한 시스템이다. 만일 인슐린이 분비되지 않게 되면 몸속은 고혈당 상태가 지속될 것이다. 혈당이 단순히 높기만 한 것이라면 자각 증상은 나타나지 않는다. 하지만 아프지도 가렵지도 않다고 해서 내버려두면 커다란 함정에 빠지게 되고 만다. 인슐린 작용이 부족하게 되면 당뇨병이 되고, 이렇게 고혈당 상태가 몇 년 동안 계속되면 혈관이 딱딱하게 굳어져 탄력을 잃고 약해져 너덜너덜하게 상처를 입은 상태가 되어 버린다. 다름 아닌 동맥 경화이다. 이는 당뇨병 망막증, 신경 장애, 뇌경색, 심근경색 같은 당뇨병 합병증뿐만 아니라 다양한 생활 습관병을 유발할 수 있다.

① 혈당은 인슐린에 의해 지방 세포로 보내져 에너지원으로 쓰인다.

② 혈당은 근육 세포로 보내져 체지방이 되기도 한다.

③ 혈당은 글리코겐으로 변화되어 근육이나 간에 저장되기도 한다.

④ 인슐린 작용이 과하면 우리 몸은 고혈당 상태가 지속될 수 있다.

⑤ 공복 상태가 되면 췌장에서 인슐린 분비가 촉진된다.

Part 01 유행파악

Part 02 핵심이론

Part 03 유형연습

Part 04 직무성격/상황판단

Part 05 실전모의고사

부록

정답 및 해설

22 다음 글의 내용과 일치하는 것은?

피를 더럽히는 주범은 쓸모없이 많은 영양분들인데 그중에서 나쁜 콜레스테롤, 중성지방이 대표적이다. 한방에서는 이렇게 순환되지 않고 죽은 피를 어혈로 본다. 건강의 암적인 요소인 어혈을 약물을 쓰지 않고 몸 밖으로 뽑아내 혈액순환을 원활하게 하는 한의학적 침법에는 금진옥액요법, 두피침요법, 어혈침요법, 청비침요법이 있다. 금진옥액요법은 혀 아래 정맥에서 상당히 많은 양의 어혈을 제거할 수 있으며 혈액순환장애로 오는 각종 질병에 특효이다. 시술한 부위에서 실타래 같은 섬유소가 많이 나오고 피가 탁할수록 어혈이 많은 상태라고 본다. 두피침요법은 두피를 침으로 가볍게 수십 차례 두드려 호흡법을 통해 두피 속의 죽은피를 흐르게 하는 사혈요법이다. 시술 즉시 눈이 맑아지며 어지럽고 머리가 아픈 데 특효이다. 어혈침요법은 팔다리에 고여 있는 어혈을 침으로 정해진 혈자리를 자극하여 탁한 피를 출혈시키는 방법이다. 손발이 붓고 차고 저린 데 탁월한 효과가 있다. 청비침요법은 콧속의 어혈을 빼내는 것으로 코가 막혀 있을 때 부어 있는 비강 내 점막을 빠르게 가라앉혀 숨 쉬기 편하게 하고 편두통 및 이마, 눈 쪽으로 통증이 있는 경우에도 효과가 빠르다.

① 손발이 붓고 차가울 때는 어혈침요법으로 시술한다.
② 금진옥액요법은 제거할 수 있는 어혈량이 가장 많은 침법이다.
③ 두피침요법은 두피의 혈자리를 자극하여 탁한 피를 출혈시키는 침법이다.
④ 청비침요법은 콧속의 어혈을 빼내는 것으로 편두통 치료와는 관계없다.
⑤ 두피침요법과 청비침요법은 함께 시술하기에 상극인 요법이다.

23 다음 글의 주제로 가장 적절한 것은?

'동조(同調)'는 다른 사람의 주장에 자기의 의견을 일치시키는 것을 말하는데, 다른 사람들과 의견이 다를 경우 사람들이 불안함을 느끼는 것은 이러한 동조 현상을 바탕으로 한 감정이다.
'집단 따돌림'은 동조현상의 대표적인 유형이라고 할 수 있다. 따돌림은 비슷한 또래의 집단규범 및 관습이 유사한 구성원들 사이에서 이루어진다. 또한 그 집단 안에서 따돌림의 대상은 돌아가면서, 무차별적으로 이루어진다. 따라서 따돌림에 동조하지 않아도 함께 하지 않으면 자신이 따돌림을 받기 때문에 어쩔 수 없이 행하는 경우가 많다. 이러한 따돌림은 다른 사람들과의 다름을 인정하지 못하기 때문에 일어난다. 다른 사람의 개성을 '다름'으로 생각하고, 여럿이 함께 해야 한다는 대다수의 의견들이 모여 한사람을 따돌리게 되는 것이다.

① 집단 따돌림의 원인과 해결 방안
② 동조현상에 기반을 둔 집단 따돌림
③ 동조현상의 다양한 유형
④ 집단 따돌림의 문제점
⑤ 집단 따돌림이 사회에 미치는 영향

벽돌은 흙을 구워 만드는 재료인 만큼 그 유서도 깊다. "벽돌 두 장을 조심스럽게 올려놓기 시작했을 때 건축이 시작된다."라고 이야기하는 건축가가 있을 정도로 벽돌은 건축을 대변한다. 벽돌의 기본 의미는 '쌓음'에 있다. 벽돌을 쌓아서 이루어진 벽은 점을 찍어 화면을 채워 나가는 그림에 비유될 수 있을 것이다. 점묘파라 불리던 19세기의 프랑스 화가들이 그린 그림을 보면 그들이 막상 이야기하려고 했다는 색채나 비례 이론을 다 떠나서 우선 보는 이를 압도하는 근면함이 화면 가득 묻어난다. 벽돌 건물을 보면 이처럼 그 차곡차곡 쌓아서 만들어지는 아름다움이 가장 먼저 우리에게 다가온다.

이 아름다움은 단지 벽돌을 쌓았다고 해서 드러나는 것이 아니다. 쌓았음을 보여 주어야 한다. 그것도 얼마나 '조심스럽게' 쌓았는가를 보여 주어야 한다. 또한 벽돌 무늬를 인쇄한 벽지를 바른 것이 아님을 보여 주어야 한다. 그 쌓음의 흔적은 줄눈*에 새겨진다. 건축가들은 시멘트 줄눈을 거의 손가락 하나 들어갈 정도의 깊이로 파낸다. 줄눈은 빛을 받으면서 그림자를 만들고 벽돌들이 '하나하나 쌓으면서 이루어졌음'을 확연히 보여 준다. 이처럼 벽돌 건물은 그 깊이감을 통해서 복잡하고 시끄러운 도심에서도 기품 있는 자태를 드러낸다.

서울의 동숭동 대학로에는 차분한 벽돌 건물들이 복잡한 도심 속에서 색다른 분위기를 형성하고 있다. 이 건물들을 볼 때 느낄 수 있는 특징은 우선 재료를 잡다하게 사용하지 않았다는 점이다. 건물의 크기를 떠나서 창문의 유리를 제외하고는 건물의 외부가 모두 한 가지 재료로 덮여 있다. 사실 솜씨가 무르익지 않은 요리사는 되는 대로 이런저런 재료와 양념을 쏟아 붓는다. 하지만 아무리 훌륭한 재료를 쓴들 적절한 불 조절이나 시간 조절이 없으면 범상한 요리를 뛰어넘을 수 없다. 재료 사용의 절제는 비단 건축가뿐만 아니라 모든 디자이너들이 원칙적으로 동의하면서도 막상 구현하기는 어려운 덕목이다.

벽돌 건물의 또 다른 예술적 매력은 벽돌을 반으로 거칠게 쪼갠 다음 그 쪼개진 단면이 외부로 노출되게 쌓을 때 드러난다. 햇빛이 이 벽면에 떨어질 때 드러나는 면의 힘은 가히 압도적이다. 일정하지 않게 생성되는 그림자가 이루어내는 조합이 쪼갠 벽돌의 단면과 어우러져 새로운 아름다움을 드러낸다. 또한 벽돌을 쪼갤 때 가해졌을 힘을 고스란히 느끼게 해 준다. 이런 방식으로 지어진 벽돌 건물들은 텁텁함의 아름다움과 박력을 잘 보여 준다고 할 수 있다. 이를 위해 건축가는 때때로 철거 현장과 폐허를 뒤져 뒤틀리고 깨진 벽돌만 모아서 벽을 만들기도 한다.

이처럼 건축에 있어서 재료는 단순히 물질적 속성을 지니고 있을 뿐만 아니라 디자인의 방향을 규정한다. 건축가들의 재료 선택에는 그 재료의 물질적 속성 이외에 그 재료가 갖는 의미에 관한 성찰이 깔려 있다. 바로 이러한 성찰로 인해 건물은 단순히 쌓아 올린 벽돌 덩어리가 아니라 인간과 자연의 숨결이 살아 숨 쉬는 생명체가 되는 것이다. 그리고 그 생명의 깊이를 들여다보는 것 역시 감상에서 빼놓을 수 없는 부분이다.

*줄눈 : 벽돌이나 돌을 쌓을 때 사이사이에 시멘트 따위를 바르거나 채워 넣는 부분

Part 01 유형파악

Part 02 핵심이론

Part 03 유형연습

Part 04 직무적성평가편

Part 05 실전모의고사

부록

정답 및 해설

24 이 글의 제목으로 가장 적절한 것은?

① 벽돌 건물의 정제된 아름다움과 투박한 매력

② 도심 속 벽돌 건물의 기품과 매력

③ 벽돌 건물의 재료가 갖는 특성

④ 벽돌 건물에 투영된 세상과 인간의 삶

⑤ 건축에서 벽돌의 의미

25 이 글의 내용과 일치하지 <u>않는</u> 것은?

① 벽돌 건물의 절제된 아름다움은 다른 재료의 다채로운 가미를 통해 선명하게 드러난다.

② 건축에 있어 재료는 물질적 속성뿐만 아니라 디자인이 방향을 규정하기도 한다.

③ 건축가에 있어서 뒤틀리고 깨진 벽돌은 또 다른 매력을 가진 재료이다.

④ 도심 속에서 벽돌 건물의 기품 있고 아름다운 자태를 볼 수 있는 것은 건축가들의 '줄눈'에 새겨진 흔적 때문이다.

⑤ 19세기 점묘파 화가들은 벽돌로 지은 건물을 선호했다.

자료해석	20문항	25분

01 네 문자 a, b, c, d를 일렬로 나열할 때, 문자 a와 b가 서로 이웃하는 경우의 수는?

① 2   ② 3

③ 6   ④ 12

02 승기가 시속 12km의 보트를 타고 강을 거슬러 24km를 올라가는데 총 2시간 40분이 걸렸다고 한다. 이때 흐르는 강물의 속력은 몇 km/h인가?

① 2km/h
② 3km/h
③ 4km/h
④ 5km/h

03 자판기에서 수금한 동전의 총 개수가 257개이다. 50원짜리 동전은 10원짜리 동전보다 15개 적고, 100원짜리 동전은 10원짜리 동전보다 22개 많으며, 500원짜리 동전의 합계 금액은 12,500원이다. 이때 50원짜리 동전의 합계 금액은?

① 1,000원
② 2,000원
③ 3,000원
④ 4,000원

04 물통에 물을 채우려고 한다. A호스로 4시간 채우고, 나머지를 B호스로 2시간 채우면 가득 채울 수 있고, A호스로 2시간 채우고, 나머지를 B호스로 3시간 채우면 가득 채울 수 있다고 한다. B호스로만 물통을 가득 채우려면 몇 시간이 걸리는가?

① 4시간
② 5시간
③ 6시간
④ 7시간

05 다음에 나열된 숫자의 공통된 규칙을 찾아 빈칸에 들어갈 답을 구하면?

3 5 9 15 23 33 45 (   )

① 51
② 59
③ 75
④ 83

06 남자 6명, 여자 4명이 있다. 이 중에서 남자 2명, 여자 2명을 뽑을 경우의 수?

① 24가지
② 73가지
③ 85가지
④ 90가지

07 다음 〈표〉는 4개 도시의 생활폐기물 수거현황이다. 〈표〉에 대한 설명으로 옳은 것은?

〈표〉 4개 도시 생활폐기물 수거 현황

구분	A시	B시	C시	D시
총가구수(천 가구)	120	150	200	350
수거 가구수(천 가구)	50	75	150	300
수거 인력(명)	123	105	130	133
총 수거 비용(백만 원)	6,443	5,399	6,033	7,928
수거 인력당 수거 가구수(가구/명)	407	714	1,154	2,256
톤당 수거비용(천 원/톤)	76.3	54.0	36.0	61.3
주당 수거빈도(횟수/주)	1	1	2	2

※ 수거비율(%)=$\dfrac{\text{수거 가구 수}}{\text{총 가구 수}} \times 100$

① 수거비율이 가장 낮은 도시의 수거 인력이 가장 적다.

② 수거비율이 높은 도시일수록 총수거비용도 많이 든다.

③ 수거 인력당 수거 가구수가 많은 도시일수록 톤당 수거비용이 적게 든다.

④ 수거비율이 두 번째로 높은 도시의 주당 수거빈도는 2회이다.

08 다음 〈표〉에는 ○○반도체의 올해 3분기까지의 판매 실적이 나와 있다. ○○반도체는 〈표〉에 나온 4가지 제품만을 취급한다고 할 때, 다음 중 옳지 **않은** 설명을 고르면?

〈표〉 ○○반도체의 올해 3분기까지의 판매 실적

실적 제품	분기별 판매량(단위 : 만 개)			분기별 판매액(단위 : 억 원)		
	1분기	2분기	3분기	1분기	2분기	3분기
A	70	100	140	65	120	160
B	55	50	80	70	60	130
C	85	80	110	75	120	130
D	40	70	70	65	60	100
합계	250	300	400	275	360	520

① 1분기부터 3분기까지 판매액 합계 상위 2개 제품은 A와 C이다.

② 2분기에 전 분기 대비 판매량, 판매액 모두 증가한 제품은 A뿐이다.

③ 1분기보다 2분기, 2분기보다 3분기에 제품의 평균 판매 단가가 높았다.

④ 3분기 A제품의 판매량과 판매액 모두 전체의 1/4을 넘었다.

09 다음 〈표〉는 2020~2025년 '갑'국 농·임업 생산액과 부가가치 현황에 대한 자료이다. 이에 대한 〈보기〉의 설명 중 옳은 것은?

〈표 1〉 농·임업 생산액 현황

(단위 : 10억 원, %)

구분 \ 연도		2020	2021	2022	2023	2024	2025
농·임업 생산액		39,663	42,995	43,523	43,214	46,357	46,648
분야별 비중	곡물	23.6	20.2	15.6	18.5	17.5	18.3
	화훼	28.0	27.7	29.4	30.1	31.7	32.1
	과수	34.3	38.3	40.2	34.7	34.6	34.8

※ 1) 분야별 비중은 농·임업 생산액 대비 해당 분야의 생산액 비중임.
　 2) 곡물, 화훼, 과수는 농·임업의 일부 분야임.

〈표 2〉 농·임업 부가가치 현황

(단위 : 10억 원, %)

구분 \ 연도		2020	2021	2022	2023	2024	2025
농·임업 부가가치		22,587	23,540	24,872	26,721	27,359	27,376
GDP 대비 비중	농업	2.1	2.1	2.0	2.1	2.0	2.0
	임업	0.1	0.1	0.2	0.1	0.2	0.2

※ 1) GDP 대비 비중은 GDP 대비 해당 분야의 부가가치 비중임.
　 2) 농·임업은 농업과 임업으로만 구성됨.

── 〈보기〉 ──

ㄱ. 농·임업 생산액이 전년보다 작은 해에는 농·임업 부가가치도 전년보다 작다.

ㄴ. 2022~2025년까지 화훼 생산액 비중은 매년 증가한다.

ㄷ. 매년 곡물 생산액 비중은 과수 생산액 비중의 50% 이상이다.

ㄹ. 농·임업 부가가치가 가장 높은 해의 과수 생산액 비중은 세 번째로 크다.

Part 01 유형파악
Part 02 핵심이론
Part 03 유형연습
Part 04 직무성격/상황판단
Part 05 실전모의고사
부록
정답 및 해설

① ㄱ, ㄴ   ② ㄱ, ㄷ

③ ㄴ, ㄹ   ④ ㄷ, ㄹ

[10~11] 아래는 2020년과 2025년 A도시의 가구별 평균 소비지출 내역을 나타낸 〈표〉이다. 이를 토대로 다음 물음에 답하시오.

〈표〉 A도시의 가구별 평균 소비지출

(단위 : %)

구분	2020년 지출내역	2025년 지출내역
주거비	0.42	0.35
식비	0.27	0.31
교육비	0.23	0.29
기타	0.08	0.05

10 2020년도 가구당 총 지출액이 평균 2,000만 원이었고 2025년도 가구당 총 지출액이 평균 2,500만 원이었다면, 2025년 가구당 교육비는 2020년에 비해 얼마나 증가하였는가?

① 150만 원   ② 265만 원   ③ 325만 원   ④ 500만 원

11 다음 설명 중 잘못된 것은? (단, 2020년도 가구당 총 지출액은 2,000만 원, 2025년도 가구당 총 지출액은 2,500만 원이라 가정한다.)

① 2025년의 가구당 주거비 지출액은 2020년에 비해 줄었다.

② 2020년 가구당 식비 지출액은 월 45만 원이다.

③ 도시 가정에서의 교육비 비중은 증가하는 추세이다.

④ 2025년 주거비 · 식비 · 교육비를 제외한 기타 지출은 가구당 125만 원이다.

12 다음은 어느 식당의 시간대별 이용 고객 수를 표시한 도표이다. 이에 대한 설명으로 옳지 <u>않은</u> 것은? (단, 고객 1인당 매출은 모두 동일한 것으로 간주한다.)

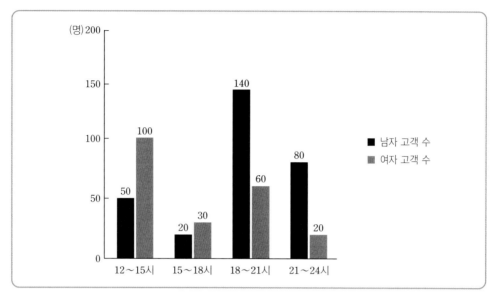

① 낮에는 여자 고객 수가 많고 밤에는 남자 고객 수가 많다.

② 고객이 가장 적은 시간대의 매출은 하루 전체 매출의 10% 수준이다.

③ 18~21시 사이의 고객 비율이 하루 전체 고객의 40%를 차지하고 있다.

④ 이 식당의 전체 매출에서 남자 고객이 차지하는 매출 비중은 60%가 넘는다.

[13~14] 아래의 〈표〉는 우리나라의 지역별 월 평균기온을 나타낸 것이다. 이를 토대로 다음 물음에 알맞은 답을 고르시오.

〈표〉 지역별 월 평균기온

(단위 : ℃)

구분	1월	4월	7월	10월
경기도	−2.2	9.4	27.5	8.9
인천시	−1.9	9.1	27.7	9.0
강원도	−6.3	5.9	23.7	4.1
대전시	0.6	8.7	25.3	6.9
제주도	3.7	13.3	27.5	12.3

Part 01 유형파악

Part 02 핵심이론

Part 03 유형연습

Part 04 직무상식/상황판단

Part 05 실전모의고사

부록

정답 및 해설

13 대전시의 경우 1월에서 4월까지 3개월 동안 월 평균기온은 매월 평균 몇 ℃씩 상승했는가?

① 2.7℃   ② 2.9℃

③ 3.1℃   ④ 3.3℃

14 1월과 7월의 평균기온 차이가 가장 큰 지역은?

① 경기도   ② 인천시

③ 강원도   ④ 제주도

[15~16] 다음 〈표〉는 거주자 외화예금 동향에 대한 자료이다. 이를 토대로 다음 물음에 알맞은 답을 고르시오.

〈표1〉 통화별 거주자 외화예금 잔액

(단위 : 억 달러)

구분	2022년	2023년	2024년	2025년
미달러화	472.5	496.6	707.9	566.5
엔화	33.7	36.3	57.9	44.3
유로화	21.4	29.6	34.5	36.1
위안화	46.8	13.5	11.2	10.9
기타통화	10.9	13.1	18.8	18.4

〈표2〉 은행별 거주자 외화예금 잔액

(단위 : 억 달러)

구분	2022년	2023년	2024년	2025년
국내은행	461.6	495.2	703.4	573.3
외은지점	123.7	93.9	126.9	102.9

15 위의 자료에 대한 설명으로 옳은 것은?

> ㄱ. 2022년 통화 중 예금 잔액은 위안화가 두 번째로 많다.
> ㄴ. 2023년 예금 잔액은 총 585.3억 달러이다.
> ㄷ. 2025년 국내은행의 외화예금 잔액은 전년대비 130.1억 달러 감소했다.
> ㄹ. 외은지점의 외화예금 잔액은 점점 줄어들고 있다.

① ㄱ, ㄷ   ② ㄴ, ㄷ

③ ㄴ, ㄹ   ④ ㄱ, ㄷ, ㄹ

16 2025년 엔화와 유로화의 비중을 각각 구하면? (단, 소수점 둘째자리에서 반올림함)

	엔화	유로화
①	4.7%	3.3%
②	5.7%	4.3%
③	6.6%	5.3%
④	7.6%	6.3%

[17~18] 아래의 〈표〉는 문화예술 관람률에 대한 자료이다. 이를 토대로 다음 물음에 알맞은 답을 고르시오.

〈표1〉 성별 · 연령별 문화예술 관람률

(단위 : %)

구분	2023년	2024년	2025년
전체	60.8	64.5	64.0
남자	58.5	62.0	61.6
여자	62.9	66.9	66.3
20세 미만	82.6	84.5	86.0
20~29세	83.4	83.7	83.8
30~39세	77.2	78.6	79.2
40~49세	67.4	73.2	73.7
50~59세	48.1	56.2	58.0

Part 01 유형파악

Part 02 핵심이론

Part 03 유형연습

Part 04 직무상식/상황판단

Part 05 실전모의고사

부록

정답 및 해설

60세 이상	21.7	28.9	29.1

〈표2〉 문화예술 종류별 관람률

(단위 : %)

구분	2023년	2024년	2025년
음악 · 연주회	13.7	13.8	13.8
연극	15.3	14.9	15.0
무용	1.3	1.2	1.3
영화	54.4	58.8	59.8
박물관	16.4	17.8	16.7
미술관	12.3	12.8	13.5

17 위의 자료에 대한 설명으로 옳지 <u>않은</u> 것은?

① 2025년 문화예술 관람률은 남자보다 여자가 더 높다.

② 2024년 60세 이상 사람들의 문화예술 관람률이 가장 낮았다.

③ 모든 연령층에서 문화예술 관람률이 점점 높아지고 있다.

④ 문화예술 중 미술관의 관람률은 계속 감소하고 있다.

18 문화예술행사를 참석한 적이 있는 **500명**을 대상으로 관람률을 조사했다면, **2025년 연극과 박물관의 관람객 수는?** (단, 소수점 첫째자리에서 반올림함)

	연극	박물관
①	72명	81명
②	73명	82명
③	74명	83명
④	75명	84명

[19~20] 다음은 미세먼지의 인식에 관한 자료이다. 자료를 참고하여 물음에 답하시오.

미세먼지의 인식

(단위 : %)

구분		전혀 불안하지 않음	별로 불안하지 않음	보통	약간 불안함	매우 불안함
성별	남자	0.9	4.2	17.6	44.9	32.4
	여자	0.6	3.3	14.7	44.6	36.8
연령	13~19세	1.4	5.5	22.4	44.9	25.8
	20~29세	1.0	3.4	18.6	41.0	36.0
	30~39세	0.5	2.5	12.4	39.7	44.9
	40~49세	0.5	3.1	14.5	43.7	38.2
	50~59세	0.7	3.3	15.3	47.3	33.4
	60세 이상	0.9	4.9	17.0	49.9	27.3
혼인 상태	미혼	1.1	4.2	19.1	43.8	31.8
	기혼	0.6	3.2	14.1	44.8	37.3
	사별	0.6	5.3	20.3	48.1	25.7
	이혼	0.6	4.4	17.0	45.3	32.7

※ 13세 이상 인구를 대상으로 조사함

19 미세먼지에 대한 인식을 남녀 총 1,000명에게 조사했을 때, 매우 불안하다고 느낀 남녀는 각각 몇 명인가?

	남자	여자
①	368명	324명
②	340명	350명
③	324명	368명
④	300명	386명

Part 01 유형파악

Part 02 핵심이론

Part 03 유형연습

Part 04 직무상식/상황면접

Part 05 실전모의고사

부록

정답 및 해설

20 위의 자료에 대한 설명으로 옳은 것은?

① 미세먼지에 대한 불안감은 남자보다 여자가 더 크다.

② 60세 이상이 미세먼지에 대해 별로 불안하지 않음의 비율이 가장 낮다.

③ 미혼인 경우 기혼보다 미세먼지에 대한 매우 불안함의 비율이 높다.

④ 사별인 경우 미세먼지에 대해 약간 불안함이 보통보다 3배 높다.

공간능력

18문항 | 10분

[01~05] 다음 조건을 참고하여 제시된 입체도형의 전개도를 고르시오.

- 입체도형을 전개하여 전개도를 만들 때, 전개도에 표시된 그림(예 : ▌, ◪ 등)은 회전의 효과를 반영함. 즉, 본 문제의 풀이과정에서 보기의 전개도 상에 표시된 "▌"와 "▬"은 서로 다른 것으로 취급함.
- 단, 기호 및 문자(예 : ☎, ♤, ♨, K, H)의 회전에 의한 효과는 본 문제의 풀이과정에 반영하지 않음. 즉, 입체도형을 펼쳐 전개도를 만들었을 때에 "☎"의 방향으로 나타나는 기호 및 문자도 보기에서는 "☎"방향으로 표시하며 동일한 것으로 취급함.

01

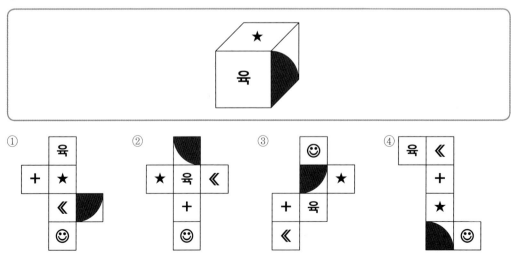

02

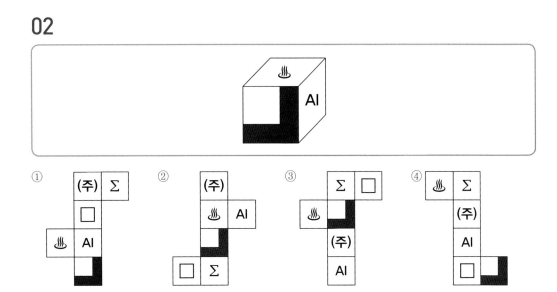

03

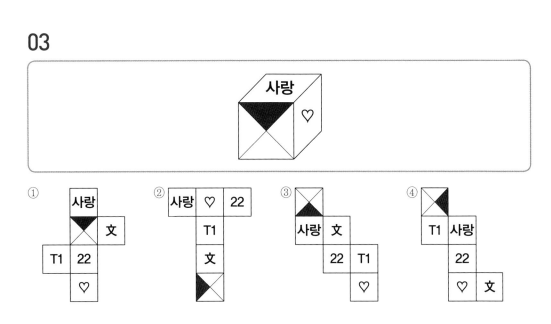

Part 01 유형파악

Part 02 핵심이론

Part 03 유형연습

Part 04 직무상식/상황판단

Part 05 실전모의고사

부 록

정답 및 해설

04

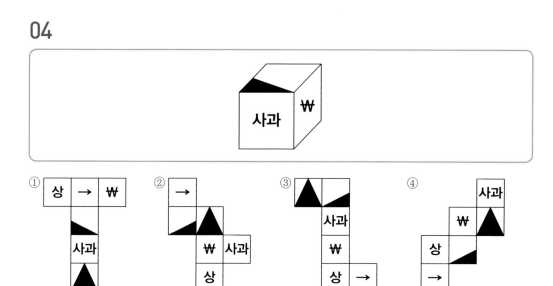

05

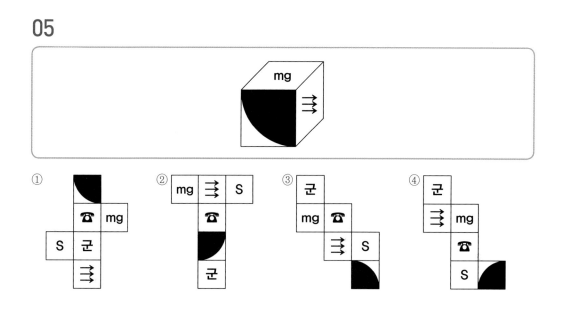

[06~10] 다음 전개도의 입체도형으로 알맞은 것을 고르시오.

- 입체도형을 전개하여 전개도를 만들 때, 전개도에 표시된 그림(예 : **▌**, ◪ 등)은 회전의 효과를 반영함. 즉, 본 문제의 풀이과정에서 보기의 전개도 상에 표시된 "**▌▌**"와 "**━**"은 서로 다른 것으로 취급함.
- 단, 기호 및 문자(예 : ☎, ♨, ♨, K, H)의 회전에 의한 효과는 본 문제의 풀이과정에 반영하지 않음. 즉, 입체도형을 펼쳐 전개도를 만들었을 때에 "☎"의 방향으로 나타나는 기호 및 문자도 보기에서는 "☎"방향으로 표시하며 동일한 것으로 취급함.

06

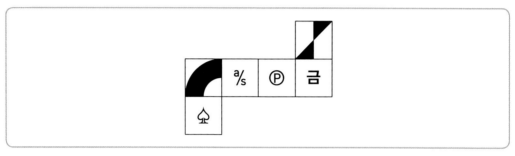

①  ②  ③  ④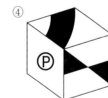

07

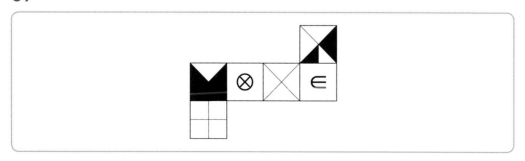

 ①  ②  ③  ④

08

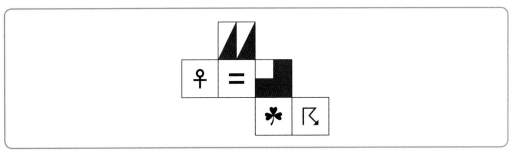

 ①  ② 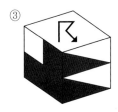 ③ 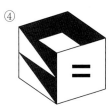 ④

09

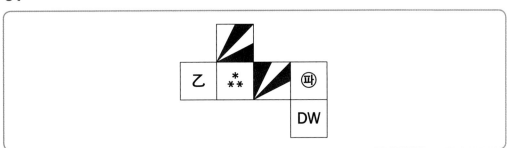

 ①  ②  ③  ④

10

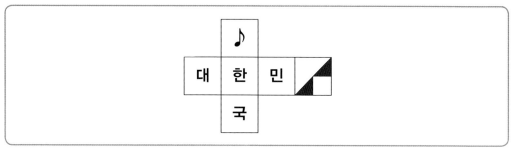

  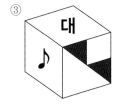 

[11~14] 다음 제시된 블록의 개수를 고르시오.(단, 보이지 않는 뒤의 블록은 없다고 생각한다.)

11

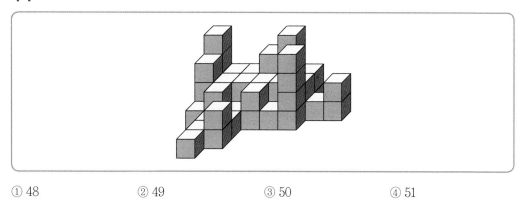

① 48   ② 49   ③ 50   ④ 51

Part 01 유형파악

Part 02 핵심이론

Part 03 유형연습

Part 04 직무성격/상황판단

Part 05 실전모의고사

부록

정답 및 해설

12

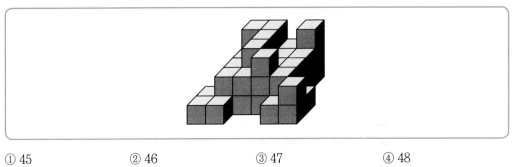

① 45　　　　　　② 46　　　　　　③ 47　　　　　　④ 48

13

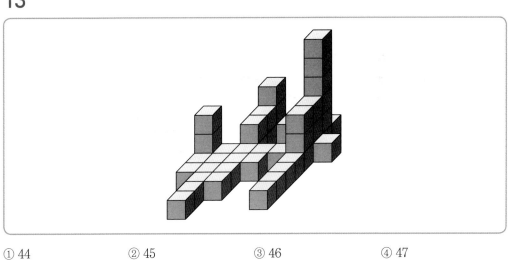

① 44　　　　　　② 45　　　　　　③ 46　　　　　　④ 47

14

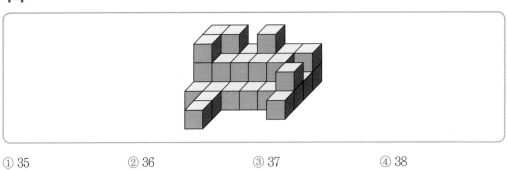

① 35　　　　　　② 36　　　　　　③ 37　　　　　　④ 38

[15~18] 다음 제시된 블록을 화살표 방향에서 바라봤을 때의 모양을 고르시오.

15

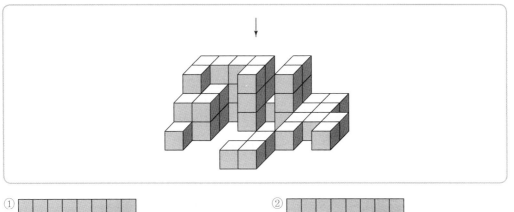

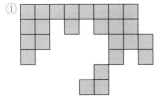

①

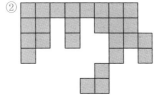

②

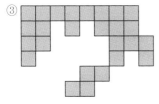

③

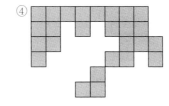

④

16

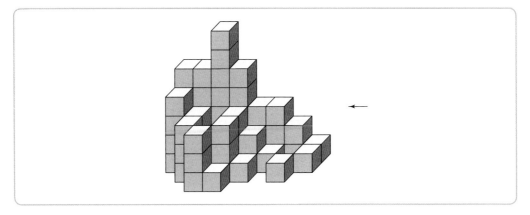

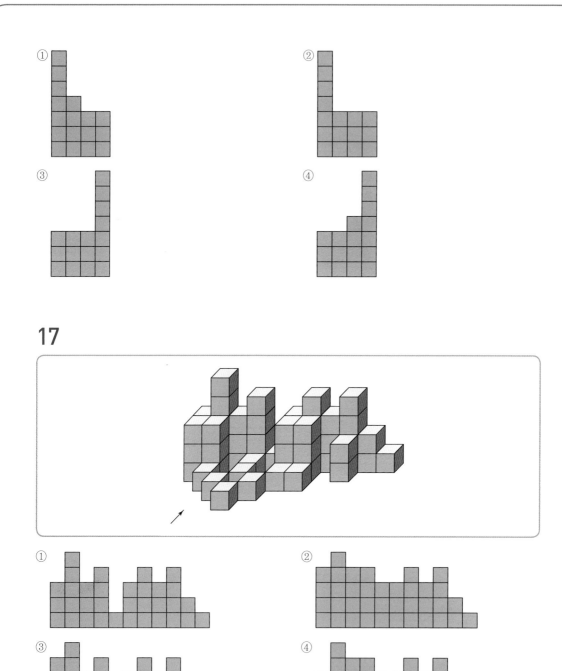

17

18

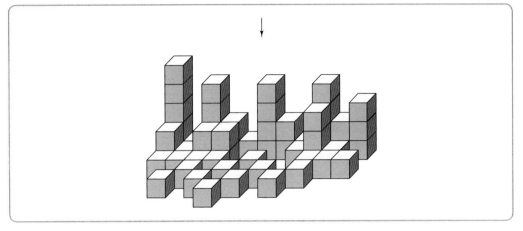

①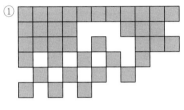

②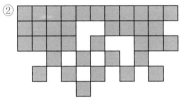

③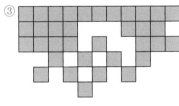

④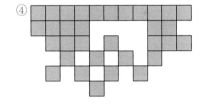

Part 01 유형파악

Part 02 핵심이론

Part 03 유형연습

Part 04 지무적성상황판단

Part 05 실전모의고사

부 록

정답 및 해설

[01~05] 다음 〈보기〉의 왼쪽과 오른쪽의 대응을 참고하여 각 문제의 대응이 같으면 답안지에 '① 맞음'을, 틀리면 '② 틀림'을 선택하시오.

― 〈보기〉 ―

2 = 해	41 = 작	24 = 포	15 = 연	33 = 지
17 = 군	8 = 전	38 = 탄	7 = 대	26 = 령

01

8 33 군 15 포 ― 전 지 17 연 24

① 맞음　　　　　　　　② 틀림

02

41 38 2 포 대 ― 작 탄 해 24 17

① 맞음　　　　　　　　② 틀림

03

17 15 령 전 33 대 ― 군 연 26 41 지 7

① 맞음　　　　　　　　② 틀림

04

포 대 15 2 작 17 ― 24 7 연 해 41 군

① 맞음　　　　　　　　② 틀림

05

전 26 2 군 33 7 41 - 8 령 해 17 지 대 포

① 맞음   ② 틀림

[06~10] 다음 〈보기〉의 왼쪽과 오른쪽의 대응을 참고하여 각 문제의 대응이 같으면 답안지에 '①
맞음'을, 틀리면 '② 틀림'을 선택하시오.

─〈 보기 〉─

@ = p	* = x	$ = e	& = b
₩ = j	# = w	% = k	~ = m

06

* % ₩ p # - x k j @ e

① 맞음   ② 틀림

07

& m $ j % x - b ~ e @ k *

① 맞음   ② 틀림

08

b m * $ @ - w & ~ x e p

① 맞음   ② 틀림

Part 01 유형파악

Part 02 핵심이론

Part 03 유형연습

Part 04 직무성격/상황판단

Part 05 실전모의고사

부 록

정답 및 해설

09

% p ~ ₩ e & − k @ m j $ b

① 맞음 ② 틀림

10

m & * e j # − ~ b x % ₩ w

① 맞음 ② 틀림

[11~15] 다음 〈보기〉의 왼쪽과 오른쪽의 대응을 참고하여 각 문제의 대응이 같으면 답안지에 '① 맞음'을, 틀리면 '② 틀림'을 선택하시오.

〈보기〉

⑪ = Ǣ	⑰ = Đ	㉖ = Ħ	㉜ = Ĳ	㊺ = Ŀ
(50) = Ø	㊳ = Œ	㉓ = Ŧ	㉗ = ←	⑧ = ↑

11

⑪ ㊳ ㉓ ㉜ − Ǣ Œ Ŧ Ĳ

① 맞음 ② 틀림

12

(50) ㊺ ⑰ ㉖ − Ø Ŀ Đ Ǣ

① 맞음 ② 틀림

13

⑧ ㉓ ㉗ ⑪ – ↑ Ŧ ← Æ

① 맞음   ② 틀림

14

㉜ ㉖ ㊳ ㊿ – IJ Ħ Æ Ø

① 맞음   ② 틀림

15

⑰ ㉗ ㉜ ㊺ – Đ ← IJ Ŀ

① 맞음   ② 틀림

[16~20] 다음 〈보기〉의 왼쪽과 오른쪽의 대응을 참고하여 각 문제의 대응이 같으면 답안지에 '① 맞음'을, 틀리면 '② 틀림'을 선택하시오.

─〈보기〉─

| plus = 자동차 | play = 카메라 | page = 여권 | pink = 라디오 | pump = 비행기 |
| pilot = 유채꽃 | piano = 곶감 | point = 김밥 | pizza = 제주도 | print = 바둑 |

16

point pink plus pump pilot – 김밥 라디오 자동차 비행기 유채꽃

① 맞음   ② 틀림

17

> page piano print play pizza – 여권 곶감 바둑 카메라 라디오

① 맞음   ② 틀림

18

> pump play plus piano page – 비행기 카메라 자동차 곶감 여권

① 맞음   ② 틀림

19

> pilot print pink pizza plus – 카메라 바둑 라디오 제주도 자동차

① 맞음   ② 틀림

20

> piano page point pilot pump – 곶감 여권 김밥 유채꽃 비행기

① 맞음   ② 틀림

[21~30] 문제의 왼쪽에 제시된 기호, 문자, 숫자의 개수를 모두 세어 개수를 고르시오.

21

ㅎ	유행이란 어떠한 양식이나 현상이 새로운 경향으로서 널리 퍼지는 것, 또는 그러한 경향을 의미한다.

① 5개   ② 6개   ③ 7개   ④ 8개

22

| 江 | 工車共江功京江工拱洞江音工巨車共拱江功洞音江
巨京事江打子丈文河江里工工功江巨居文江門里音 |

① 8개　　　　② 9개　　　　③ 10개　　　　④ 11개

23

| 7 | 9150028571204935059096279489891468585049
873829861205867120356 |

① 2개　　　　② 3개　　　　③ 4개　　　　④ 5개

24

| ㄹ | 종이 없는 '미래의 사무실'을 예견한 지 오랜 시간이 흘렀지만 전자적 형태를 띠고 있는 경영 정보는 1%에 불과하다. |

① 6개　　　　② 7개　　　　③ 8개　　　　④ 9개

25

| y | The country will enjoy warm, fine weather through Sunday |

① 1개　　　　② 2개　　　　③ 3개　　　　④ 4개

Part 01 유형파악
Part 02 핵심이론
Part 03 유형연습
Part 04 직무적성훈련단
Part 05 실전모의고사
부록
정답 및 해설

26

▶

◀▷△■▲●◆◀◉◈▲▼▶●◆▲■▲▼▶◀
◈◁◀▲△▼■◀▲▼◆▼▽△◆◎★●◇■☆▼
▽▲

① 2개   ② 3개   ③ 4개   ④ 5개

27

1

keiai209k291jihb35092jfjigi294710kdjgiidiq8id9
248317i16598132056715913691878isd1r5w6s9f3w
5s17461869531685

① 9개   ② 10개   ③ 11개   ④ 12개

28

∵

늑ㅂ∴∵늑'∴ㅂ∴'늑'∵늑∷∴∵∴ㅂ∴'늑∷ㅂ∴'늑
∷∴∵늑ㅂ∴'늑ㅂ∴∴늑ㅂ∴∴ㅂ∴'늑ㅂ
∴∵늑∴∴∵

① 2개   ② 4개   ③ 6개   ④ 8개

29

F2

F2 F4 F4 F2 F5 F6 F4 F7 F2 F7 F1 F8 F2 F8 F3 F2 F1 F1 F9 F5 F2
F5 F3 F2 F4 F9 F2 F2 F3 F4 F3 F2 F8 F1 F7 F6 F8 F4 F2 F7 F6 F1
F2 F4 F2 F4 F1 F3 F5 F2 F3 F4 F5 F1 F3 F2

① 14개   ② 15개   ③ 16개   ④ 17개

30

kHz	gHz tHz kHz mHz gHz mHz sHz kHz tHz kHz kHz tHz sHz kHz tHz gHz hHz tHz hHz kHz gHz sHz sHz mHz kHz tHz mHz kHz mHz kHz gHz tHz sHz gHz tHz mHz kHz

① 10개   ② 11개   ③ 12개   ④ 13개

Part 01 유형파악

Part 02 핵심이론

Part 03 유형연습

Part 04 직무상식/상황판단

Part 05 실전모의고사

부 록

정답 및 해설

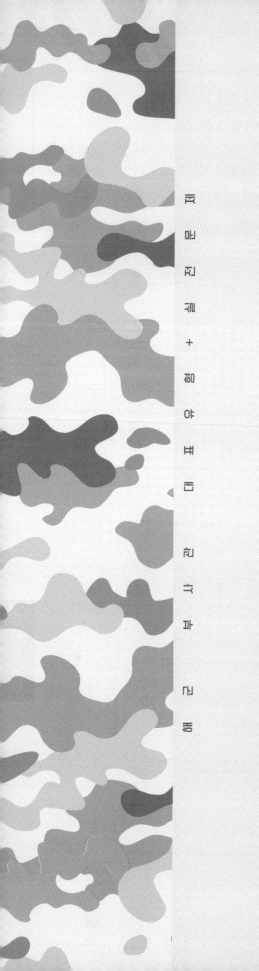

지문 전설 + 형 야 대 표 전 사 부 군 해

부록

부사관 필수 어휘

순 우리말

사람의 신체와 관련된 어휘

- **가는 귀** : 작은 소리까지 듣는 귀 또는 그런 귀의 능력
- **거위영장** : 여위고 키가 크며 목이 긴 사람을 놀림조로 이르는 말
- **곡두** : 눈앞에 없는 것이 있는 것처럼 보이는 것 = 환영(幻影)
- **광대등걸** : 1. 거칠고 보기 흉하게 생긴 나뭇등걸 2. 살이 빠져 뼈만 남은 앙상한 얼굴
- **굴때장군** : 키가 크고 몸이 굵으며 살갗이 검은 사람을 놀림조로 이르는 말
- **귀밑머리** : 1. 이마 한가운데를 중심으로 좌우로 갈라 귀 뒤로 넘겨 땋은 머리 2. 뺨에서 귀의 가까이에 난 머리털
- **나룻** : 수염. 성숙한 남자의 입 주변이나 턱 또는 뺨에 나는 털
- **눈시울** : 눈언저리의 속눈썹이 난 곳
- **눈두덩** : 눈언저리의 두두룩한 곳
- **눈망울** : 눈알 앞쪽의 도톰한 곳. 또는 눈동자가 있는 곳
- **더벅머리** : 1. 더부룩하게 난 머리털 2. 터부룩한 머리털을 가진 사람
- **덩저리** : 1. 좀 크게 뭉쳐서 쌓인 물건의 부피 2. '몸집'을 낮잡아 이르는 말
- **멱살** : 1. 사람의 멱 부분의 살 또는 그 부분 2. 사람의 멱이 닿는 부분의 옷깃
- **명치** : 사람의 복장뼈 아래 한가운데의 오목하게 들어간 곳. 급소의 하나이다.
- **몽구리** : 바싹 깎은 머리
- **배코** : 상투를 앉히려고 머리털을 깎아 낸 자리
- **샅** : 1. 두 다리의 사이 2. 두 물건의 틈
- **손아귀** : 1. 엄지손가락과 다른 네 손가락과의 사이 2. 손으로 쥐는 힘 3. 세력이 미치는 범위
- **오금** : 무릎의 구부러지는 오목한 안쪽 부분
- **정강이** : 무릎 아래에서 앞 뼈가 있는 부분
- **정수리** : 머리 위의 숫구멍이 있는 자리
- **제비초리** : 뒤통수나 앞이마의 한가운데에 골을 따라 아래로 뾰족하게 내민 머리털
- **콧마루** : 콧등의 마루가 진 부분

- 콧방울 : 코끝 양쪽으로 둥글게 방울처럼 내민 부분
- 허우대 : 겉으로 드러난 체격. 주로 크거나 보기 좋은 체격을 이른다.
- 허구리 : 허리 좌우의 갈비뼈 아래 잘쏙한 부분
- 허울 : 실속이 없는 겉모양

사람의 행위와 관련된 어휘

- 가탈 : 1. 일이 순조롭게 나아가는 것을 방해하는 조건 2. 이리저리 트집을 잡아 까다롭게 구는 일
- 각다귀판 : 서로 남의 것을 뜯어먹으려고 덤비는 판을 비유적으로 이르는 말
- 갈무리 : 1. 물건 따위를 잘 정리하거나 간수함 2. 일을 처리하여 마무리함
- 구나방 : 말이나 행동이 모질고 거칠고 사나운 사람을 이르는 말
- 내친걸음 : 1. 이왕 나선 걸음 2. 이왕에 시작한 일
- 너스레 : 수다스럽게 떠벌려 늘어놓는 말이나 짓
- 넉장거리 : 네 활개를 벌리고 뒤로 벌렁 나자빠짐
- 뒷갈망 : 일의 뒤끝을 맡아서 처리함 = 뒷감당, 뒷담당
- 뒷말 : 1. 계속되는 이야기의 뒤를 이음. 또는 그런 말 2. 일이 끝난 뒤에 뒷공론으로 하는 말. ≒ 뒷소리
- 뒷배 : 겉으로 나서지 않고 뒤에서 보살펴 주는 일
- 뒷손 : 1. 일을 마친 뒤에 다시 하는 손질 2. 몰래 또는 뒤에서 손을 써서 하는 일
- 드난살이 : 남의 집에서 드난으로 지내는 생활
- 마수걸이 : 1. 맨 처음으로 물건을 파는 일 또는 거기서 얻은 소득 2. 맨 처음으로 부딪는 일
- 모꼬지 : 놀이나 잔치 또는 그 밖의 일로 여러 사람이 모이는 일
- 선걸음 : 이미 내디뎌 걷고 있는 그대로의 걸음
- 아귀다툼 : 각자 자기의 욕심을 채우고자 서로 헐뜯고 기를 쓰며 다투는 일
- 아람치 : 개인이 사사로이 차지하는 몫
- 어둑서니 : 어두운 밤에 아무것도 없는데, 있는 것처럼 잘못 보이는 것
- 엉너리 : 남의 환심을 사기 위하여 어벌쩡하게 서두르는 짓
- 옴니암니 : 1. 다 같은 이인데 자질구레하게 어금니 앞니 따진다는 뜻으로, 아주 자질구레한 것을 이르는 말 2. 자질구레한 일에 대하여까지 좀스럽게 셈하거나 따지는 모양 ≒ 암니옴니
- 용고뚜리 : 지나치게 담배를 많이 피우는 사람을 놀림조로 이르는 말
- 잰걸음 : 보폭이 짧고 빠른 걸음
- 죽살이 : 죽고 사는 것을 다투는 정도의 고생
- 한동자 : 끼니를 마친 후 새로 밥을 짓는 일
- 허드렛일 : 중요하지 아니하고 허름한 일

Part 01 유형파악
Part 02 핵심이론
Part 03 유형연습
Part 04 직무성격/상황판단
Part 05 실전모의고사
부록
정답 및 해설

사람의 특징·관계·직업 등과 관련된 어휘

- **가납사니** : 1. 쓸데없는 말을 지껄이기 좋아하는 수다스러운 사람 2. 말다툼을 잘하는 사람
- **가시버시** : '부부'를 낮잡아 이르는 말
- **갈가위** : 인색하여 제 욕심만을 채우려는 사람
- **갖바치** : 예전에, 가죽신을 만드는 일을 직업으로 하던 사람 ≒ 주피장, 혜장
- **골비단지** : 몹시 허약하여 늘 병으로 골골거리는 사람을 속되게 이르는 말
- **깜냥** : 스스로 일을 헤아림 또는 헤아릴 수 있는 능력
- **꽁무니바람** : 뒤쪽에서 불어오는 바람
- **꼽꼽쟁이** : 성질이 잘고 서두르는 사람을 낮잡아 이르는 말
- **대갈마치** : 온갖 어려운 일을 겪어서 아주 야무진 사람을 비유적으로 이르는 말
- **데퉁바리** : 말과 행동이 거칠고 미련한 사람
- **도섭쟁이** : 주책없이 능청맞고 수선스럽게 변덕을 아주 잘 부리는 사람을 낮잡아 이르는 말
- **따라지** : 보잘것없거나 하찮은 처지에 놓인 사람이나 물건을 속되게 이르는 말
- **뜨내기** : 1. 일정한 거처가 없이 떠돌아다니는 사람 2. 어쩌다가 간혹 하는 일
- **마당발** : 인간관계가 넓어서 폭넓게 활동하는 사람
- **마파람** : 뱃사람들의 은어로, '남풍'을 이르는 말
- **만무방** : 1. 염치가 없이 막된 사람 2. 아무렇게나 생긴 사람
- **망석중** : 1. 나무로 다듬어 만든 인형의 하나. 팔다리에 줄을 매어 그 줄을 움직여 춤을 추게 한다. 2. 남이 부추기는 대로 따라 움직이는 사람을 비유적으로 이르는 말
- **모도리** : 빈틈없이 아주 여무진 사람
- **몽니** : 정당한 대우를 받지 못할 때 권리를 주장하기 위하여 심술을 부리는 성질
- **무룡태** : 능력은 없고 그저 착하기만 한 사람
- **안다니** : 무엇이든지 잘 아는 체하는 사람
- **어정잡이** : 1. 겉모양만 꾸미고 실속이 없는 사람 2. 됨됨이가 조금 모자라 자기가 맡은 일을 제대로 처리하지 못하는 사람
- **자린고비** : 다라울 정도로 인색한 사람을 낮잡아 이르는 말
- **지체** : 어떤 집안이나 개인이 사회에서 차지하고 있는 신분이나 지위
- **트레바리** : 이유 없이 남의 말에 반대하기를 좋아함. 또는 그런 성격을 지닌 사람
- **하늬바람** : 서쪽에서 부는 바람. 주로 농촌이나 어촌에서 이르는 말
- **하리쟁이** : 하리노는 것을 일삼는 사람

자연현상이나 자연물과 관련된 어휘

- **가랑비** : 가늘게 내리는 비. 이슬비보다는 좀 굵다
- **간자미** : 가오리의 새끼
- **개부심** : 장마로 큰물이 난 뒤, 한동안 쉬었다가 다시 퍼붓는 비가 명개를 부시어 냄 또는 그 비
- **개호주** : 범의 새끼
- **고도리** : 1. 고등어의 새끼 2. '고등어'의 옛말
- **굼벵이** : 매미, 풍뎅이, 하늘소와 같은 딱정벌레목의 애벌레로 누에와 비슷하게 생겼으나 몸의 길이가 짧고 뚱뚱함
- **까막까치** : 까마귀와 까치를 아울러 이르는 말
- **너럭바위** : 넓고 평평한 큰 돌 = 반석(盤石)
- **너울** : 바다의 크고 사나운 물결
- **노가리** : 명태의 새끼
- **는개** : 안개비보다는 조금 굵고 이슬비보다는 가는 비
- **능소니** : 곰의 새끼
- **늦사리** : 제철보다 늦게 농작물을 수확하는 일 또는 그런 작물
- **도래샘** : 빙 돌아서 흐르는 샘물
- **동부레기** : 뿔이 날 만한 나이의 송아지
- **무녀리** : 한 태에 낳은 여러 마리 새끼 가운데 가장 먼저 나온 새끼
- **무서리** : 늦가을에 처음 내리는 묽은 서리
- **엇부루기** : 아직 큰 소가 되지 못한 수송아지
- **여우비** : 볕이 나 있는 날 잠깐 오다가 그치는 비
- **푸성귀** : 사람이 가꾼 채소나 저절로 난 나물 따위를 통틀어 이르는 말
- **하릅강아지** : 나이가 한 살 된 강아지
- **해거름** : 해가 서쪽으로 넘어가는 일 또는 그런 때
- **해넘이** : 해가 막 넘어가는 때 또는 그런 현상
- **해미** : 바다 위에 낀 아주 짙은 안개

사람의 성품과 관련된 어휘

- **감때사납다** : 1. 사람이 억세고 사납다. 2. 사물이 험하고 거칠다.
- **곰살맞다** : 몹시 부드럽고 친절하다.
- **공변되다** : 행동이나 일 처리가 사사롭거나 한쪽으로 치우치지 않고 공평하다.

Part 01 유형파악
Part 02 핵심이론
Part 03 유형연습
Part 04 직무성격/상황판단
Part 05 실전모의고사
부록
정답 및 해설

- **괄괄스럽다** : 보기에 성질이 세고 급한 데가 있다.

- **굼슬겁다** : 성질이 보기보다 너그럽고 부드럽다.

- **끌밋하다** : 1. 모양이나 차림새 따위가 매우 깨끗하고 헌칠하다. 2. 손끝이 여물다.

- **뒤웅스럽다** : 생긴 꼴이 뒤웅박처럼 미련한 데가 있다.

- **맵짜다** : 1. 음식의 맛이 맵고 짜다. 2. 바람 따위가 매섭게 사납다. 3. 성미가 사납고 독하다. 4. 성질 따위가 야무지고 옹골차다.

- **맵차다** : 1. 맵고 차다. 2. 옹골차고 야무지다.

- **무람없다** : 예의를 지키지 않으며 삼가고 조심하는 것이 없다.

- **물색없다** : 말이나 행동이 형편에 맞거나 조리에 닿지 아니하다.

- **새살스럽다** : 성질이 차분하지 못하고 가벼워 말이나 행동이 실없고 부산한 데가 있다.

- **실팍지다** : 사람이나 물건 따위가 보기에 매우 실한 데가 있다.

- **야금받다** : 1. 야무지고 다부지다. 2. 무슨 기회든지 재빠르게 붙잡아 이용하는 소질이 있다.

- **암상스럽다** : 보기에 남을 시기하고 샘을 잘 내는 데가 있다.

- **어험스럽다** : 1. 짐짓 위엄이 있어 보이는 듯하다. 2. 굴이나 구멍 따위가 텅 비고 우중충한 데가 있다.

- **옹글다** : 1. 물건 따위가 조각나거나 손상되지 아니하고 본대로 있다. 2. 조금도 축가거나 모자라지 아니하다. 3. 매우 실속 있고 다부지다.

- **의뭉하다** : 겉으로는 어리석은 것처럼 보이면서 속으로는 엉큼하다.

- **찬찬스럽다** : 보기에 성질, 솜씨, 행동 따위가 꼼꼼하고 자상한 데가 있다.

- **츱츱스럽다** : 보기에 너절하고 염치없는 데가 있다.

상황 또는 상태, 외양과 관련된 어휘

- **가년스럽다** : 보기에 가난하고 어려운 데가 있다.

- **가멸다** : 재산이나 자원 따위가 넉넉하고 많다.

- **가뭇없다** : 1. 보이던 것이 전혀 보이지 않아 찾을 곳이 감감하다. 2. 눈에 띄지 않게 감쪽같다.

- **거방지다** : 1. 몸집이 크다. 2. 하는 짓이 점잖고 무게가 있다. 3. 매우 푸지다.

- **깔밋하다** : 1. 모양새나 차림새 따위가 아담하고 깔끔하다. 2. 손끝이 야물다.

- **남우세스럽다** : 남에게 놀림과 비웃음을 받을 듯하다.

- **녹녹하다** : 1. 촉촉한 기운이 약간 있다. 2. 물기나 기름기가 있어 딱딱하지 않고 좀 무르며 보드랍다.

- **대근하다** : 견디기가 어지간히 힘들고 만만치 않다.

- **매캐하다** : 연기나 곰팡이 따위의 냄새가 맵고 싸하다.

- **몽실하다** : 통통하게 살이 쪄서 보드랍고 야들야들한 느낌이 있다.

- **스산스럽다** : 어수선하고 쓸쓸한 분위기가 있다.

- **시금떨떨하다** : 맛이나 냄새 따위가 조금 시면서도 떫다.
- **실팍하다** : 사람이나 물건 따위가 보기에 매우 실하다.
- **싱겁다** : 사람의 말이나 행동이 상황에 어울리지 않고 다소 엉뚱한 느낌을 주다.
- **어금지금하다** : 서로 엇비슷하여 정도나 수준에 큰 차이가 없다. = 어금버금하다.
- **영절스럽다** : 아주 그럴듯하다.
- **옴팡지다** : 1. 보기에 가운데가 좀 오목하게 쏙 들어가 있다. 2. 아주 심하거나 지독한 데가 있다.
- **잗다랗다** : 1. 꽤 잘다. 2. 아주 자질구레하다. 3. 볼만한 가치가 없을 정도로 하찮다.
- **좀스럽다** : 1. 사물의 규모가 보잘것없이 작다. 2. 도량이 좁고 옹졸한 데가 있다.
- **찹찹하다** : 1. 포개어 쌓은 물건이 엉성하지 아니하고 차곡차곡 가지런하게 가라앉아 있다. 2. 마음이 들뜨지 아니하고 차분하다.
- **푼푼하다** : 1. 모자람이 없이 넉넉하다. 2. 옹졸하지 아니하고 시원스러우며 너그럽다.
- **헌칠하다** : 키나 몸집 따위가 보기 좋게 어울리도록 크다.
- **헤식다** : 1. 바탕이 단단하지 못하여 헤지기 쉽다. 또는 차진 기운이 없이 푸슬푸슬하다. 2. 맺고 끊는 데가 없이 싱겁다. 3. 일판이나 술판 따위에서 흥이 깨어져 서먹서먹하다.
- **훗훗하다** : 1. 약간 갑갑할 정도로 훈훈하게 덥다. 2. 마음을 부드럽게 녹여 주는 듯한 훈훈한 기운이 있다.

음성 상징어

- **가붓가붓** : 여럿이 다 조금 가벼운 듯한 느낌
- **갈근갈근** : 목구멍에 가래 따위가 걸려 간지럽게 자꾸 가치작거리는 모양
- **감실감실** : 사람이나 물체, 빛 따위가 먼 곳에서 자꾸 아렴풋이 움직이는 모양
- **곰실곰실** : 작은 벌레 따위가 한데 어우러져 조금씩 자꾸 굼뜨게 움직이는 모양
- **깨죽깨죽** : 1. 자꾸 불평스럽게 종알거리는 모양 2. 자꾸 음식을 먹기 싫은 듯이 되씹는 모양
- **남상남상** : 1. 자꾸 좀 얄밉게 넘어다보는 모양 2. 남의 것을 탐내어 가지려고 좀스럽게 자꾸 기회를 엿보는 모양 3. 액체가 그릇에 가득 차서 넘칠 듯한 모양
- **녹신녹신** : 질기거나 차진 물체가 여럿이 다 또는 매우 무르고 보드라운 모양
- **다문다문** : 1. 시간적으로 잦지 아니하고 좀 드문 모양 2. 공간적으로 배지 아니하고 사이가 좀 드문 모양
- **데면데면** : 1. 사람을 대하는 태도가 친밀감이 없이 예사로운 모양 2. 성실이 꼼꼼하지 않아 행동이 신중하거나 조심스럽지 않은 모양
- **몬닥몬닥** : 작은 덩이로 자꾸 똑똑 끊어지거나 잘라지는 모양
- **미적미적** : 1. 무거운 것을 조금씩 앞으로 자꾸 내미는 모양 2. 해야 할 일이나 날짜 따위를 미루어 자

꾸 시간을 끄는 모양 = 미루적미루적 3. 자꾸 꾸물대거나 망설이는 모양

- **배죽배죽** : 언짢거나 비웃거나 울려고 할 때 소리 없이 입을 내밀고 샐룩거리는 모양
- **뿌득뿌득** : 억지를 부려 제 생각대로만 하려고 자꾸 우기거나 조르는 모양
- **스멀스멀** : 살갗에 벌레가 자꾸 기어가는 것처럼 근질근질한 느낌
- **슴벅슴벅** : 1. 눈꺼풀을 움직이며 눈을 자꾸 감았다 떴다 하는 모양 2. 눈이나 살 속이 찌르듯이 자꾸 시근시근한 모양
- **씨엉씨엉** : 걸음걸이나 행동 따위가 기운차고 활기 있는 모양
- **아등바등** : 무엇을 이루려고 애를 쓰거나 우겨 대는 모양
- **올강올강** : 단단하고 오돌오돌한 물건이 잘 씹히지 아니하고 입 안에서 요리조리 자꾸 미끄러지는 모양
- **워석버석** : 얇고 뻣뻣한 물건이나 풀기가 센 옷 따위가 부스러지거나 서로 크게 스치는 소리. 또는 그 모양
- **자밤자밤** : 나물이나 양념 따위를 손가락 끝으로 집을 만한 정도의 분량만큼 잇따라 집는 모양

숫자를 나타내는 어휘

- **강다리** : 쪼갠 장작을 묶어 세는 단위. 한 강다리는 쪼갠 장작 백 개비를 이른다.
- **거리** : 오이나 가지 따위를 묶어 세는 단위(한 거리는 오이나 가지 오십 개)
- **꾸러미** : 꾸리어 싼 물건을 세는 단위. 달걀 열 개를 묶어 세는 단위
- **담불** : 벼를 백 섬씩 묶어 세는 단위
- **매** : 젓가락 한 쌍을 세는 단위
- **모숨** : 길고 가느다란 물건의, 한 줌 안에 들어올 만한 분량을 세는 단위
- **뭇** : 1. 짚, 장작, 채소 따위의 작은 묶음을 세는 단위 2. 볏단을 세는 단위 3. 생선을 묶어 세는 단위(한 뭇은 생선 열 마리) 4. 미역을 묶어 세는 단위(한 뭇은 미역 열 장)
- **벌** : 옷, 그릇 따위가 두 개 또는 여러 개 모여 갖추는 덩어리를 세는 단위
- **섬** : 부피의 단위. 곡식, 가루, 액체 따위의 부피를 잴 때 쓴다(한 섬은 한 말의 열 배)
- **손** : 한 손에 잡을 만한 분량을 세는 단위. 조기, 고등어, 배추 따위 한 손은 큰 것 하나와 작은 것 하나를 합한 것을 이르고, 미나리나 파 따위 한 손은 한 줌 분량을 이른다.
- **쌈** : 1. 바늘을 묶어 세는 단위(한 쌈은 바늘 스물네 개) 2. 옷감, 피혁 따위를 알맞은 분량으로 싸 놓은 덩이를 세는 단위. 3. 금의 무게를 나타내는 단위(한 쌈은 금 백 냥쭝)
- **접** : 채소나 과일 따위를 묶어 세는 단위(한 접은 채소나 과일 백 개)
- **제** : 한약의 분량을 세는 단위. 한 제는 탕약 스무 첩. 또는 그만한 분량으로 지은 환약 따위를 이른다.
- **죽** : 옷, 그릇 따위의 열 벌을 묶어 이르는 말

- 줌 : 주먹으로 쥘 만한 분량
- 첩 : 반상기 한 벌에 갖추어진 쟁첩을 세는 단위
- 켤레 : 신, 양말, 버선, 방망이 따위의 짝이 되는 두 개를 한 벌로 세는 단위
- 쾌 : 1. 북어를 묶어 세는 단위(한 쾌는 북어 스무 마리) 2. 엽전을 묶어 세던 단위(한 쾌는 엽전 열 냥)
- 타래 : 사리어 뭉쳐 놓은 실이나 노끈 따위의 뭉치를 세는 단위
- 토리 : 실뭉당이를 세는 단위
- 톳 : 김을 묶어 세는 단위. 한 톳은 김 100장을 이른다.

주요 관용구 · 속담

신체와 관련 있는 관용구

- 가슴을 저미다 : 생각이나 느낌이 매우 심각하고 간절하여 가슴을 칼로 베는 듯한 아픔을 느끼게 하다.
- 가슴에 칼을 품다 : 상대편에게 모진 마음을 먹거나 흉악한 생각을 하다.
- 가슴이 콩알만 하다(해지다) : 불안하고 초조하여 마음을 펴지 못하고 있다.
- 간도 쓸개도 없다 : 용기나 줏대 없이 남에게 굽히다.
- 간에 기별도 안 가다 : 먹은 것이 너무 적어 먹으나 마나 하다.
- 간장을 녹이다 : 감언이설, 아양 따위로 상대편의 환심을 사다.
- 귀를 씻다 : 세속의 더러운 이야기를 들은 귀를 씻는다는 뜻으로, 세상의 명리를 떠나 깨끗하게 삶을 비유적으로 이르는 말
- 눈에 어리다 : 어떤 모습이 잊혀지지 않고 머릿속에 뚜렷하게 떠오르다.
- 눈에 불을 켜다 : 1. 몹시 욕심을 내거나 관심을 기울이다. 2. 화가 나서 눈을 부릅뜨다.
- 다리가 길다 : 음식 먹는 자리에 우연히 가게 되어 먹을 복이 있다.
- 다리품을 팔다 : 1. 길을 많이 걷다. 2. 남에게 품삯을 받고 먼 길을 걸어서 다녀오다.
- 머리가 굳다 : 1. 사고방식이나 사상 따위가 완고하다. 2. 기억력 따위가 무디다.
- 머리에 서리가 앉다 : 머리가 희끗희끗하게 세다. 또는 늙다.
- 목에 힘을 주다 : 거드름을 피우거나 남을 깔보는 듯한 태도를 취하다.
- 발을 구르다 : 매우 안타까워하거나 다급해하다.
- 배를 두드리다 : 생활이 풍족하거나 살림살이가 윤택하여 안락하게 지내다.
- 배알이 꼴리다(뒤틀리다) : 비위에 거슬려 아니꼽게 생각된다.
- 손에 장을 지지다 : 어떤 사실이나 사건 따위를 전혀 믿을 수가 없다.
- 손톱도 안 들어가다 : 사람됨이 몹시 야무지고 인색하다.
- 어깨를 겨누다(겨루다) : 서로 비슷한 지위나 힘을 가지다.

- 얼굴이 넓다 : 사귀어 아는 사람이 많다.
- 엉덩이가 가볍다 : 어느 한자리에 오래 머물지 못하고 바로 자리를 뜨다.
- 입을 씻다(닦다) : 이익 따위를 혼자 차지하거나 가로채고서는 시치미를 떼다.
- 코가 빠지다 : 근심에 싸여 기가 죽고 맥이 빠지다.
- 코빼기도 내밀지(나타나지) 않다 : 도무지 모습을 나타내지 아니함을 낮잡아 이르는 말
- 피가 거꾸로 솟다(돌다) : 피가 머리로 모인다는 뜻으로, 매우 흥분한 상태를 비유적으로 이르는 말
- 허리가 휘다(휘어지다) : 감당하기 어려운 일을 하느라 힘이 부치다.
- 허리띠를 졸라매다 : 1. 검소한 생활을 하다. 2. 마음먹은 일을 이루려고 새로운 결의와 단단한 각오로 일에 임하다.
- 허파에 바람 들다 : 실없이 행동하거나 지나치게 웃어 대다.

사물·자연물과 관련 있는 관용구

- 강 건너 불구경 : 자기에게 관계없는 일이라고 하여 무관심하게 방관하는 모양 = 강건너 불 보듯
- 경종을 울리다 : 잘못이나 위험을 미리 경계하여 주의를 환기시키다.
- 나발을 불다 : (속되게) 1. 당치 않은 말을 함부로 하다. 2. 터무니없이 과장하여 말을 하다. 3. 술이나 음료를 병째로 마시다. 4. 어떤 사실을 자백하다. 5. 어린아이가 소리 내어 시끄럽게 울다.
- 달밤에 체조하다 : 격에 맞지 않은 짓을 함을 핀잔하는 말
- 돌개바람에 먼지 날리듯 : 갑자기 모두 없어지는 것을 비유적으로 이르는 말
- 돌을 던지다 : 1. 남의 잘못을 비난하다. 2. 바둑을 두는 도중에 자기가 졌음을 인정하고 그만두다.
- 땅이 꺼지도록(꺼지게) : 한숨을 쉴 때 몹시 깊고도 크게.
- 땅에 떨어지다 : 명예나 권위 따위가 회복하기 어려울 정도로 손상되다.
- 물 건너가다 : 일의 상황이 끝나 어떠한 조치를 할 수 없다.
- 물결을 타다 : 시대의 풍조나 형세에 맞게 처신하다.
- 물로 보다 : 사람을 하찮게 보거나 쉽게 생각한다.
- 물 위의 기름 : 서로 어울리지 못하여 겉도는 사이
- 물불을 가리지(헤아리지) 않다 : 위험이나 곤란을 고려하지 않고 막무가내로 행동하다.
- 바가지를 쓰다 : 1. 요금이나 물건값을 실제 가격보다 비싸게 지불하여 억울한 손해를 보다. 2. 어떤 일에 대한 부당한 책임을 억울하게 지게 되다.
- 바람을 일으키다 : 1. 사회적으로 많은 사람에게 영향을 미치다. 2. 사회적 문제를 만들거나 소란을 일으키다.
- 방아를 찧다 : 방아를 찧듯이 고개나 몸을 끄덕이다.
- 불을 받다 : 남에게 큰 모욕을 당하거나 재해를 입다.

- 불을 끄다 : 급한 일을 처리하다.
- 불을 보듯 뻔하다(훤하다) : 앞으로 일어날 일이 의심할 여지가 없이 아주 명백하다.
- 불꽃이 튀다 : 1. 겨루는 모양이 치열하다. 2. 격한 감정이 눈에 내비치다.
- 붓을 꺾다(던지다) : 1. 문필 활동을 그만두다. 2. 글을 쓰는 문필 활동에 관한 희망을 버리고 다른 일을 하다.
- 산통을 깨다 : 다 잘되어 가던 일을 이루지 못하게 뒤틀다.
- 하늘과 땅 : 둘 사이에 큰 차이나 거리가 있음을 비유적으로 이르는 말
- 하늘이 노래지다 : 갑자기 기력이 다하거나 큰 충격을 받아 정신이 아찔하게 되다.
- 해가 서쪽에서 뜨다 : 전혀 예상 밖의 일이나 절대로 있을 수 없는 희한한 일을 하려고 하거나 하였을 경우를 비유적으로 이르는 말

주요 속담

- 가난 구제는 나라님(임금)도 못한다 : 남의 가난한 살림을 도와주기란 끝이 없는 일이어서, 개인은 물론 나라의 힘으로도 구제하지 못한다는 말
- 가는 말에 채찍질 : 1. 열심히 하는데도 더 빨리 하라고 독촉함을 비유적으로 이르는 말 2. 형편이나 힘이 한창 좋을 때라도 더욱 힘써야 함을 비유적으로 이르는 말
- 가루는 칠수록 고와지고 말은 할수록 거칠어진다 : 가루는 체에 칠수록 고와지지만 말은 길어질수록 시비가 붙을 수 있고 마침내는 말다툼까지 가게 되니 말을 삼가라는 말
- 감나무 밑에 홍시 떨어지기를 기다린다(바란다) : 아무런 노력도 아니하면서 좋은 결과가 이루어지기만 바람을 비유적으로 이르는 말
- 경주 돌이면 다 옥석인가 : 1. 좋은 일 가운데 궂은일도 섞여 있다는 말 2. 사물을 평가할 때, 그것이 나는 곳이나 그 이름만을 가지고서 판단할 수 없다는 말
- 곶감 꼬치에서 곶감 빼(뽑아) 먹듯 : 애써 알뜰히 모아 둔 재산을 조금씩 조금씩 헐어 써 없앰을 비유적으로 이르는 말
- 굿이나 보고 떡이나 먹지(먹으면 된다): 남의 일에 쓸데없는 간섭을 하지 말고 되어 가는 형편을 보고 있다가 이익이나 얻도록 하라는 말
- 꿈에 나타난 돈도 찾아 먹는다 : 매우 깐깐하고 인색하여 제 몫은 어떻게 해서든지 찾아가고야 마는 경우를 비유적으로 이르는 말
- 나무라도 고목이 되면 오던 새도 아니 온다 : 사람이 세도가 좋을 때는 늘 찾아오다가 그 처지가 보잘것없게 되면 찾아오지 아니함을 비유적으로 이르는 말 = 꽃이라도 십일홍이 되면 오던 봉접도 아니 온다.
- 낙숫물이 댓돌을 뚫는다 : 작은 힘이라도 꾸준히 계속하면 큰일을 이룰 수 있음을 비유적으로 이르는 말
- 남의 염병이 내 고뿔만 못하다 : 남의 괴로움이 아무리 크다고 해도 자기의 작은 괴로움보다는 마음이

Part 01 유형파악
Part 02 핵심이론
Part 03 유형연습
Part 04 직무상식상황면접
Part 05 실전모의고사
부록
정답 및 해설

쓰이지 아니함을 비유적으로 이르는 말

- **누울 자리 봐 가며 발을 뻗어라** : 1. 어떤 일을 할 때 그 결과가 어떻게 되리라는 것을 생각하여 미리 살피고 일을 시작하라는 말 2. 시간과 장소를 가려 행동하라는 말

- **다 된 죽에 코 풀기** : 1. 거의 다 된 일을 망쳐버리는 주책없는 행동을 비유적으로 이르는 말 2. 남의 다 된 일을 악랄한 방법으로 방해하는 것을 비유적으로 이르는 말

- **당장 먹기엔 곶감이 달다** : 1. 당장 먹기 좋고 편한 것은 그때 잠시뿐이지 정작 좋고 이로운 것은 못 된다는 말 2. 나중에 가서야 어떻게 되든지 당장 하기 쉽고 마음에 드는 일을 잡고 시작함을 비유적으로 이르는 말

- **도끼가 제 자루 못 찍는다** : 자기의 허물을 자기가 알아서 고치기 어려움을 비유적으로 이르는 말

- **뚝배기보다 장맛이 좋다** : 겉모양은 보잘것없으나 내용은 훨씬 훌륭함을 이르는 말

- **마른나무를 태우면 생나무도 탄다** : 안 되는 일도 대세를 타면 잘될 수 있음을 비유적으로 이르는 말

- **마파람에 게 눈 감추듯** : 음식을 매우 빨리 먹어 버리는 모습을 비유적으로 이르는 말 ㈜ 남양 원님 굴회 마시듯, 두꺼비 파리 잡아먹듯

- **말 많은 집은 장맛도 쓰다** : 1. 집안에 잔말이 많으면 살림이 잘 안 된다는 말 2. 입으로는 그럴듯하게 말하지만 실상은 좋지 못하다는 말

- **밑구멍으로 호박씨 깐다** : 겉으로는 점잖고 의젓하나 남이 보지 않는 곳에서는 엉뚱한 짓을 하는 경우를 비유적으로 이르는 말

- **바닷속의 좁쌀알 같다** : 넓고 넓은 바닷속에 뜬 조그만 좁쌀알만 하다는 뜻으로, 그 존재가 대비도 안 될 만큼 보잘것없거나 매우 작고 하찮은 경우를 비유적으로 이르는 말

- **비단옷 입고 밤길 가기** : 비단옷을 입고 밤길을 걸으면 아무도 알아주지 않는다는 뜻으로, 생색이 나지 않는 공연한 일에 애쓰고도 보람이 없는 경우를 비유적으로 이르는 말

- **산 까마귀 염불한다** : 산에 있는 까마귀가 산에 있는 절에서 염불하는 것을 하도 많이 보고 들어서 염불하는 흉내를 낸다는 뜻으로, 무엇을 전혀 모르던 사람도 오랫동안 보고 듣노라면 제법 따라 할 수 있게 됨을 비유적으로 이르는 말

- **삼밭에 쑥대** : 쑥이 삼밭에 섞여 자라면 삼대처럼 곧아진다는 뜻으로, 좋은 환경에서 자라면 좋은 영향을 받게 됨을 비유적으로 이르는 말

- **성난 황소 영각하듯** : 성난 황소가 크게 울듯이 무섭게 고함치는 모양을 비유적으로 이르는 말

- **소문난 잔치에 먹을 것 없다** : 떠들썩한 소문이나 큰 기대에 비하여 실속이 없거나 소문이 실제와 일치하지 아니하는 경우를 비유적으로 이르는 말

- **술 익자 체 장수(장사) 간다** : 술이 익어 체로 걸러야 할 때에 마침 체 장수가 지나간다는 뜻으로, 일이 공교롭게 잘 맞아 감을 비유적으로 이르는 말

- **얼음에 박 밀듯** : 말이나 글을 거침없이 줄줄 내리읽거나 내리외는 모양을 비유적으로 이르는 말

- 오뉴월 감주 맛 변하듯 : 매우 빨리 변하여 못 쓰게 됨을 비유적으로 이르는 말
- 입은 비뚤어져도 말은 바로 해라(하랬다) : 상황이 어떻든지 말은 언제나 바르게 하여야 함을 이르는 말
  ㉤ 입은 비뚤어져도 주라는 바로 불어라
- 자빠져도 코가 깨진다 : 일이 안되려면 하는 모든 일이 잘 안 풀리고 뜻밖의 큰 불행도 생긴다는 말
- 치마가 열두 폭인가 : 남의 일에 쓸데없이 간섭하고 참견함을 비꼬는 말
- 코 막고 답답하다(숨막힌다)고 한다 : 제힘으로 쉽게 할 수 있는 일을 어렵게 생각하여 다른 곳에서 해결책을 찾으려 함을 비유적으로 이르는 말
- 터진 꽈리 보듯 한다 : 사람이나 물건을 아주 쓸데없는 것으로 여겨 중요시하지 아니함을 비유적으로 이르는 말
- 파방에 수수엿 장수 : 기회를 놓쳐서 이제는 별 볼 일 없게 된 사람이나 그런 경우를 비유적으로 이르는 말
- 하루가 여삼추(라) : 하루가 삼 년과 같다는 뜻으로, 짧은 시간이 매우 길게 느껴짐을 비유적으로 이르는 말
- 혀 아래 도끼 들었다 : 말을 잘못하면 재앙을 받게 되니 말조심을 하라는 말
- 황소 뒷걸음치다가 쥐 잡는다 : 어쩌다 우연히 이루거나 알아맞힘을 비유적으로 이르는 말

주요 한자성어

ㄱ

- 가렴주구(苛斂誅求) : 세금을 가혹하게 거두거나 백성의 재물을 무리하게 빼앗음을 이르는 말
- 각골난망(刻骨難忘) : 남에게 입은 은혜가 뼈에 깊이 사무치어 결코 잊혀지지 아니함 ㉤ 백골난망(白骨難忘)
- 각주구검(刻舟求劍) : '칼을 강물에 떨어뜨리자 뱃전에 그 자리를 표시했다가 나중에 그 칼을 찾으려 한다'라는 뜻으로, 융통성 없이 현실에 맞지 않는 생각을 고집하는 어리석음을 이르는 말
- 간담상조(肝膽相照) : '간과 쓸개를 내놓고 서로에게 내보인다'라는 뜻으로, 서로 속마음을 털어놓고 친밀하게 사귐을 이르는 말
- 강구연월(康衢煙月) : 태평한 세상의 평화로운 풍경을 이르는 말 ㉤ 고복격양(鼓腹擊壤), 태평성대(太平聖代)
- 견강부회(牽強附會) : 이치에 맞지 않는 말을 억지로 끌어 붙여 자기에게 유리하게 함
- 고식지계(姑息之計) : 우선 당장 편한 것만을 택하는 꾀나 방법. 임시변통의 계책. 고식책
- 고장난명(孤掌難鳴) : '외손뼉만으로는 소리가 울리지 아니한다'라는 뜻으로, 혼자의 힘만으로 어떤 일을 이루기 어려움을 이르는 말

Part 01 유형파악
Part 02 핵심이론
Part 03 유형연습
Part 04 직무상식/상황면접
Part 05 실전모의고사
부록
정답 및 해설

- 교각살우(矯角殺牛) : '소의 뿔을 잡으려다가 소를 죽인다'라는 뜻으로 잘못된 점을 고치려다가 수단이 지나쳐 오히려 일을 그르침을 이르는 말
- 구우일모(九牛一毛) : '아홉 마리의 소 가운데 박힌 하나의 털'이라는 뜻으로, 매우 많은 것 가운데 극히 적은 수를 이르는 말
- 권토중래(捲土重來) : '흙먼지를 날리며 다시 온다'라는 뜻으로, 한 번 실패에 굴하지 않고 몇 번이고 다시 일어남을 이르는 말

ㄴ

- 난형난제(難兄難弟) : '누구를 형이라 하고 누구를 아우라 하기 어렵다는 뜻'으로, 두 사물이 비슷하여 낫고 못함을 정하기 어려움을 이르는 말
- 낭중지추(囊中之錐) : '주머니 속에 있는 송곳'이란 뜻으로, 재능이 뛰어난 사람은 숨어 있어도 저절로 사람들에게 알려짐을 이르는 말
- 능소능대(能小能大) : 모든 일에 두루 능함

ㄷ

- 단사표음(簞食瓢飮) : '대나무로 만든 밥그릇에 담은 밥과 표주박에 든 물'이라는 뜻으로, 청빈하고 소박한 생활을 이르는 말
- 당랑거철(螳螂拒轍) : 자기 힘은 헤아리지 않고 강자에게 함부로 덤빔을 비유적으로 이르는 말
- 동상이몽(同床異夢) : 겉으로는 같이 행동하면서도 속으로는 각각 딴 생각을 하고 있음을 이르는 말
- 등고자비(登高自卑) : 1. 일을 순서대로 하여야 함을 이르는 말 2. 지위가 높을수록 스스로 몸을 낮춤

ㅁ

- 마부위침(磨斧爲針) : '도끼를 갈아 바늘을 만든다'라는 뜻으로, 아무리 이루기 힘든 일도 끊임없는 노력과 끈기 있는 인내로 성공하고야 만다는 뜻
- 마중지봉(麻中之蓬) : '구부러진 쑥도 꼿꼿한 삼밭에 나면 자연히 꼿꼿하게 자란다'라는 뜻으로 선한 사람과 사귀면 감화를 받아 자연히 선해짐을 이르는 말
- 망양보뢰(亡羊補牢) : '양을 잃고 우리를 고친다'라는 뜻으로, 이미 어떤 일을 실패한 뒤에 뉘우쳐도 아무 소용이 없음을 이르는 말
- 면종복배(面從腹背) : 겉으로는 복종하는 체하면서 속으로는 배반함을 이르는 말
- 묘두현령(猫頭縣鈴) : '고양이 목에 방울 달기'라는 뜻으로, 헛된 일을 의논함을 이르는 말
- 미생지신(尾生之信) : 미련하고 우직하게 지키는 약속을 이르는 말

ㅂ

- **백년하청(百年河淸)** : 아무리 바라고 기다려도 이루어지기 어려움을 이르는 말
- **백척간두(百尺竿頭)** : 매우 어렵고 위태로운 지경을 이르는 말
- **불공대천(不共戴天)** : 하늘을 함께 이지 못한다는 뜻으로, 이 세상에서 같이 살 수 없을 만큼 큰 원한을 가짐을 비유적으로 이르는 말
- **불치하문(不恥下問)** : 손아랫사람이나 지위나 학식이 자기만 못한 사람에게 모르는 것을 묻는 일을 부끄러워하지 아니함
- **빙탄지간(氷炭之間)** : '얼음과 숯 사이'란 뜻으로, 둘이 서로 어긋나 맞지 않는 사이나 서로 화합할 수 없는 사이를 말함

ㅅ

- **사면초가(四面楚歌)** : 사방이 모두 적으로 둘러싸인 형국이나 누구의 도움도 받을 수 없는 '고립된 상태'에 빠짐을 이르는 말
- **새옹지마(塞翁之馬)** : 인생의 길흉화복은 변화가 많아 미리 헤아릴 수가 없다는 말
- **수주대토(守株待兔)** : '그루터기를 지켜 토끼를 기다린다'라는 뜻으로, 달리 변통할 줄 모르고 한 가지 일에만 얽매여 발전을 모르는 어리석은 사람을 비유적으로 이르는 말
- **순망치한(脣亡齒寒)** : '입술이 없으면 이가 시리다'라는 뜻으로, 서로 이해관계가 밀접한 사이에 어느 한쪽이 망하면 다른 한쪽도 그 영향을 받아 온전하기 어려움을 이르는 말

ㅇ

- **양두구육(羊頭狗肉)** : '양의 머리를 걸어 놓고 개고기를 판다'라는 뜻으로, 겉은 훌륭해 보이나 속은 그렇지 못한 경우를 이르는 말
- **염량세태(炎凉世態)** : 권세가 있을 때는 아부하고, 몰락하면 푸대접하는 세상인심을 비유적으로 이르는 말
- **오비이락(烏飛梨落)** : '까마귀 날자 배 떨어진다'라는 뜻으로, 아무런 관계도 없이 한 일이 공교롭게 다른 일과 때가 일치해서 혐의를 받게 됨을 이르는 말
- **오상고절(傲霜孤節)** : '서릿발이 심한 속에서도 굴하지 아니하고 외로이 지키는 절개'라는 뜻으로, 충신 또는 국화를 뜻함
- **우공이산(愚公移山)** : '우공이 산을 옮긴다'는 말로 남이 보기엔 어리석은 일처럼 보이지만 어떤 일이라도 끊임없이 노력하면 반드시 이루어짐을 이르는 말
- **인면수심(人面獸心)** : '사람의 얼굴을 하고 있으나 마음은 짐승과 같다'라는 뜻으로, 마음이나 행동이

Part 01 유형파악
Part 02 핵심이론
Part 03 유형연습
Part 04 직무상식/상황판단
Part 05 실전모의고사
부록
정답 및 해설

몹시 흉악함을 이르는 말

ㅈ

- 적반하장(賊反荷杖) : '도둑이 도리어 매를 든다'라는 뜻으로, 잘못한 사람이 아무 잘못도 없는 사람을 나무라는 경우를 이르는 말
- 전인미답(前人未踏) : 이제까지 아무도 발을 들여 놓거나 손을 댄 일이 없음을 이르는 말
- 전전긍긍(戰戰兢兢) : 몹시 두려워서 벌벌 떨며 조심함을 이르는 말
- 절차탁마(切磋琢磨) : 부지런히 학문과 덕행을 갈고 닦음을 이르는 말
- 조령모개(朝令暮改) : 법령을 자꾸 고쳐서 갈피를 잡기가 어려움을 비유하는 말
- 조변석개(朝變夕改) : 아침저녁으로 뜯어 고친다는 뜻으로, 계획이나 결정을 일관성 없이 자주 고치는 것을 이르는 말
- 지어지앙(池魚之殃) : '연못에 사는 물고기의 재앙'이라는 뜻으로, 아무런 상관도 없는데 화를 당하는 경우를 이름

ㅊ

- 창해일속(滄海一粟) : 넓고 큰 바닷속의 좁쌀 한 알이라는 뜻으로, 아주 많거나 넓은 것 가운데 있는 매우 하찮고 작은 것을 이르는 말
- 천의무봉(天衣無縫) : '선녀의 옷에는 바느질한 자리가 없다'라는 뜻으로, 1. 성격이나 언동 등이 매우 자연스러워 조금도 꾸민 데가 없음 2. 시나 문장이 기교를 부린 흔적(痕跡)이 없어 극히 자연스러움을 이르는 말
- 천재일우(千載一遇) : '천 년에 한 번 만난다'라는 뜻으로, 좀처럼 얻기 어려운 좋은 기회를 말함
- 청출어람(靑出於藍) : '쪽에서 뽑아 낸 푸른 물감이 쪽보다 더 푸르다'라는 뜻으로, 제자나 후배가 스승이나 선배보다 나음을 비유적으로 이르는 말
- 초미지급(焦眉之急) : '눈썹이 타게 될 만큼 위급한 상태'란 뜻으로, 그대로 방치할 수 없는 매우 다급한 일이나 경우를 이르는 말

ㅌ

- 타산지석(他山之石) : '다른 산의 돌'이라는 뜻으로, 다른 사람의 하찮은 언행도 자기의 지식과 인격을 닦는 데 도움이 될 수 있음을 뜻함
- 토사구팽(兔死拘烹) : '토끼를 다 잡고 나면 사냥개를 삶는다'라는 뜻으로, 필요할 때 요긴하게 써 먹고 쓸모가 없어지면 가혹하게 버리는 경우를 이르는 말

- 파죽지세(破竹之勢) : '대나무를 쪼개는 기세'라는 뜻으로, 적을 거침없이 물리치고 쳐들어가는 기세를 이르는 말
- 풍수지탄(風樹之嘆) : 부모에게 효도를 다하려고 할 때에는 이미 돌아가셔서 그 뜻을 이룰 수 없음을 이르는 말
- 필부지용(匹夫之勇) : 좁은 소견을 가지고 어떤 계획이나 방법도 없이 혈기만을 믿고 마구 날뛰는 행동을 뜻함

- 허장성세(虛張聲勢) : 실속 없이 큰소리치거나 허세를 부림
- 호가호위(狐假虎威) : '여우가 호랑이의 위세를 빌려 호기를 부린다'라는 뜻으로, 남의 권세를 빌려 위세를 부림
- 후생가외(後生可畏) : 젊은 후학들을 두려워할 만하다는 뜻으로, 후진들이 선배들보다 젊고 기력이 좋아, 학문을 닦음에 따라 큰 인물이 될 수 있으므로 가히 두렵다는 말
- 흥진비래(興盡悲來) : 즐거운 일이 다하면 슬픈 일이 닥쳐온다는 뜻으로, 세상일은 순환되는 것임을 이르는 말

주제별 한자성어

효(孝)

- 冬溫夏淸(동온하청) : 부모에 효도함. 부모님을 겨울에는 따뜻하게 여름에는 시원하게 해드림을 이르는 말
- 望雲之情(망운지정) : '멀리 구름을 바라보며 어버이를 생각한다'라는 뜻으로, 자식이 객지에서 고향에 계신 어버이를 생각하는 마음 ㉴ 望雲之懷(망운지회)
- 反哺之孝(반포지효) : 자식이 자란 후에 어버이의 은혜를 갚는 효성을 이르는 말
- 白雲孤飛(백운고비) : 멀리 떠나는 자식이 어버이를 그리워 함
- 伯俞之孝(백유지효) : 중국 한나라 때 효자로 유명한 한백유(韓伯俞)와 관련된 고사에서 유래한 말로, 어버이에 대한 지극한 효심을 일컫는 말 ㉴ 伯俞泣杖(백유읍장)
- 出必告反必面(출필고반필면) : 나갈 때는 반드시 가는 곳을 아뢰고, 되돌아와서는 반드시 얼굴을 보여드림을 이르는 말 ㉴ 出告反面(출고반면)
- 風樹之歎(풍수지탄) : 효도하고자 할 때에 이미 부모는 돌아가셔서, 효행을 다하지 못하는 슬픔을 이르

는 말
- 昊天罔極(호천망극) : 어버이의 은혜가 넓고 큰 하늘과 같이 다함이 없음을 이르는 말
- 昏定晨省(혼정신성) : '저녁에 잠자리를 살피고 아침에 일찍이 문안을 드린다'라는 뜻으로, 부모를 잘 섬기고 효성을 다함을 이르는 말

우정(友情)

- 肝膽相照(간담상조) : '간과 쓸개를 내놓고 서로에게 보인다'라는 뜻으로, 서로 마음을 터놓고 친하게 사귐을 이르는 말
- 管鮑之交(관포지교) : 관중과 포숙의 사귐이란 뜻으로, 우정이 아주 돈독한 친구 관계를 이르는 말
- 膠漆之交(교칠지교) : 아주 친밀하여 서로 떨어질 수 없는 교분을 이르는 말
- 金蘭之契(금란지계) : 친구 사이의 매우 두터운 정을 이르는 말 ㉤ 金蘭之交(금란지교)
- 金石之交(금석지교) : 쇠와 돌처럼 굳고 변함없는 사귐을 이르는 말
- 斷金之交(단금지교) : '쇠라도 자를 수 있을 만큼 우정이 단단히 맺어져 있다'라는 뜻으로, 매우 두터운 우정을 이르는 말 ㉤ 斷金之契(단금지계)
- 莫逆之友(막역지우) : 허물이 없이 아주 친한 친구를 이르는 말 ㉤ 막역지간(莫逆之間)
- 刎頸之交(문경지교) : 죽고 살기를 같이 할만한 아주 가까운 사이나 친구를 이르는 말
- 朋友有信(붕우유신) : 친구 사이의 도리는 믿음에 있음을 뜻하는 말로 오륜(五倫)의 하나
- 水魚之交(수어지교) : '물과 고기의 관계'처럼 아주 친밀하여 떨어질 수 없는 사이를 이르는 말
- 知音知己(지음지기) : 소리를 듣고 나를 인정해 주는 친구를 이르는 말
- 布衣之交(포의지교) : 베옷을 입고 다닐 때의 사귐이라는 뜻으로, 벼슬을 하기 전에 사귄 친구를 이르는 말

학문(學問)

- 曲學阿世(곡학아세) : 바른 길에서 벗어난 학문으로 세상 사람에게 아첨함
- 敎學相長(교학상장) : 가르치는 사람과 배우는 사람이 서로의 학업을 증진시킨다는 뜻
- 讀書三到(독서삼도) : 독서하는 데는 눈으로 보고, 입으로 읽고, 마음으로 깨우쳐야 한다는 뜻 ㉤ 讀書三昧(독서삼매), 讀書尙友(독서상우), 三餘(삼여)
- 亡羊之歎(망양지탄) : '갈림길이 많아 양을 잃고 탄식한다'라는 뜻으로, 학문의 길이 여러 갈래여서 한 갈래의 진리도 얻기 어렵다는 말 ㉤ 多岐亡羊(다기망양)
- 發憤忘食(발분망식) : 일을 이루려고 끼니조차 잊고 분발하여 노력함을 이르는 말
- 手不釋卷(수불석권) : 손에서 책을 놓을 사이 없이 늘 책을 가까이 하여 열심히 공부함을 이르는 말

- 盈科後進(영과후진) : 구덩이에 물이 찬 후 밖으로 흐르듯 학문도 단계에 맞게 진행해야 한다는 뜻
- 日就月將(일취월장) : 학문이 날로 달로 성장함을 이르는 말 ㈎ 刮目相對(괄목상대)
- 切磋琢磨(절차탁마) : '옥·돌 따위를 갈고 닦아 빛을 낸다'라는 뜻으로, 부지런히 학문이나 인격을 배우고 닦음을 뜻함
- 走馬加鞭(주마가편) : '달리는 말에 채찍을 더한다'라는 뜻으로, 잘하는 사람을 더욱 장려함
- 換骨奪胎(환골탈태) : '뼈를 바꾸어 끼고 태를 바꾸어 쓴다'라는 뜻으로, 1. 옛사람이나 타인의 글에서 그 형식이나 내용을 취하거나 모방하여 자기의 작품인 것처럼 꾸미는 일 2. 용모가 환하고 아름다워 딴 사람처럼 됨
- 螢窓雪案(형창설안) : '반딧불이 비치는 창과 눈(雪)이 비치는 책상'이라는 뜻으로, 어려운 가운데서도 학문에 힘씀을 비유한 말 ㈎ 螢雪之功(형설지공)

부부(夫婦)

- 琴瑟之樂(금슬지락) : 거문고와 비파의 조화로운 소리라는 뜻으로, 부부 사이의 다정하고 화목함을 이르는 말
- 夫唱婦隨(부창부수) : 남편이 주장하면 부인이 이에 잘 따른다는 뜻으로, 부부 화합의 도리를 이르는 말
- 賢婦令夫貴和六親(현부영부귀화육친) : 현명한 부인은 남편을 귀하게 하고 또한 일가친척을 화목하게 함을 이르는 말
- 百年佳約(백년가약) : 젊은 남녀가 부부가 되어 평생을 같이 지낼 것을 굳게 다짐하는 아름다운 언약

세태(世態)

- 桑田碧海(상전벽해) : 뽕나무밭이 변하여 푸른 바다가 됨, 즉 세상이 몰라볼 정도로 바뀐 것을 이르는 말
- 天旋地轉(천선지전) : 세상일이 크게 변함을 이르는 말
- 吳越同舟(오월동주) : 서로 적의를 품은 사람들이 한자리에 있게 된 경우나 서로 협력하여야 하는 상황을 비유적으로 이르는 말

일의 형세(形勢)

- 鷄肋(계륵) : '닭의 갈비'라는 뜻으로, 먹자니 먹을 것이 없고 버리자니 아까워 이러지도 저러지도 못하는 형편
- 累卵之勢(누란지세) : 새알을 층층이 쌓아놓은 듯한 위태로운 형세를 이르는 말
- 命在頃刻(명재경각) : 거의 죽게 되어 숨이 끊어질 지경에 이름을 뜻하는 말
- 百尺竿頭(백척간두) : '백 척 높이의 장대 위에 올라섰다'라는 뜻으로, 몹시 어렵고 위태로운 지경을 이

Part 01 유형파악
Part 02 핵심이론
Part 03 유형연습
Part 04 직무성격/상황판단
Part 05 실전모의고사
부록
정답 및 해설

르는 말
- 如履薄氷(여리박빙) : '살얼음을 밟는 것과 같다'라는 뜻으로, 아슬아슬하고 위험한 일을 비유적으로 이르는 말
- 一觸卽發(일촉즉발) : 한 번 건드리기만 해도 폭발할 것같이 몹시 위급한 상태
- 進退兩難(진퇴양난) : 앞으로 나아가기도 어렵고 뒤로 물러나기도 어려워 이러지도 저러지도 못하는 어려운 처지를 비유하는 말 ㉤ 進退維谷(진퇴유곡)
- 風前燈火(풍전등화) : '바람 앞에 놓인 등불'이라는 뜻으로, 매우 위태로운 처지에 놓여 있음을 비유하는 말

미인(美人)

- 傾國之色(경국지색) : 임금이 혹하여 나라가 기울어져도 모를 정도의 미인이라는 뜻으로, 뛰어나게 아름다운 미인을 이르는 말
- 傾城之美(경성지미) : 한 성(城)을 기울어뜨릴 만한 미색(美色)을 이르는 말
- 丹脣皓齒(단순호치) : 붉은 입술에 하얀 치아라는 뜻으로, 아름다운 여자를 이르는 말
- 花容月態(화용월태) : 꽃같은 얼굴과 달 같은 자태, 아름다운 여인의 얼굴과 맵시를 이르는 말

거리(距離)

- 咫尺之地(지척지지) : 매우 가까운 곳을 뜻함
- 咫尺之間(지척지간) : 매우 가까운 거리를 뜻함
- 指呼之間(지호지간) : 손짓하여 부를 만큼 가까운 거리를 뜻함

희생(犧牲)

- 先公後私(선공후사) : 공적인 것을 앞세우고 사적인 것은 뒤로 미룸을 이르는 말
- 大義滅親(대의멸친) : 큰 도리를 지키기 위하여 부모나 형제도 돌아보지 않음
- 見危致命(견위치명) : 나라가 위태로울 때 자기의 몸을 나라에 바침
- 滅私奉公(멸사봉공) : 사(私)를 버리고 공(公)을 위해 힘씀을 이르는 말

향수(鄕愁)

- 首邱初心(수구초심) : 여우가 죽을 때에 머리를 자기가 살던 굴 쪽으로 향한다는 뜻으로, 고향을 그리워하는 마음을 이르는 말

- 看雲步月(간운보월) : 낮에는 구름을 바라보고 밤에는 달빛 아래 거닌다는 뜻으로, 객지에서 집을 생각함을 이르는 말

자연 친화적인 삶

- 吟風弄月(음풍농월) : '바람을 읊고 달을 보고 시를 짓는다'라는 뜻으로, 시를 짓고 흥취를 자아내며 즐김을 뜻함
- 煙霞痼疾(연하고질) : 자연의 아름다운 경치를 몹시 사랑하는 것이 마치 고치지 못할 병이 든 것과 같음을 이르는 말 ㈜ 泉石膏肓(천석고황)
- 羽化登仙(우화등선) : 사람의 몸에 날개가 돋아 하늘로 올라가 신선이 됨을 이르는 말
- 風月主人(풍월주인) : 맑은 바람과 밝은 달 따위의 아름다운 자연을 즐기는 사람을 이르는 말

독서(讀書)

- 韋編三絕(위편삼절) : 옛날에 공자(孔子)가 주역(周易)을 즐겨 열심히 읽은 나머지 책을 맨 가죽 끈이 세 번이나 끊어졌다는 데서 유래한 말로, 책을 정독(精讀)함을 일컬음
- 男兒須讀五車書(남아수독오거서) : 당(唐)의 두보(杜甫)가 한 말로, 남자라면 다섯 수레 정도의 책은 읽어야 한다는 뜻으로 책을 다독(多讀)할 것을 당부하는 말
- 晝耕夜讀(주경야독) : 낮에는 밭을 갈고 밤에는 책을 읽는다는 뜻으로, 어려운 여건 속에서도 꿋꿋이 공부함을 이르는 말
- 三餘之功(삼여지공) : 독서하기에 가장 좋은 '겨울, 밤, 음우(陰雨)'를 일컬음
- 汗牛充棟(한우충동) : '수레에 실으면 소가 땀을 흘리고, 쌓아 올리면 들보에까지 찬다'라는 뜻으로, 가지고 있는 책이 매우 많음을 이르는 말
- 博而不精(박이부정) : 여러 방면으로 널리 알고 있으나 정밀하지는 못함

소문(所聞)

- 街談巷語(가담항어) : 거리나 항간에 떠도는 소문을 이르는 말 ㈜ 街談巷說(가담항설)
- 道聽途說(도청도설) : 길거리에 퍼져 떠돌아다니는 뜬소문을 이르는 말
- 流言蜚語(유언비어) : 아무 근거 없이 널리 퍼진 소문, 풍설, 떠돌아다니는 말을 뜻함

애정(愛情)

- 戀慕之情(연모지정) : 이성을 사랑하여 간절히 그리워하는 마음

Part 01 유형파악

Part 02 핵심이론

Part 03 유형연습

Part 04 직무성격/상황판단

Part 05 실전모의고사

부록

정답 및 해설

- 相思不忘(상사불망) : 서로 그리워하여 잊지 못함
- 同病相憐(동병상련) : 같은 병을 앓는 사람끼리 서로 가엾게 여김. 처지가 비슷한 사람끼리 동정함을 이르는 말

기쁨/좋음

- 錦上添花(금상첨화) : '비단 위에 꽃을 놓는다'는 뜻으로, 좋은 일이 겹침을 비유하는 말
- 弄璋之慶(농장지경) / 弄璋之喜(농장지희) : '장(璋)'은 사내아이의 장난감인 '구슬'이라는 뜻으로, 아들을 낳은 기쁨. 또는 아들을 낳은 일을 이르는 말
- 弄瓦之慶(농와지경) / 弄瓦之喜(농와지희) : '와(瓦)'는 계집아이의 장난감인 '실패'라는 뜻으로, 딸을 낳은 기쁨을 이르는 말
- 拍掌大笑(박장대소) : 손뼉을 치며 크게 웃음을 이르는 말
- 抱腹絶倒(포복절도) : 배를 끌어안고 넘어질 정도로 몹시 웃음을 이르는 말

슬픔

- 悲憤慷慨(비분강개) : 슬프고 분한 느낌이 마음속에 가득 차 있음을 뜻함
- 哀而不悲(애이불비) : 속으로는 슬프지만 겉으로는 슬픔을 나타내지 아니함을 이르는 말
- 哀而不傷(애이불상) : 슬퍼하되 정도를 넘지 아니함을 이르는 말
- 切齒腐心(절치부심) : 몹시 분하여 이를 갈면서 속을 썩임을 이르는 말
- 天人共怒(천인공노) : 하늘과 사람이 함께 분노한다는 뜻으로, 누구나 분노할 만큼 증오스럽거나 도저히 용납할 수 없음을 이르는 말
- 含憤蓄怨(함분축원) : 분하고 원통한 마음을 품는 것을 이르는 말

불행/행복

- 雪上加霜(설상가상) : '눈 위에 서리가 덮인다'라는 뜻으로, 불행한 일이 거듭하여 일어남을 비유함
- 七顚八倒(칠전팔도) : '일곱 번 구르고 여덟 번 거꾸러진다'라는 말로, 수없이 실패를 거듭하거나 매우 심하게 고생함을 이르는 말
- 鷄卵有骨(계란유골) : '달걀에도 뼈가 있다'라는 뜻으로, 운수가 나쁜 사람은 좋은 기회를 만나도 역시 일이 잘 안됨을 이르는 말
- 前途有望(전도유망) : 앞으로 잘 될 희망이 있음. 장래가 유망함을 일컫는 말
- 風雲兒(풍운아) : 좋은 기회를 타고 활약하여 세상에 두각을 나타내는 사람을 뜻하는 말
- 遠禍召福(원화소복) : 재앙을 물리치고 복을 불러들임

무례(無禮)

- **傍若無人(방약무인)** : 곁에 사람이 없는 것처럼 거리낌 없이 함부로 행동하는 태도가 있음
- **眼下無人(안하무인)** : 방자하고 교만하여 다른 사람을 업신여김을 이르는 말
- **回賓作主(회빈작주)** : '손님으로 온 사람이 도리어 주인 행세를 한다'는 뜻으로, 남의 의견이나 주장을 무시하고 자기 마음대로 행동함을 이르는 말
- **厚顔無恥(후안무치)** : 뻔뻔스러워 부끄러움이 없음

무식(無識)/어리석음

- **目不識丁(목불식정)** : '고무래를 보고도 그것이 고무래 정(丁) 자인줄 모른다'라는 뜻으로, 글자를 전혀 모름, 또는 그런 사람을 비유하는 말
- **魚魯不辨(어로불변)** : '어(魚)자와 노(魯)자를 구별하지 못한다'라는 뜻으로, 아주 무식함을 비유적으로 이르는 말
- **菽麥不辨(숙맥불변)** : '콩인지 보리인지를 구별하지 못한다'라는 뜻으로 세상 물정을 잘 모름을 이르는 말
- **牛耳讀經(우이독경)** : '쇠귀에 경 읽기'라는 뜻으로, 아무리 가르치고 일러주어도 알아듣지 못함을 이르는 말
- **緣木求魚(연목구어)** : '나무에 올라가서 물고기를 구한다'라는 뜻으로, 불가능한 일을 굳이 하려 함을 비유적으로 이르는 말

인재(人才)

- **群鷄一鶴(군계일학)** : '닭의 무리 가운데 있는 한 마리의 학'이란 뜻으로, 여럿 가운데서 가장 뛰어난 사람을 이르는 말
- **棟梁之材(동량지재)** : 한 집안이나 한 나라의 기둥이 될 만한 훌륭한 인재를 이르는 말
- **鐵中錚錚(철중쟁쟁)** : 평범한 사람들 가운데서 특별히 뛰어난 사람을 이르는 말
- **囊中之錐(낭중지추)** : '주머니 속의 송곳'이란 뜻으로, 재능이 뛰어난 사람은 숨어 있어도 저절로 사람들에게 알려짐을 이르는 말
- **泰斗(태두)** : '泰山北斗(태산북두)'의 준말로 남에게 존경받는 뛰어난 존재를 이르는 말

Part 01 유행피의
Part 02 핵심이론
Part 03 유행연습
Part 04 직무상식/상황면접
Part 05 실전모의고사
부록
정답 및 해설

한자 유의어

가공(架空) = 허구(虛構)
가벌(家閥) = 문벌(門閥)
간난(艱難) = 고초(苦楚)
갈등(葛藤) = 알력(軋轢)
강탈(强奪) = 늑탈(勒奪)
개제(皆濟) = 완료(完了)
결재(決裁) = 재가(裁可)
공명(共鳴) = 수긍(首肯)
광정(匡正) = 확정(廓正)
교사(敎唆) = 사주(使嗾)
구축(驅逐) = 구출(驅出)
귀향(歸鄕) = 귀성(歸省)
기질(氣質) = 성격(性格)
남상(濫觴) = 효시(嚆矢)
독점(獨占) = 전유(專有)
매료(魅了) = 매혹(魅惑)
명함(名銜) = 명판(名判)
미연(未然) = 사전(事前)
백미(白眉) = 출중(出衆)
사려(思慮) = 분별(分別)
쇄도(殺到) = 답지(遝至)
시정(市井) = 여염(閭閻)
압박(壓迫) = 위압(威壓)
요서(夭逝) = 요절(夭折)
유미(唯美) = 탐미(耽美)
일치(一致) = 합치(合致)
재능(才能) = 기량(器量)
질곡(桎梏) = 속박(束縛)
천지(天地) = 건곤(乾坤)
타계(他界) = 영면(永眠)

가권(家眷) = 권솔(眷率)
가정(苛政) = 패정(悖政)
간병(看病) = 간호(看護)
감시(瞰視) = 부감(俯瞰)
개량(改良) = 개선(改善)
검약(儉約) = 절약(節約)
결핍(缺乏) = 부족(不足)
공헌(公憲) = 기여(寄與)
괴수(魁首) = 원흉(元兇)
교섭(交涉) = 절충(折衷)
구획(區劃) = 경계(境界)
기대(企待) = 촉망(囑望)
나태(懶怠) = 태만(怠慢)
달변(達辯) = 능변(能辯)
등한(等閑) = 소홀(疏忽)
매진(邁進) = 맥진(驀進)
모반(謀反) = 반역(反逆)
민첩(敏捷) = 신속(迅速)
범상(凡常) = 심상(尋常)
산책(散策) = 소요(逍遙)
수척(瘦瘠) = 초췌(憔悴)
시조(始祖) = 비조(鼻祖)
연혁(沿革) = 변천(變遷)
위엄(威嚴) = 위신(威信)
은닉(隱匿) = 은폐(隱蔽)
일호(一毫) = 추호(秋毫)
저가(低價) = 염가(廉價)
질책(叱責) = 문책(問責)
초옥(草屋) = 모옥(茅屋)
표변(豹變) = 돌변(突變)

가련(可憐) = 측은(惻隱)
각축(角逐) = 축록(逐鹿)
간주(看做) = 치부(置簿)
강박(强迫) = 겁박(劫迫)
개전(改悛) = 반성(反省)
격조(隔阻) = 적조(積阻)
고무(鼓舞) = 고취(鼓吹)
과격(過激) = 급진(急進)
교란(攪亂) = 요란(擾亂)
구속(拘束) = 속박(束縛)
귀감(龜鑑) = 모범(模範)
기아(飢餓) = 기근(饑饉)
낙담(落膽) = 실망(失望)
대가(大家) = 거성(巨星)
망각(忘却) = 망기(忘棄)
명석(明晳) = 총명(聰明)
목도(目睹) = 목격(目擊)
발췌(拔萃) = 선택(選擇)
불후(不朽) = 불멸(不滅)
선철(先哲) = 선현(先賢)
시사(示唆) = 암시(暗示)
알선(斡旋) = 주선(周旋)
영원(永遠) = 영구(永久)
유명(有名) = 고명(高名)
일률(一律) = 획일(劃一)
자부(自負) = 자신(自信)
전심(專心) = 몰두(沒頭)
창공(蒼空) = 벽공(碧空)
최고(最高) = 지상(至上)
풍부(豊富) = 윤택(潤澤)

풍정(風情) = 정취(情趣)　　　피력(披瀝) = 고백(告白)　　　하자(瑕疵) = 결함(缺陷)

횡사(橫死) = 비명(非命)　　　후락(朽落) = 퇴락(頹落)　　　힐난(詰難) = 지탄(指彈)

한자 반의어

가결(可決) ↔ 부결(否決)　　　간선(幹線) ↔ 지선(支線)　　　간섭(干涉) ↔ 방임(放任)

간헐(間歇) ↔ 지속(持續)　　　감퇴(減退) ↔ 증진(增進)　　　강건(剛健) ↔ 유약(柔弱)

강고(强固) ↔ 박약(薄弱)　　　개방(開放) ↔ 폐쇄(閉鎖)　　　개연(蓋然) ↔ 필연(必然)

객체(客體) ↔ 주체(主體)　　　거부(拒否) ↔ 승인(承認)　　　건조(乾燥) ↔ 습윤(濕潤)

걸작(傑作) ↔ 졸작(拙作)　　　경박(輕薄) ↔ 중후(重厚)　　　경상(經常) ↔ 임시(臨時)

경솔(輕率) ↔ 신중(愼重)　　　경직(硬直) ↔ 유연(柔軟)　　　경화(硬化) ↔ 연화(軟化)

계람(繫纜) ↔ 해람(解纜)　　　고답(高踏) ↔ 세속(世俗)　　　고상(高尙) ↔ 저속(低俗)

고아(高雅) ↔ 비속(卑俗)　　　곤란(困難) ↔ 용이(容易)　　　공명(共鳴) ↔ 반박(反駁)

공용(共用) ↔ 전용(專用)　　　관목(灌木) ↔ 교목(喬木)　　　관철(貫徹) ↔ 좌절(挫折)

교묘(巧妙) ↔ 졸렬(拙劣)　　　구심(求心) ↔ 원심(遠心)　　　균점(均霑) ↔ 독점(獨占)

근면(勤勉) ↔ 태타(怠惰)　　　근소(僅少) ↔ 과다(過多)　　　급성(急性) ↔ 만성(慢性)

급행(急行) ↔ 완행(緩行)　　　기결(旣決) ↔ 미결(未決)　　　기립(起立) ↔ 착석(着席)

긴밀(緊密) ↔ 소원(疎遠)　　　긴장(緊張) ↔ 해이(解弛)　　　긴축(緊縮) ↔ 완화(緩和)

길조(吉兆) ↔ 흉조(凶兆)　　　낙관(樂觀) ↔ 비관(悲觀)　　　낙천(樂天) ↔ 염세(厭世)

낭독(朗讀) ↔ 묵독(默讀)　　　내포(內包) ↔ 외연(外延)　　　노마(駑馬) ↔ 준마(駿馬)

노회(老獪) ↔ 순진(純眞)　　　농후(濃厚) ↔ 희박(稀薄)　　　눌변(訥辯) ↔ 달변(達辯)

능멸(凌蔑) ↔ 추앙(推仰)　　　단축(短縮) ↔ 연장(延長)　　　담천(曇天) ↔ 청천(晴天)

도심(都心) ↔ 교외(郊外)　　　동요(動搖) ↔ 안정(安定)　　　둔감(鈍感) ↔ 민감(敏感)

둔탁(鈍濁) ↔ 예리(銳利)　　　득의(得意) ↔ 실의(失意)　　　만조(滿潮) ↔ 간조(干潮)

모두(冒頭) ↔ 말미(末尾)　　　모방(模倣) ↔ 창조(創造)　　　밀집(密集) ↔ 산재(散在)

박무(薄霧) ↔ 농무(濃霧)　　　박토(薄土) ↔ 옥토(沃土)　　　백발(白髮) ↔ 홍안(紅顔)

보수(保守) ↔ 혁신(革新)　　　부상(扶桑) ↔ 함지(咸池)　　　비번(非番) ↔ 당번(當番)

비범(非凡) ↔ 평범(平凡)　　　상술(詳述) ↔ 약술(略述)　　　세모(歲暮) ↔ 연두(年頭)

수리(受理) ↔ 각하(却下)　　　수절(守節) ↔ 훼절(毁節)　　　심야(深夜) ↔ 백주(白晝)

쌍리(雙利) ↔ 편리(片利)　　　애호(愛好) ↔ 혐오(嫌惡)　　　양수(讓受) ↔ 양도(讓渡)

억제(抑制) ↔ 촉진(促進)　　　엄격(嚴格) ↔ 관대(寬大)　　　역경(逆境) ↔ 순경(順境)

영겁(永劫) ↔ 편각(片刻)　　　영전(榮轉) ↔ 좌천(左遷)　　　요절(夭折) ↔ 장수(長壽)

우연(偶然) ↔ 필연(必然)　　　우회(迂廻) ↔ 첩경(捷徑)　　　원양(遠洋) ↔ 근해(近海)

Part 01 유형파악
Part 02 핵심이론
Part 03 유형연습
Part 04 직무성격/상황판단
Part 05 실전모의고사
부록
정답 및 해설

유사(類似) ↔ 상위(相違)　　융기(隆起) ↔ 함몰(陷沒)　　이단(異端) ↔ 정통(正統)

임대(賃貸) ↔ 임차(賃借)　　정산(精算) ↔ 개산(槪算)　　정착(定着) ↔ 표류(漂流)

조객(弔客) ↔ 하객(賀客)　　조악(粗惡) ↔ 정교(精巧)　　직계(直系) ↔ 방계(傍系)

질서(秩序) ↔ 혼돈(混沌)　　참신(斬新) ↔ 진부(陳腐)　　치졸(稚拙) ↔ 세련(洗練)

편파(偏頗) ↔ 공평(公平)　　폐지(廢止) ↔ 존속(存續)　　하락(下落) ↔ 앙등(仰騰)

할인(割引) ↔ 할증(割增)　　호전(好轉) ↔ 악화(惡化)　　횡단(橫斷) ↔ 종단(縱斷)

부사관 기본 지식

Part 01 유형파악

Part 02 핵심이론

Part 03 유형연습

Part 04 직무성격/상황판단

Part 05 실전모의고사

부록

정답 및 해설

군대 계급

병사

병사는 이병, 일병, 상병, 병장의 4단계로 구성되어 있고, '이병→일병→상병→병장'의 순서대로 계급이 올라간다. 병사 계급장은 지구 요소인 4개 층을 표시한 것으로 군 기반 형성의 상징을 뜻하고, 계급이 오를수록 전투력과 임무수행의 숙달을 뜻한다.

부사관

부사관은 장교와 병사 사이에 있는 계급으로, 하사, 중사, 상사, 원사의 4단계로 구성되어 '하사→중사→상사→원사'의 순서대로 계급이 올라간다. 부사관 계급장은 군건한 기초 위에 자라난 나뭇가지를 형상화한 것으로, 전문화된 기술과 숙련된 전투력의 개발 능력을 의미한다.

장교

• **위관 장교** : 위관 장교는 준위, 소위, 중위, 대위로 구성된다. 이 중 준위는 특수한 계급으로, 부사관 중 상사 이상의 계급이 돼야 준위로 지원할 수 있다. 위관 장교 계급장은 다이아몬드를 형상화한 것으로, 이는 가장 단단하면서도 깨지지 않는 다이아몬드의 특성을 통해 초급장교로서 국가 수호의 군건한 의지를 나타낸 것이다.

• **영관 장교** : 영관 장교는 소령, 중령, 대령의 3단계로 구성되어 '소령→중령→대령'의 순서대로 계급이 올라간다. 영관 장교 계급장의 대나무는 사계절 내내 푸르름과 군건한 기상, 절개를 상징한다.

• **장군** : 장군은 준장, 소장, 중장, 대장으로 구성된다. 장군은 참모총장이나 각 군, 군단, 사단, 여단급의 지휘 체계를 담당하는 군 최고 지휘관으로 활동한다. 장군은 그 자체로 사관이 되거나 지휘관을 보좌하여 임무를 수행하게 된다. 장군 계급장의 별은 스스로 빛을 내는 천체로서 군에서의 모든 경륜을 익힌 완숙한 존재임을 상징한다.

군대 편제

분대[squad]

소대의 하위 부대로서 가장 작은 부대 단위로, 보통 구성원은 7~10명 정도이다. 분대의 지휘관은 분대장이 맡고 분대장의 계급은 보통 상병 또는 병장이다.

소대[platoon]

중대의 하위 부대로서 보통 4개 분대로 구성된다. 소대의 지휘관은 소대장이 맡고 소대장의 계급은 보통 소위 또는 중위이다. 소대장의 부재시 소대장의 역할을 대신할 부소대장이 존재하며, 보통 부사관이 부소대장을 맡는다.

중대[company]

대대의 하위 부대로서 보통 본부를 포함하여 4개의 소대로 구성된다. 중대의 지휘관은 중대장이 맡고 중대장의 계급은 보통 대위이다. 중대 이상의 지휘관은 인사권을 부여 받게 된다.

대대[battalion]

중대보다는 큰 규모이고, 보통 대대본부와 3개의 중대로 구성된다. 대대의 지휘관은 대대장이 맡고 대대장의 계급은 보통 중령이다.

연대[regiment]

사단이나 여단보다는 작고, 대대보다는 큰 행정 및 전술단위 부대이며, 연대의 지휘관은 연대장이 맡고 연대장의 계급은 보통 대령이다. 연대의 편성으로는 보병 연대 외에 포병 연대, 전차 연대, 공병 연대 등이 있다.

여단[brigade]

연대보다는 큰 규모이고, 사단보다 작은 규모로 보통 2개 연대로 구성되어 있다. 여단의 지휘관은 여단장이 맡고 여단장의 계급은 보통 준장이다.

사단[division]

군단보다 작고 여단 및 연대보다 큰 규모이고, 독립적으로 전술작전을 수행할 수 있는 최소의 단위 부대이다. 사단의 지휘관은 사단장이 맡고 사단장의 계급은 보통 소장이다. 사단의 편성으로는 보병사단, 기갑사단, 공수사단, 산악사단 등이 있다.

군단[corps]

사단보다는 크고 야전군보다 작은 규모의 전술부대로 보통 2개 이상의 사단으로 구성되어 있다. 군단의 지휘관은 군단장이 맡고 군단장의 계급은 보통 중장이다.

Part 01 유형파악

Part 02 핵심이론

Part 03 유형연습

Part 04 직무성격/상황판단

Part 05 실전모의고사

부록

정답 및 해설

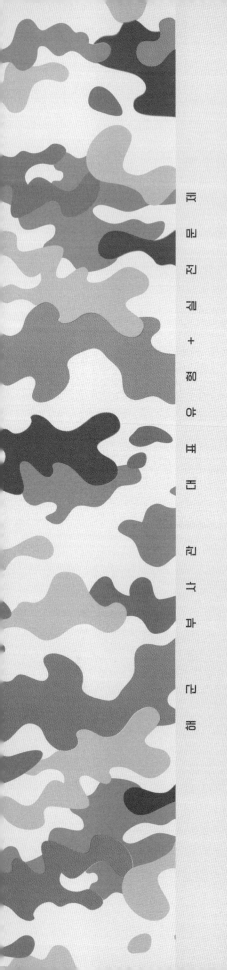

짧은 전설 + 현아 표면 관리 사무 근방

정답 및 해설

실전모의고사 1회

01 ③

정답해설 동고동락(同苦同樂) : 괴로움과 즐거움을 함께한다는 뜻으로, 같이 고생하고 같이 즐김을 이르는 말

오답해설 ① 고립무원(孤立無援) : 외톨이가 되어 도움을 받을 데가 없음

② 금석맹약(金石盟約) : 쇠와 돌같이 굳게 맹세하여 맺은 약속

④ 상행하효(上行下效) : 윗사람이 하는 행동을 아랫사람이 본받음

⑤ 감탄고토(甘呑苦吐) : 달면 삼키고 쓰면 뱉는다는 뜻으로, 자기 비위에 맞으면 좋아하고 맞지 않으면 싫어한다는 의미

02 ③

정답해설 예문의 '맞다'는 '시간이 흐름에 따라 오는 어떤 때를 대하다'라는 의미로 사용되었다.

오답해설 ①, ⑤ '말, 육감 따위가 틀림이 없다'라는 의미이다.

② '오는 사람이나 물건을 예의로 받아들이다'라는 의미이다.

④ '쏘거나 던지거나 한 물체가 어떤 물체에 닿다 또는 그런 물체에 닿음을 입다'라는 의미이다.

핵심정리 동음이의어/다의어

- 동음이의어 : 소리는 같으나 뜻은 전혀 다른 단어 즉 전혀 다른 뜻을 가진 두 개 이상의 단어가 우연히 같은 소리를 내게 되는 경우

  예 사과보다는 배가 맛있다 : 배나무의 열매

  밥을 너무 많이 먹어서 배가 아프다 : 복부, 신체의 일부분

  울릉도는 배를 타고 보는 경치가 장관이다 : 선박

- 다의어 : 같은 소리로 발음되어도 그 의미가 조금씩 다르게 사용되는 단어

  예 학교에 가다 : 목적한 곳을 향하여 움직이다.

  그 일에는 어머니의 손이 많이 갔다 : 어떤 일에 힘이 쓰이다.

  열흘이 가고 보름이 갔다 : 시일이 경과하다.

  얼마나 힘들었는지 짐작이 간다 : 마음이 어떤 상태로 되다.

  밥이 맛이 갔다 : (맛이나 음식이) 변하다.

- 동음이의어와 다의어의 구별

  – 다의어는 여러 의미 사이에 유사성이 존재하나, 동음이의어는 의미 사이에 전혀 관련성이 없고 소리만 같다.

  – 사전에서 단어를 분류할 때, 다의어는 같은 항목으로 묶지만, 동음이의어는 별개의 항목으로 분류한다.

03 ⑤

정답해설 '상응'은 '(~에, ~과) 서로 응하거나 어울리다. 서로 기맥이 통하다'의 뜻을 가진다.

오답해설 ① 어떤 요구나 기대 따위에 좇아서 응함

② 어떤 일이나 사태에 맞추어 태도나 행동을 취함. 또는 어떤 두 대상이 주어진 어떤 관계에 의하여 서로 짝이 되는 일

③ 부름에 응답한다는 뜻으로, 부름이나 호소 따위에 대답하거나 응함
④ 서로 어떠한 일에 공통되는 부분이 있음

핵심정리 한자어의 이해

한자가 글자 하나하나를 가리킨다면, 한자어는 한자가 모여서 일정한 응결된 의미를 갖고 있어 하나의 덩어리처럼 느껴지는 단위이다. 따라서 한자어에 대한 학습은 그 한자어를 구성하고 있는 개별적인 단어들의 의미에 얽매이지 말고 그것들이 모여 새롭게 형성된 의미를 정확히 이해하고 활용하는 방향으로 해야 한다.

04 ①

정답해설 수주대토(守株待兔) : 우연히 나무 그루터기에 토끼가 부딪쳐 죽은 것을 잡은 후 또 그런 일을 기대하며 그루터기만 지키고 있었다는 데서 유래한 것으로, 한 가지 일에만 얽매여 발전을 모르는 어리석은 사람을 비유적으로 이르는 말

05 ①

정답해설 제시문의 '사람'은 '사람의 됨됨이나 성질'을 의미한다. 이러한 의미로 사용된 것은 ①이다.
오답해설 ② 어떤 일을 시키거나 심부름을 할 일꾼이나 인원
③ 뛰어난 인재나 인물
④ 자기 외에 남을 막연하게 이르는 말
⑤ 일정한 자격이나 품격을 갖춘 이

06 ②

정답해설 일에는 일정한 순서가 있고 때가 있는 것이므로, 아무리 급해도 순서를 밟아서 일해야 함을 비유적으로 이르는 말이다.
오답해설 ① 제 논에 물 대기
③ 외상이면 소도 잡는다
④ 시렁 눈 부채 손
⑤ 혀 아래 도끼 들었다

핵심정리 일의 순서와 관련된 속담

• 급방 먹을 떡에도 소를 박는다 : 아무리 급한 일이라도 밟아야 할 순서는 밟아야 하며 갖추어야 할 격식은 갖추어야 함을 이르는 말
• 급하면 콩마당에서 간수 치라 : 일에는 일정한 순서와 때가 있으므로 아무리 급해도 순서를 밟아서 일해야 함을 비유적으로 이르는 말
• 송곳도 끝부터 들어간다 : 모든 일에는 일정한 순서가 있음을 비유적으로 이르는 말

07 ②

정답해설 '개발새발'은 2011년 표준어로 등록되었다.
오답해설 ① '벌였다'가 바른 표현이다.
③ '어리바리'가 바른 표현이다.
④ '연구토록'이 바른 표현이다.
⑤ '동녘'이 바른 표현이다.

08 ③

정답해설 명약관화(明若觀火) : 불을 보듯 분명하고 뻔함
오답해설 ① 취사선택(取捨選擇) : 여럿 가운데서 쓸 것은 쓰고 버릴 것은 버림
② 임기응변(臨機應變) : 그때그때 처한 사태에 맞추어 즉각 그 자리에서 결정하거나 처리함
④ 타산지석(他山之石) : 본이 되지 않은 남의 말이나 행동도 자신의 지식과 인격을 수양하는 데에 도움이 될 수 있음
⑤ 지어지앙(池魚之殃) : '연못에 사는 물고기의 재앙'이라는 뜻으로, 아무런 상관도 없는데 화를 당하는 경우를 이름

Part 01 유형파악
Part 02 핵심이론
Part 03 유형연습
Part 04 직무성격/상황판단
Part 05 실전모의고사
부록
정답 및 해설

09 ②

정답해설 1. 깊고 으슥한 곳에는 위험이 숨어 있기 마련임을 비유적으로 이르는 말. 2. 일이 뚜렷하지 못하면 반드시 잘못이 따름을 비유적으로 이르는 말.

오답해설 ① 재난이 겹쳐 오는 경우를 말함
③ 어수룩해 보이는 시골 사람이 오히려 서울 사람을 더 잘 속임
④ 흠이 있는 물건을 잘 아는 사람에게 떠안김
⑤ 산에 있는 까마귀가 산에 있는 절에서 염불하는 것을 하도 많이 보고 들어서 염불하는 흉내를 낸다는 뜻으로, 무엇을 전혀 모르던 사람도 오랫동안 보고 듣노라면 제법 따라 할 수 있게 됨을 비유적으로 이르는 말

10 ②

정답해설 '호사가'는 '남의 일에 특별히 흥미를 가지고 말하기 좋아하는 사람' 또는 '일을 벌이기를 좋아하는 사람'을 의미한다.

11 ③

정답해설 뒤이어 나오는 내용이 피부색의 변화에 관련된 것이므로 인종을 구분 짓는 차이점으로 '피부색'이 큰 부분을 차지하고 있음을 짐작할 수 있다.

12 ②

정답해설 원형 감옥에서 죄수는 감시자를 볼 수 없으므로 감시 여부를 알 수 없으며, 이로 인해 간수가 죄수를 통제하는 것 외에 죄수가 스스로 자신을 억제 · 통제하는 이중적 통제 장치가 된다.

오답해설 ① 감시자와 죄수 간의 시선이 차단될 뿐 시선의 불균형을 확인시키는 장치는 아니다.
③ 원형 감옥은 받아들여지지 않았으므로 이후 이것이 다른 사회 부분에 적용되었다고 보기도 어렵다. 또한 이는 이글의 내용만으로는 추론할 수 없다.
④ 원형 감옥은 관찰자를 전지전능한 신의 위치로 격상시키기 위해 고안된 것이 아니다.
⑤ 원형 감옥은 피관찰자인 죄수들이 언제나 감시받고 있다는 느낌을 받게 하여 죄수가 스스로를 감시하는 효과를 얻는다.

13 ②

정답해설 제시문의 두 번째 문단에서, 국가 이익 중 중복되는 부분이 아무리 증가해도 이익이 같아질 수는 없으며, 따라서 이익 간의 충돌은 사라지지 않고 단지 수정되고 변형될 뿐이라 했다.

오답해설 ① 제시문의 내용을 통해 예측하기 어려운 내용이다.
③ 제시문에서 궁극적으로는 실현 불가능하다고 본 것은 '국가 간 이익의 자연스러운 조화'이다.
④ 제시문에서 이익이 자연스럽게 조화되는 일은 상호의존과 진보된 기술로부터 나오지는 않을 것이라고 했다.
⑤ 제시문을 통해서는 알 수 없다.

14 ④

정답해설 첫 번째 문단의 '신라 말기에 스스로 장군이라 칭하며 백성들을 이끌고 신라로부터 독립하였다.'라는 부분에서 추론할 수 있는 진술이다.

오답해설 ① 제시문에 공직이 왕건에게 귀순하였다는 내용은 나와 있으나, 왕건이 이러한 인물들의 힘을 빌려 천하를 통일하였다는 내용은 언급되지 않았다.
② 네 번째 문단에 공직이 태조로부터 일모산군(一牟山郡)을 공격 · 점령하는 데 대한 허락을 받았다는 내용은 나와 있으나, 이후 실제로 공격하여 백성을 안정시켰는지에 대한 내용은 제시되지 않았다.
③ 공직이 귀순하였을 때 마을 사람들의 반응은 제시되어 있지 않다.
⑤ 네 번째 문단에서 귀순한 공직의 큰아들 공직달을 처벌했다는 내용이 있는데, 이것만으로는 견훤의 백제에서 가족 중 한 사람이 나라를 배신하는 경우 가족 모두를 사형했다고 추론하기는 어렵다.

15 ①

정답해설 ㉠ 앞에서 말한 일(연주의 의미)이 뒤에서 말할 일(연주자의 역할)의 원인, 이유, 근거가 됨을 나타내는 접속부사인 '따라서'가 들어가야 한다.

ⓒ 앞에서 말한 것을 풀어서 말하고 있으므로, '다시 말해'가 들어가는 것이 적절하다.

ⓒ 앞서서 18세기의 연주의 개념에 대해 설명하고, 이어서 19세기 연주의 개념으로 내용이 전환되므로 상반된 사실을 이어주는 접속 부사 '하지만'이 들어가야 한다.

핵심정리 **접속어의 종류**
- 순접관계 : 앞뒤의 내용이 상반되지 않고 앞의 내용을 이어받아 연결되는 것을 말한다.
  예 그리고, 이리하여, 그리하여 등
- 역접관계 : 앞의 내용과 다르거나 부정하는 내용이 연결되는 것을 말한다.
  예 그래도, 반면에, 하지만, 다만 등
- 인과관계 : 앞문장이 뒤에 오는 문장과 원인과 결과로 연결되는 것을 말한다.
  예 그러니까, 왜냐하면, 따라서 등
- 대등관계 : 앞뒤의 내용이 같은 자격으로 나열되어 연결되는 것을 말한다.
  예 혹은, 및, 그리고 등
- 전환 : 앞의 내용과 다른 생각이나 사실을 말하여 화제를 바꾸는 것을 말한다.
  예 그런데, 그러면, 아무튼 등

16 ④

정답해설 '기억'은 과거를 그대로 재현하는 것이 아니라 주관적인 인식과 시대적 상황, 선입견 등에 의해 재구성되고 왜곡되기 때문에 진리를 판단하는 규범이라고 보기는 어렵다.

17 ②

정답해설 '연구팀이 미토콘드리아 유전자를 원인으로 지목하는 이유는 이 유전자가 세포질 속에만 존재하는 것으로서 수정 과정에서 난자를 통해 어미로부터만 유전되기 때문이다.'를 통해 ②가 제시문의 내용과 일치함을 알 수 있다.

오답해설 ①, ③ 제시문과 일치하지 않는다. 일란성 쌍둥이와는 달리, 복제인간은 난자 제공자가 다른 경우 각기 다른 미토콘드리아 DNA를 가지게 된다.

④ 제시문과 일치하지 않는다. 복제인간이 체세포와 난자를 한 사람으로부터 제공받으면, 핵 속의 DNA와 미토콘드리아 DNA를 모두 물려받아 체세포 제공자와 동일한 DNA를 갖는다.

⑤ 제시문과 일치하지 않는다. 복제인간의 경우 환경의 영향이 일란성 쌍둥이에 비해 훨씬 크게 작용할 수 있다.

18 ①

정답해설 ㉠은 논리적 사고의 개념 정의에 해당하며, ㉡은 논리적 사고의 의의, ㉢은 오늘날 인류에 미치는 논리적 사고의 의의(부연), ㉣은 ㉢의 예시, ㉤은 오늘날 논리의 역할에 대한 내용이다. 따라서 ①의 순서가 논리적으로 가장 적절하다.

핵심정리 **논리적으로 문장 나열하기**
주어진 문장을 읽고 글의 흐름에 맞게 재배열하는 문제유형의 경우, 앞의 내용을 가리키는 지시대명사나 대명사, 앞문장과 뒷문장의 관계를 알 수 있는 접속사 등을 주의 깊게 살펴야 한다. 문장 전체를 읽는 데에 시간을 소비하기보다는 지시어, 접속어 등과 관계된 문장 속의 단어와 내용을 파악해 앞, 뒤에 어떤 문장이 와야 하는지 논리적인 구조를 생각하는 것이 중요하다.

19 ④

정답해설 거대 기계는 인간을 소외시키고 착취와 억압을 상징하지만, 물레는 그러한 것이 없는 인간적 규모의 기계를 상징한다. 따라서 물레는 거대 기계처럼 인간을 소외시키지 않으면서 도움을 주고, 평등한 관계를 유지할 수 있게 하는 기계인 것이다.

Part 01 유형파악
Part 02 핵심이론
Part 03 유형연습
Part 04 직무상식/상황판단
Part 05 실전모의고사
부 록
정답 및 해설

오답해설 ① 거대 기계는 착취와 억압을 상징하며, 복잡하고 거대한 기계는 그 자체로 비인간화와 억압의 구조를 강화하기 쉬운 것이다.

② '근대 산업 문명은 사람들의 정신을 병들게 하고, 끊임없이 이기심을 자극하며, 금전과 물건의 노예로 타락시킬 뿐만 아니라, 내면적인 평화와 명상의 생활을 불가능하게 만든다.'라고 첫 문장에 언급되어 있다.

③ '간디는 산업화의 확대, 또는 경제 성장이 참다운 인간의 행복에 기여한다고는 결코 생각할 수 없었다.'라고 언급되어 있다.

⑤ '물레'가 갖는 상징적인 의미는 세 가지가 있다. 지배와 착취와 억압의 구조 타파, 심리적 습관과 욕망의 근절, 내면적인 평화와 명상의 생활이 그것이다. 물레라는 것은 비폭력주의의 본질인 것으로 추론할 수 있다.

20 ③

정답해설 제시문은 종교에 대한 진지한 성찰이 교양인에게 필요한 이유를 설명하고 있는 글이다. ③의 경우 종교의 근본적 의미와 인간 구원의 가능성을 연관시켰는데 이는 글에 언급되어 있지 않은 내용이며 구원의 문제가 글에서 중심적으로 부각되지도 않았으므로 적절한 반응이 아니다.

21 ②

정답해설 제시문의 '한'은 '정확한' 또는 '한창인'이라는 의미이다. 이러한 의미로 사용된 것은 ②이다.

오답해설 ① 시간, 공간, 수량, 정도 따위의 끝을 나타내는 말
③ 조건의 뜻을 나타내는 말
④ 대략을 나타내는 말
⑤ 조건의 뜻을 나타내는 말

22 ②

정답해설 '기피'는 '꺼리거나 싫어하여 피함'을 의미한다.

오답해설 ① 콩, 팥, 녹두 등의 껍질이나 소, 돼지, 말 등의 가죽을 벗김
③ 도망하여 몸을 피함
④ 면하여 피함
⑤ 마주치기를 꺼리어 피하거나 얼굴을 돌림

23 ③

정답해설 제시문에 언급된 '국민이 그 정부를 제거할 수 있어야 한다는 이념'은 민주주의를 뜻하며, 필자는 독재정권을 피하는 데 이보다 더 좋은 길을 알지 못한다고 했다.

오답해설 ①, ② 보기글은 제시문과 일치하지 않는다.
④ 어떤 집단이든 오류를 범하는 경향이 있으며 민주주의도 결코 오류가 없을 수는 없다.
⑤ 국민주권으로서의 민주주의 이념과 국민의 심판대로서의 민주주의의 이념의 차이는 실제적으로 커다란 함의를 갖는다.

24 ②

정답해설 인간의 몸은 정신에 종속된 하위 존재로 홀대를 받았지만 몸에 대한 새로운 자각과 더불어 춤도 예술의 중심 장르로 격상되었다고 했으므로 주제로는 '몸과 춤을 주체적인 것으로 바라보려는 시각의 부상'이 적절하다.

25 ④

정답해설 이순신 장군의 모습을 본뜨지 않았더라도 이순신 장군을 가리키는 데에 사용될 수 있다는 내용을 통해, 이순신 장군을 그리고자 그린 그림이라도 이순신 장군과 닮지 않았다면 그를 표상하는 그림이라고 볼 수 없다는 내용이 거짓임을 추론할 수 있다.

Part 01 유형파악

Part 02 핵심이론

Part 03 유형연습

Part 04 직무성격/상황판단

Part 05 실전모의고사

부록

정답 및 해설

자료해석

01 ③

정답해설 x년 후에 어머니의 나이는 아들 나이의 3배가 되므로

$52+x=3(14+x)$

$52+x=42+3x$

$\therefore x=5$(년)

02 ①

정답해설 4의 배수는 끝의 두 자리가 00이거나 4의 배수이면 된다.

따라서 주어진 숫자를 조합하여 끝의 두 자리를 4의 배수로 만들 수 있는 경우는

□04, □12, □20, □24, □32, □40, □52

이중에 □04, □20, □40은 각각 4가지 경우가 있으므로

$4\times3=12$

□12, □24, □32, □52는 각각 3가지 경우(첫째자리에 0제외)가 있으므로 $3\times4=12$

$\therefore 12+12=24$(가지)

03 ②

정답해설 총 소요시간$=\dfrac{\text{총 작업량}}{\text{평균 작업량}}$이므로 전체 작업량을 1이라고 하면,

처음 2분간 A의 작업량 : $\dfrac{2}{12}$

나머지 작업량 : $\dfrac{10}{12}$

나머지 복사 시간 : $\dfrac{10}{12}\div\left(\dfrac{1}{12}+\dfrac{1}{8}\right)=4$(분)

$\therefore$ 총 걸리는 시간 : $2+4=6$(분)

04 ①

정답해설 가은이가 걸은 거리를 x, 달린 거리를 y라고 하면

$x+y=800 \cdots$ ①

시간$=\dfrac{\text{거리}}{\text{속력}}$이므로

$\dfrac{x}{50}+\dfrac{y}{200}=10 \cdots$ ②

①과 ②를 연립하여 풀면

$x+y=800,\ 4x+y=2,000$

$\therefore x=400,\ y=400$

05 ④

정답해설 농도가 14%인 소금물 300g의 소금의 양 : $\frac{14}{100} \times 300 = 42(g)$

여기에 넣을 물의 양을 x라고 한다면

$4(\%) = \frac{42}{300+x} \times 100$

$4,200 = 4(300+x)$

$x = 750(g)$

∴ 750g의 물을 더 넣어야 한다.

06 ②

정답해설 나무의 간격이 10m일 때 필요한 나무의 그루 수를 x라 하면

$10x = 5(x+11)$, $x = 11$(그루)

∴ 연못의 둘레 $= 10 \times 11 = 110(m)$

07 ①

정답해설 문맹률의 차이가 크다는 것은 문자 해독률의 차이가 크다는 것을 의미한다. 따라서 성인 남녀 간 문맹률의 차가 가장 큰 지역은 B이다. B지역의 문맹률은 남자가 24%, 여자가 50%이므로 그 차는 26%이다.

오답해설 ② 성인 남자의 문맹률이 가장 높은 지역은 C지역이다. 그런데 C지역의 청소년 문맹률은 10.2%로 세 번째로 높다. 성인 남자 문맹률이 두 번째로 높은 A지역의 청소년 문맹률은 53.7%로 가장 높다.

③ C지역의 성인 남자 문맹률은 '100% − 68% = 32%'이며(문맹률=100%−문자 해독률), 성인 여자 문맹률은 48%이다. 따라서 C지역의 경우 여자의 문맹률이 남자의 경우보다 높다.

④ F지역의 성인 여자 문맹률은 5%이며 청소년 문맹률은 1%이다. 따라서 성인 여자 문맹률이 5배 크다.

08 ③

정답해설 성인 남녀 간 문맹률의 차이가 가장 큰 B지역의 청소년 문맹률은 27.1%이며, 청소년 문맹률이 세 번째로 높은 C지역의 남녀 간 성인 문맹률 차이값은 16%이다. 따라서 두 값의 곱은 433.6이다.

09 ④

정답해설 ㄷ. 3시간 이상 4시간 미만 운동하는 학생의 비율은 낮아지지만, 4시간 이상 운동하는 학생의 비율은 높아지고 있다.

ㄹ. 3학년 남학생에서 3시간 이상 4시간 미만 운동하는 비율은 23.4%이고 4시간 이상 운동하는 비율은 25.2%로 3시간 이상 4시간 미만 운동하는 비율이 더 낮다.

오답해설 ㄱ. '1시간 미만' 운동하는 3학년 남학생 수 : 118+66+87=271

'4시간 이상' 운동하는 1학년 여학생 수 : 46+47+112=205

ㄴ.

구분	1학년		2학년		3학년	
	남학생	여학생	남학생	여학생	남학생	여학생
1시간 미만 운동하는 비율	10.0	18.8	5.7	19.2	7.6	25.1

남학생 중 '1시간 미만' 운동하는 남학생의 비율이 여학생 중 '1시간 미만' 운동하는 여학생의 비율보다 각 학년에서 모두 낮다.

10 ③

정답해설 A시 초등학생의 수는 '500,000 × 0.1 = 50,000(명)'이다. 이 중 17%가 학교를 졸업하여 100% 중학교에 진학하였으므로 2025년도에 중학생이 된 학생 수는 '50,000 × 0.17 = 8,500(명)'이다.

11 ④

[정답해설] B시의 초등학생 수는 '520,000 × 0.09 = 46,800(명)'이며, C시의 초등학생 수는 '490,000 × 0.11 = 53,900(명)'이다. 따라서 B시의 초등학생 수가 C시보다 적다.

[오답해설] ① A시의 여성 수는 '500,000 × 0.49 = 245,000(명)'이며 B시는 '520,000 × 0.51 = 265,200(명)', C시는 '490,000 × 0.55 = 269,500(명)', D시는 '400,000 × 0.49 = 196,000(명)'이다. 따라서 여성 인구는 C시가 가장 많다.

② A시와 D시의 남성 비율은 같으나 총 인구수가 다르므로 남성의 인구수도 다름을 알 수 있다. A시의 경우 남성 인구는 '500,000 × 0.51 = 255,000(명)'이며, D시의 남성 인구는 '400,000 × 0.51 = 204,000(명)'이다.

③ 전체 남녀 성비는 제시되어 있으나 초등학생 남녀 성비는 제시되지 않았으므로 초등학생의 남녀 수는 알 수 없다.

12 ②

[정답해설] 청소년 혼인 구성비는 아내 기준의 경우 1990년 55.9%에서 2000년 57.5%로 증가하였다.

[오답해설] ① 남편 기준 15~19세 청소년 혼인 구성비(3.0, 1.7, 0.8, 0.6)는 아내 기준 20~24세 청소년 혼인 구성비(55.9, 57.5, 48.5, 25.8)보다 항상 낮다.

③ 2020년 남편 기준 20~24세 청소년의 혼인 구성비는 2010년에 비해 7.2% 감소하여 가장 큰 폭으로 감소하였다.

④ 아내 기준 15~19세 청소년 혼인 구성비는 1990년 20.9%에서 2020년 2.5%로 18.4% 감소하였다.

13 ③

[정답해설] 도수에 총합에 대한 각 계급의 도수의 비율을 그 계급의 상대도수라고 한다. 상대도수의 총합은 항상 1이므로

$0 + 0.05 + 0.15 + 0.25 + x + 0.1 + 0.1 = 1$

$x = 0.35$

상대도수 $= \dfrac{\text{그 계급의 도수}}{\text{도수의 총합}}$ 이므로 16초 이상 17초 미만인 학생 수는 $0.35 \times 40 = 14$명

14 ③

[정답해설]

13 ⎿₊₅⏌ 18 ⎿₋₁₀⏌ 8 ⎿₊₁₅⏌ 23 ⎿₋₂₀⏌ 3 ⎿₊₂₅⏌ 28 ⎿₋₃₀⏌ -2 ⎿₊₃₅⏌ ( )

15 ③

[정답해설] 연속한 세 홀수를 $x-2$, x, $x+2$라 하면

$4x - 6 > 2x$

$2x > 6$

$x > 3$

조건을 만족하는 수 중 가장 작은 수는 $x = 5$

$\therefore (5-2) \times 5 \times (5+2) = 105$

16 ④

[정답해설] ㉠에서 전년 동월에 비하여 생산과 내수가 모두 증가한 항목은 A, B, D이므로 냉장고, 세탁기, TV는 A 또는 B 또는 D이다.

㉡에서 전년 동월에 비하여 생산은 감소하고 내수는 증가한 항목은 C이므로 C는 에어컨이다.

㉢에서 전년 동월에 비하여 생산이 증가한 항목은 A, B, D이고, 생산증가대수 대비 내수증가대수를 비교하면 $A = \dfrac{52}{50} = 1.04$, $B = \dfrac{30}{30} = 1$, $D = \dfrac{5}{7} = 0.71$이므로 비율이 가장 낮은 D가 세탁기이다.

㉣에서 전년 동월에 비하여 생산이 증가한 항목이 A, B, D였고, D는 세탁기이므로 A와 B의 생산증가율을 비교하면 된다.

$A = \dfrac{50}{347} \times 100 = 14.4$, $B = \dfrac{30}{263} \times 100 = 11.4$

Part 01 유형파악
Part 02 핵심이론
Part 03 유형연습
Part 04 직무상식/상황판단
Part 05 실전모의고사
부록
정답 및 해설

A의 증가율이 더 크므로 A가 TV, B가 냉장고이고 남은 E는 침대가 된다.
따라서 A는 TV, B는 냉장고, C는 에어컨, D는 세탁기, E는 침대이다.

17 ②

정답해설 여기서의 경쟁률은 합격자 수 대비 응시자 수를 말하므로, 합격자 수가 1일 때 응시자 수의 비를 구하면 된다. 우선, 인문과학부의 경쟁률을 구하면, '1 : 1,000=x : 2,400'에서 'x=2.4'이므로 경쟁률은 '1 : 2.4'이다. 마찬가지 방법으로 경쟁률을 구하면, 사회과학부의 경쟁률은 '1 : 1,450=x : 3,600'이므로 대략 '1 : 2.5', 자연과학부의 경쟁률은 '1 : 850=x : 1,950'이므로 대략 '1 : 2.29', 법학부의 경쟁률은 '1 : 700=x : 1,650'이므로 대략 '1 : 2.36'이다. 따라서 가장 경쟁률이 높은 학과는 사회과학부이다.

18 ②

정답해설 국어의 경우 2반은 남녀학생 모두 6.0점이고, 1반은 남학생은 6.0점 여학생은 6.5점이므로 1반 학생의 평균이 더 높다.
A : $(6.0 \times 20) + (6.5 \times 10) + (A \times 15) + (6.0 \times 15) = 365$
∴ A=6.0
B : $(B \times 20) + (5.5 \times 10) + (5.0 \times 15) + (6.0 \times 15) = 320$
∴ B=5.0

19 ②

정답해설 1분기 A제품의 총 생산액은 '$(4,200+4,500+5,000) \times 3,000 = 41,100,000$(원)'이며, B제품의 총 생산액은 '$(2,600+2,500+2,800) \times 5,500 = 43,450,000$(원)'이다. 따라서 이 공장의 1분기 총 생산액은 84,550,000(원)이다.

20 ①

정답해설 각 제품의 월별 생산액과 그 차이를 구하면 다음과 같다.

구분	A제품 생산액	B제품 생산액	차액
1월	$4,200 \times 3,000 = 12,600,000$(원)	$2,600 \times 5,500 = 14,300,000$(원)	170만 원
2월	$4,500 \times 3,000 = 13,500,000$(원)	$2,500 \times 5,500 = 13,750,000$(원)	25만 원
3월	$5,000 \times 3,000 = 15,000,000$(원)	$2,800 \times 5,500 = 15,400,000$(원)	40만 원

따라서 월 생산액의 차가 가장 큰 달은 1월, 가장 작은 달은 2월이다.

Part 01 유형파악

Part 02 핵심이론

Part 03 유형연습

Part 04 직무성격/상황판단

Part 05 실전모의고사

부 록

정답 및 해설

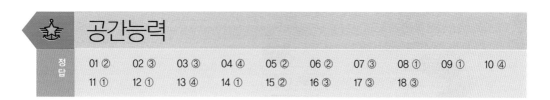

공간능력

정답										
	01 ②	02 ③	03 ③	04 ④	05 ②	06 ②	07 ③	08 ①	09 ①	10 ④
	11 ①	12 ①	13 ④	14 ①	15 ②	16 ③	17 ③	18 ③		

01 ②

정답해설

 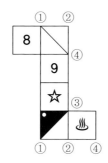

02 ③

정답해설

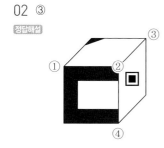 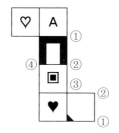

03 ③

정답해설

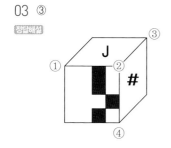 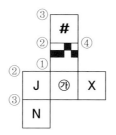

04 ④

정답해설

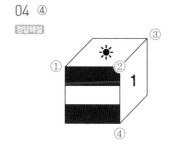 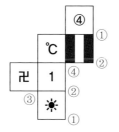

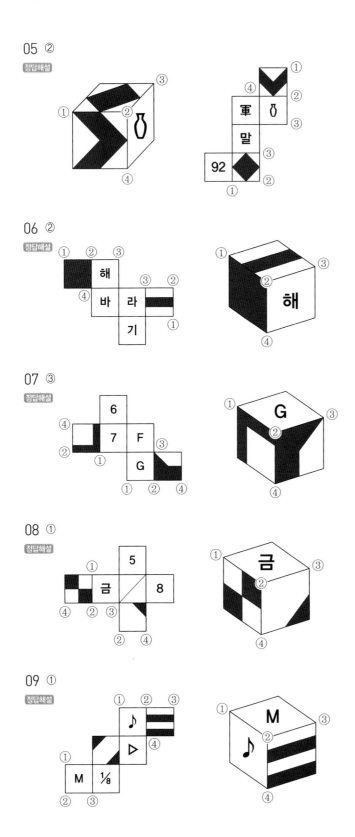

05 ②
정답해설

06 ②
정답해설

07 ③
정답해설

08 ①
정답해설

09 ①
정답해설

10 ④

정답해설

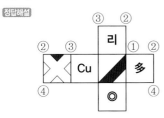 

11 ①

정답해설 왼쪽 열부터 차례로 세어 보면 $10+4+4+5+2=25$개

12 ①

정답해설 왼쪽 열부터 차례대로 세어 보면 $6+4+5+8+8+4+2+1+1=39$개

13 ④

정답해설 왼쪽 열부터 차례대로 세어 보면 $13+9+8+5+8=43$개

14 ①

정답해설 왼쪽 열부터 차례대로 세어보면 $13+6+5+7+7+2=40$개

15 ②

정답해설 왼쪽 열부터 층을 세어 보면 '6-4-1-1-2-1-4'이다.

16 ③

정답해설 왼쪽 열부터 층을 세어 보면 '4-3-3-2-5-2-3-4-1-1-0-1'이다.

17 ③

정답해설 왼쪽 열부터 층을 세어 보면 '6-6-1-1-1-1-1'이다.

18 ③

정답해설 왼쪽 열부터 층을 세어 보면 '3-2-5-2-2-1'이다.

Part 01 유형파악
Part 02 핵심이론
Part 03 유형연습
Part 04 직무성격/상황판단
Part 05 실전모의고사
부록
정답 및 해설

지각속도

정답										
	01 ②	02 ①	03 ②	04 ②	05 ①	06 ②	07 ①	08 ②	09 ①	10 ②
	11 ②	12 ①	13 ②	14 ①	15 ①	16 ②	17 ②	18 ①	19 ①	20 ②
	21 ②	22 ②	23 ④	24 ④	25 ②	26 ②	27 ③	28 ③	29 ④	30 ①

01 ②

정답해설 & @ $ + <u>*</u> – 전북 경기 강원 서울 <u>부산</u>

02 ①

03 ②

정답해설 * % <u>@</u> ₩ $ – 부산 광주 <u>경기</u> 충남 강원

04 ②

정답해설 + * % # <u>&</u> – 서울 부산 광주 제주 <u>전북</u>

05 ①

06 ②

정답해설 속 각 시 <u>제</u> 문 – Q T W <u>G</u> R

07 ①

08 ②

정답해설 도 제 지 시 <u>험</u> – Y G A W <u>Z</u>

09 ①

10 ②

정답해설 속 지 <u>각</u> 험 <u>제</u> 시 – Q A <u>T</u> Z <u>G</u> W

11 ②

정답해설 ∞ <u>▲</u> ∵ ∫ ● – ◇ <u>#</u> ■ ◆ %

12 ①

13 ②

정답해설 ∵ ● $ ▲ ◇ * – ■ % □ # <u>∞</u> △

Part 01 유형파악

Part 02 핵심이론

Part 03 유형연습

Part 04 직무성격/상황판단

Part 05 실전모의고사

부록

정답 및 해설

14 ①

15 ①

16 ②
정답해설 예금 유리 향수 구두 사슴 – 425 954 561 235 108

17 ②
정답해설 선녀 태양 고향 개미 나무 – 679 378 210 623 894

18 ①

19 ①

20 ②
정답해설 사슴 예금 구두 유리 선녀 – 108 425 235 954 679

21 ②
정답해설 저렴한 가격 및 다양한 서비스 제공에 따른 구매 수요 증가

22 ②
정답해설 ㅂㅇㄷㅈㄹㅁㄴㄹㅈㄷㅅㅎㅋㅂㅊㄷㅈㅌㅁㄴㄷㅁㅌㅁㅈㅅㅅㄴㄷㅇㄱㅎㄷㅈㅎㄹㅎㄷㄷㅅㅁㅁㅁㅋㄴㄷㄹㅎㄷㄷ

23 ④
정답해설 His grandmother is the chairperson in name only

24 ④
정답해설 2995028379204009742259864380984328890076545321465 80

25 ②
정답해설 38dsokgfiwd056928j909k23jjfd854ut626059606kd83orkw8359g2q9v123948595495136595

26 ②
정답해설 ㄹㄘㄹㅉㄹㅈㄹㄹㅉㄹㄹㅉㅂㄹㅉㅂㄷ ㅂㄷㄷㄷㄷㄷㅈㄹㄷㄷㄹㅉㄹㄷㄷㄹㅉㄹㄷㅉㅂㄷㄹㄷㄷㄷㄹㅉㅈ ㅂㄷㄷㄹㅉㄹㄹㅉㅂㄷㄹㅂㄷㄹㅂㄷㄷㄹㅉㄷㅂㄷㄷ
ㅂㅉㄷㄹㄹㅉㄷㄹㄷ

27 ③
정답해설 Drivers should keep a safe distance from the car in front

28 ③
정답해설 버켄스탁의 열매는 대단히 매혹적인 향기를 갖고 있지만 식용이 아니며 그것을 먹을 경우 아주 심한 복통이 일어난다.

29 ④

정답해설 숱숀순숀산선숀산숀숫순숀산숫순숀순숄송숩숀송숟숙숀숩솜숱숀숀숫선순산숟숀숱선삽숀삻삭삼송숟순

30 ①

정답해설 kgksoekr3904jf8264995kakfo03o1969450392kjdkf1o7q4o237dkw5s8d9g6w5d5s56329814df4856975w4sdf2

Part 01 유형파악

Part 02 핵심이론

Part 03 유형연습

Part 04 직무상식/상황판단

Part 05 실전모의고사

부록

정답 및 해설

언어논리

정답										
01 ③	02 ②	03 ④	04 ⑤	05 ①	06 ③	07 ③	08 ②	09 ①	10 ①
11 ①	12 ④	13 ②	14 ③	15 ②	16 ④	17 ①	18 ⑤	19 ⑤	20 ④
21 ③	22 ①	23 ②	24 ①	25 ⑤					

01 ③
정답해설 주객전도(主客顚倒) : 주인과 손님의 위치가 뒤바뀐다는 뜻으로, 사물의 경중·선후·완급 따위가 서로 뒤바뀜을 이름
오답해설 ① 중과부적(衆寡不敵) : 적은 수효로 많은 수효를 대적하지 못함
② 허허실실(虛虛實實) : 허를 찌르고 실을 꾀하는 계책
④ 가렴주구(苛斂誅求) : 세금을 가혹하게 거두어들이고, 무리하게 재물을 빼앗음
⑤ 인면수심(人面獸心) : '사람의 얼굴을 하고 있으나 마음은 짐승과 같다'라는 뜻으로, 마음이나 행동이 몹시 흉악함을 이르는 말

02 ②
정답해설 연목구어(緣木求魚) : 나무에 올라가서 물고기를 구한다는 뜻으로, 도저히 불가능한 일을 굳이 하려 함을 비유적으로 이르는 말

03 ④
정답해설 제시문의 '맡다'는 '어떤 일에 대한 책임을 지고 담당하다'라는 의미이다. 이러한 의미로 사용된 것은 ④이다.
오답해설 ① 자리나 물건 따위를 차지하다.
② 어떤 물건을 받아 보관하다
③ 면허나 증명, 허가, 승인 따위를 얻다.
⑤ 어떤 물건이나 음식을 코로 냄새를 느끼다.

04 ⑤
정답해설 '늑장'과 '늦장' 모두 바른 표현이다.
오답해설 ① 주어 '그는'과 서술어 '~는 사실이다'의 호응이 자연스럽지 못하다.
② 우뢰 → 우레
③ '별로'는 부정을 뜻하는 말과 함께 쓰인다.
④ 울궈먹어라 → 우려먹어라

핵심정리 호응관계
글이나 말속에서 어떤 말 다음에는 반드시 어떤 특정한 말이 따르는 것을 호응이라 한다.
• 부정의 호응 : 결코, 별로, 전혀, 절대로(부사어) + 부정의 표현(서술어)
• 가정의 호응 : 만약/만일 ~면, 마치 ~처럼, 비록 ~라도
• 인과의 호응 : (결과)왜냐하면 ~ (원인, 이유)때문이다
• 추측의 호응 : 아마 ~ ㄹ 것이다.

05 ①

정답해설 1. 아무리 힘쓰고 밑천을 들여도 보람이 없음을 비유적으로 이르는 말. 2. 몹시 둔하여 깨닫지 못할 사람에게는 아무리 교육을 시켜도 효능이 없음을 비유적으로 이르는 말.

오답해설 ② 음식을 가리지 않고 마구 먹음
③ 변명의 여지가 없음
④ 몹시 뻔뻔스러운 사람을 두고 하는 말
⑤ 재물 따위를 조금씩 조금씩 알뜰하게 모음을 이르는 말

06 ③

정답해설 근주자적(近朱者赤) : 붉은빛을 가까이하면 붉게 변한다는 뜻으로, 주위 환경이 중요함을 비유하는 말

오답해설 ① 읍참마속(泣斬馬謖) : 큰 목적을 위하여 자기가 아끼는 사람을 버림
② 반포보은(反哺報恩) : 자식이 부모님께서 길러 주신 은혜에 보답한다는 뜻
④ 목불인견(目不忍見) : 차마 눈으로 볼 수 없을 정도로 딱하거나 참혹한 상황을 말함
⑤ 초미지급(焦眉之急) : '눈썹이 타게 될 만큼 위급한 상태'란 뜻으로, 그대로 방치할 수 없는 매우 다급한 일이나 경우를 이르는 말

07 ③

정답해설 제시문의 '앞'은 '어떤 사람이 떠맡은 몫' 또는 '차례에 따라 돌아오는 몫'을 의미한다. 이러한 의미로 사용된 것은 ③이다.

오답해설 ① 장차 올 시간
② 어떤 조건에 처한 상태
④ 이미 지나간 시간
⑤ 나아가는 방향이나 장소

08 ②

정답해설 '탐탁하다'는 '모양이나 태도, 또는 어떤 일 따위가 마음에 들어 만족하다'라는 의미이다.

09 ①

정답해설 '손이 맑다'는 '인색하여 남에게 물건이나 돈을 주는 품이 후하지 못하다' 또는 '재수가 없어 생기는 것이 없다'는 관용표현이다.

10 ①

정답해설 '발라내다'는 '씨, 가시, 뼈 등 겉에 둘러싸여 있는 것을 벗기고 헤집고 속의 것을 끄집어내다' 또는 '필요한 것만을 따로 추리어 내다'라는 의미이다.

오답해설 ② 여럿 가운데 어떤 것을 골라서 따로 집어낸다.
③ 속이나 안에 들어있는 물건 등을 손이나 도구를 이용하여 밖으로 나오게 하다.
④ 박혀 있거나 끼워져 있는 것을 뽑다. 또는 여럿 가운데에서 필요한 것 혹은 불필요한 것만을 골라낸다.
⑤ 섞여 있는 것에서 여럿을 뽑아내거나 골라내다.

11 ①

정답해설 제시문은 대왕 단보의 예를 통해 백성을 다스림에 있어 다른 무엇보다 인(仁)과 의(義)에 근본 바탕을 두어야 한다는 점을 밝히고 있다. ②를 주제로 생각할 수도 있으나 이 글은 단지 생명 존중을 강조하기 위한 것이 아니라 인과 의로써 백성을 다스려야 한다는 군왕의 자세를 밝힌 것으로 보아야 한다. 제시문은 '용비어천가'의 배경 고사 중 하나로, 조선 태조의 조상인 익조를 주나라 고공 단보에 빗대어 조선 건국의 정당성을 밝히고 있다. 즉, 고공 단보가 인(仁)과 의(義)로써 민심을 얻고 나라를 세웠듯이 익조도 인의(仁義)로써 민심을 얻었다는 것을 강조하고 있다.

12 ④

정답해설 제시문의 앞부분에서 길드는 것은 자연의 본성이며 일종의 조건반사라고 하였고 ㉠은 이를 거스르는 반역이라고 하였다. 따라서 ㉠에서 말한 '이러한 반역'은 결국 자연의 본성을 거스르는 것이라고 볼 수 있다. 따라서 인간이 자연의 본성을 거스를 수 있다면 인간이 자연 환경에 수동적으로 반응하는 존재가 아니라 이를 거스를 수 있는 주체적인 존재라는 것을 전제하고 있다고 보아야 한다.

13 ②

정답해설 만약 시간 여행 중에 발생하는 사건으로 인해 역사가 바뀌지 않는다면 시간 여행의 모순은 존재하지 않을 것이므로 시간 여행과 논리 법칙은 서로 어긋나지 않을 것이다.

오답해설 ① 시간 여행이 논리 법칙에 어긋난다고 하는 이유는 거슬러 올라가는 시간의 길이에 있지 않다. 만약 시간 여행자가 과거를 여행하는 도중 미래에 영향을 끼칠 행동을 한 경우, 이 영향이 시간 여행자의 행동 자체에 미쳐 모순이 발생할 수 있다. 바로 이 모순 때문에 시간 여행이 논리 법칙과 양립할 수 없다는 결론이 나오는 것이다.

③ 시간 여행자가 나비를 밟아 역사를 변화시켰다는 것은 웰즈의 소설 〈타임머신〉에 등장하는 내용이다. 제시문에서 이것은 시간 여행과 관련된 모순을 설명하기 위한 하나의 예일 뿐, 모든 모순이 나비를 밟는 것으로 인해 발생하는 것은 아니므로 ③은 설득력을 갖지 못한다.

④ 과거로의 시간 여행자가 자신의 할아버지를 만나 살해하는 내용은 시간 여행이 갖는 모순을 설명하기 위한 예로 사용되었을 뿐이다. 그러므로 과거로 시간 여행을 하는 시간 여행자가 자신의 할아버지를 만날 수 있다는 내용은 제시문에서 말하고자 하는 바와 아무런 연관성을 갖지 못한다.

⑤ 호킹박사를 과거로 데려가 아인슈타인과 공동 연구를 시킬 경우 더 많은 업적을 남긴다는 것은 과거로의 시간 여행을 옹호하는 내용으로 보인다. 그러나 '더 많은 업적'은 과거로의 시간 여행이 미래에 영향을 끼친 결과 발생한 것으로, 제시문에 따르면 이것은 모순에 해당하여 논리 법칙과 양립할 수 없다.

14 ③

정답해설 제시된 ㉠~㉣의 내용을 검토해 보면 다음과 같다.
㉠ 학문을 한다면서 논리를 불신하는 것은 용납할 수 없다.
㉡ 학문은 논리화된 진실을 탐구하는 행위이다.
㉢ 교수는 학문을 와해시켜서는 안 된다(학문을 하여야 한다).
㉣ 논리를 불신하는 것은 자유이나, 학문은 논리를 신뢰하는 사람만이 하여야 한다.
먼저 ㉡은 이 글의 전제로서 제일 앞에 나올 수 있으며, 다음으로 본론에 해당하는 ㉣(반론의 제시와 이 반론에 대한 반박을 제시)과 ㉠(㉣의 반박을 부연·강조)이, 마지막으로 결론을 담고 있는 ㉢이 연결되는 것이 논리적으로 가장 적절하다.

15 ②

정답해설 '정부가 경기 침체를 예고하면 많은 사람들은 이에 대비하여 행동을 하고, 반대로 경기회복을 예고하면 또한 그에 따라 행동하기 때문에 경기 예측 그 자체가 경기 변동에 영향을 미친다.'고 나와있다.

오답해설 ① 내일의 일기를 오늘 예보하더라도 일기가 예보의 영향으로 바뀌는 것은 아니다.
③ 경기 예측이 사람들의 행동에 영향을 미치므로 경기 변동에도 영향을 미친다. 따라서 아무런 상관이 없는 것은 아니다.
④ 경기 예측에 따라 사람들의 행동이 변화하는 것이며, 이러한 사람들의 행동이 경기 변동에 영향을 미치므로, 예측이 빗나갈 수도 있다.
⑤ 경제 사회가 불안할수록 동물 근성(감정적 측면)이 잘 발동된다고 하였다.

16 ④

정답해설 제시문의 네 번째 문단에 제시되어 있는 중심 내용은, 오늘날 다원주의 사회에서 개인이나 집단 간의 문화적 갈등을 해결하는 데 있어서 자유주의가 채택하는 개인주의나 절차주의적 방법으로는 실질적으로 해결할 수 없고 오직 서로의 문화적 정체성을 인정할 때 가능하다고 주장하고 있다. 따라서 ④는 중심 내용에 대한 진술로 가장 적합하다.

Part 01 유형파악

Part 02 핵심이론

Part 03 유형연습

Part 04 직무성격/상황판단

Part 05 실전모의고사

부 록

정답 및 해설

① 두 번째 문단의 '다원주의 사회에서 발생하는 심각한 갈등들을 해소하기 위해서 모든 사람이 수용할 수 있는 합리성에 호소하는 것은 어리석은 일이다. 왜냐하면 모든 사람들이 수용할 수 있는 합리성의 범위가 너무 협소하기 때문이다.'라는 부분을 통해, 다원주의 사회에서 개인 간 합의를 통해 가치관의 갈등을 해결하는 것에는 한계가 있음을 알 수 있다.

② 다원주의 사회에서는 개인주의적 방법으로 해결할 수 없는 갈등이 존재한다는 제시문의 논지에 부합하지 않는다.

③ 국가의 제도적 장치를 통한 갈등 해결은 제시문에서 언급되지 않았다. 또한 개인 간의 갈등 중, 특히 정체성의 인정과 관련된 갈등은 절차적 방식으로 해결할 수 없다고 하였다.

⑤ 제시문의 논지에서 벗어나는 내용이므로 적합하지 않다.

17 ①

제시문의 전반부는 진화론자와 역사학자의 유사한 측면을 비교하여 진화론의 인문 과학적 속성을 설명하고 있으며, 후반부는 진화론자가 역사학자에 비해 상당히 많은 과학적 이점을 가진다는 점을 통해 진화론의 자연 과학적 속성을 설명하고 있다. 따라서 주제로 가장 적합한 것은 ①이다.

② 제시문의 '진화론은 생물의 속성에 대해 일반적으로 예견할 수 있지만, 아직까지 진화론에는 물리학에 견줄 수 있는 법칙이 정립되어 있지 않다.'는 부분을 통해 볼 때 내용상 옳지 않으며, 주제문으로 보기도 어렵다.

③ 제시문의 후반부에 관한 내용이므로 제시문 전체를 아우르는 주제로는 적합하지 않다.

④ 제시문의 첫 문장과 부합하지 않는 내용이다.

⑤ 제시문에서 언급된 내용이 아니다.

18 ⑤

윗글에서 석가탑의 탑신과 옥개는 상층으로 올라가면서 폭과 높이가 줄어들도록 만들어져 있어 전체적으로 균제미(均齊美)가 드러난다고 하였고, 상층 기단 괴임의 하단 모서리는 둥글게, 상단 모서리는 각지게 변화를 주어 율동감을 느끼게 한다고 했으므로 직선적 미감에 곡선미를 가미했다는 설명은 옳다.

① 윗글에서 기단부의 하층은 낮지만 넓게, 상층은 다소 좁지만 높게 구성되어서 안정감을 준다고 서술되어 있으므로, 하층보다 상층의 높이를 줄인 것이 아니다.

② 윗글에서 살며시 추켜올려진 옥개의 전각은 직선 중심의 강한 외관을 반전시키고 있다고 서술되어 있으므로, 직선적 조형이 아니다.

③ 윗글에서 현재의 상륜부는 신라 시대에 제작된 다른 석탑의 것을 본떠 근래에 새롭게 만든 것이라고 서술되어 있으므로, 현대적인 것이 아니다.

④ 윗글에서 석가탑은 수십 개의 석재들이 정교하게 하나의 구조물로 짜 맞추어져 있어 정치(精緻)한 아름다움을 보인다고 서술되어 있으므로, 목조의 형식이 아니다.

19 ⑤

지문에서는 관리자가 직원에게 충고를 할 때, 당사자가 난감해하거나 반발이 생길 수 있으므로 성격을 개입시키는 것은 옳지 않은 방법이라고 말하고 있다.

20 ④

윤리학은 규범에 관련한 진술을 다루는 학문이며, 규범은 사실적 진술로 간주되지 않는다. 따라서 윤리학이 사실적 진술을 다루는 경험과학과 그 연구대상의 성격에서 차별화되지 않는다는 내용은 지문에 부합하지 않는다.

① 가치판단은 사물의 행위에 대하여 판단을 내리는 것이며 규범에 관한 진술은 문법적으로 명령 형식을 가진 것이다. 따라서 가치판단은 문법적 형식에서 규범에 관한 진술과 구별된다.

② "도둑질 하지 마라."라는 규범을 사실적 진술로 간주해서는 안 된다는 내용은 '문법적으로 명령 형식이며, 참이거나 거짓으로 드러날 수 있는 사실적 진술로 간주되지 않을 것'이라는 내용을 통해 확인할 수 있다.

③ "도둑질은 나쁜 일이다."와 같은 진술은 참이거나 거짓이라고 하기 어려운 가치판단이므로, 가치판단은 참이나 거짓이라고 할 수 없다.

⑤ '가치판단은 오해의 소지가 있는 문법적 형식을 가진 명령으로 사람들의 행위에 영향을 미칠 수 있다.'는 부분을 통해

서 알 수 있다.

21 ③

정답해설 3문단에서 근육에서는 혈당을 에너지원으로 이용하고 남은 것은 글리코겐으로 저장하는데. 인슐린은 간에서도 혈당을 글리코겐으로 변화시켜 저장한다고 하였다. 따라서 혈당은 글리코겐으로 변화되어 근육이나 간에 저장되기도 한다는 ③의 설명은 적절하다.

오답해설 ① 혈당은 인슐린에 의해 근육 세포로 보내지고, 근육에서는 혈당을 에너지원으로 이용한다.

② 3문단을 통해 근육 세포로 보내지는 혈당은 에너지원이 되지만 지방 세포로 보내지는 혈당은 체지방이 됨을 알 수 있다.

④ 4문단에서 인슐린이 분비되지 않게 되면 몸속은 고혈당 상태가 지속될 것이라고 하였다. 즉, 인슐린 작용이 약하면 우리 몸은 고혈당 상태가 지속될 수 있는 것이다.

⑤ 1문단에 의하면 췌장의 랑게르한스섬에서는 24시간 동안 쉬지 않고 인슐린이 분비되는데, 이는 특별한 자극을 받지 않고도 분비되는 것이므로 공복 상태가 되면 췌장에서 인슐린 분비가 촉진된다고 볼 수 없다.

22 ①

정답해설 '어혈침요법은 팔다리에 고여 있는 어혈을 침으로 정해진 혈자리를 자극하여 탁한 피를 출혈시키는 방법이다. 손발이 붓고 차고 저린데 탁월한 효과가 있다.'라고 제시문에 나와있다.

오답해설 ② 몸 밖으로 뽑아낼 수 있는 침법별 어혈량의 비교에 대한 내용은 지문에 없다.

③ 두피침요법은 호흡을 통해 두피 속의 죽은피를 흐르게 하는 침법이다.

④ 청비침요법은 편두통 및 이마. 눈 쪽으로 통증이 있는 경우에도 효과가 빠르다.

⑤ 두피침요법과 청비침요법의 공통점 및 차이점을 비교한 내용은 지문에 없다.

23 ②

정답해설 제시된 글은 동조현상을 바탕으로 한 대표적인 유형인 집단 따돌림에 관해 설명하고 있다. 집단따돌림은 결국 다른 사람들의 개성 등을 인정하지 못하거나 받아들이지 못하는 사람들이 만들어낸 동조현상의 극단적인 유형이라고 할 수 있다.

24 ①

정답해설 두 번째 문단과 세 번째 문단에서 도심 속 벽돌 건물의 기품과 색다른 분위기에 대해 설명하고는 있지만, 전체적으로는 벽돌 건물의 아름다움과 매력에 대해 설명하고 있으므로 글의 내용을 모두 포괄하는 제목으로는 ①이 가장 적절하다.

25 ⑤

정답해설 점묘파 화가들에 대한 내용이 등장한 것은 그들의 그림과 벽돌 건물 간에 존재하는 공통점을 설명하기 위해서이다. 지문을 통해서는 점묘파 화가들이 어떤 건물을 선호했는지 알 수 없다.

Part 01 유형파익

Part 02 핵심이론

Part 03 유형연습

Part 04 직무성격/상황판단

Part 05 실전모의고사

부 록

정답 및 해설

정답	01 ④	02 ②	03 ③	04 ①	05 ②	06 ④	07 ④	08 ③	09 ③	10 ②
	11 ①	12 ④	13 ①	14 ③	15 ①	16 ③	17 ④	18 ④	19 ③	20 ①

01 ④

정답해설 a와 b가 서로 이웃하는 경우, a와 b를 하나로 생각하면 된다.

○, c, d

3개를 일렬로 나열하는 경우의 수는 $_3P_3=6$

a, b의 순서가 (a, b), (b, a) 두 가지 경우이므로, 구하는 경우의 수는 $6 \times 2 = 12$

02 ②

정답해설 흐르는 강물의 속력을 $x$km/h라 두면, 시간$=\dfrac{\text{거리}}{\text{속력}}$이므로

$$\frac{24}{12-x}=\frac{160}{60}$$

$$8(12-x)=3 \times 24$$

$$8x=24$$

$$\therefore x=3(\text{km/h})$$

03 ③

정답해설 10원짜리 동전의 개수를 x라 할 때, 나머지 동전의 개수는 다음과 같다.

50원짜리 동전의 개수 : $x-15$

100원짜리 동전의 개수 : $x+22$

500원짜리 동전의 개수 : $12,500 \div 500 = 25$(개)

동전의 개수가 257개이므로

$257 = x+x-15+x+22+25$, $x=75$(개)

50원짜리 동전의 개수 : $75-15=60$(개)

$\therefore$ 50원짜리 동전의 합계 금액 : $50 \times 60 = 3,000$(원)

04 ①

정답해설 물통에 물이 가득 찼을 때의 물의 양을 1이라고 하면

A호스와 B호스로 1시간 동안 채울 수 있는 물의 양을 각각 x, y라 하면

$$4x+2y=1$$

$$2x+3y=1$$

$$x=\frac{1}{8}, y=\frac{1}{4}$$

따라서 B호스로만 물통을 가득 채우려면 4시간 걸린다.

05 ②

정답해설

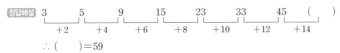

$$\therefore (\quad)=59$$

06 ④

정답해설
$$_6C_2 \times {}_4C_2 = \frac{6 \times 5}{2 \times 1} \times \frac{4 \times 3}{2 \times 1}$$
$$= 15 \times 6$$
$$= 90(\text{가지})$$
$$\therefore 90(\text{가지})$$

07 ④

정답해설 4개 도시의 수거비율을 구해보면

A시 : $\frac{50}{120} \times 100 ≒ 41.7\%$

B시 : $\frac{75}{150} \times 100 = 50\%$

C시 : $\frac{150}{200} \times 100 = 75\%$

D시 : $\frac{300}{350} \times 100 ≒ 85.7\%$

수거 비율이 두 번째로 높은 도시는 C시로 주당 수거빈도는 주 2회이다. 따라서 보기 중 옳은 설명은 ④이다.

오답해설 ① 수거비율이 가장 낮은 도시는 A시이고, 수거 인력이 가장 적은 도시는 B시이다.
② 수거비율이 A시보다 높은 B시의 총수거비용이 더 적다.
③ D시의 수거 인력당 수거 가구수가 가장 높지만, 톤당 수거비용은 두 번째로 많다.

08 ③

정답해설 제품의 평균 단가는 주어진 표를 통해서는 알 수 없다.
오답해설 ① 1분기부터 3분기까지 판매액 합계 상위 2개 제품은 A와 C이다.
　　　　　1분기부터 3분기까지의 판매액
　　　　A = 65 + 120 + 160 = 345
　　　　B = 70 + 60 + 130 = 260
　　　　C = 75 + 120 + 130 = 325
　　　　D = 65 + 60 + 100 = 225
② 2분기에 전 분기 대비 판매량, 판매액 모두 증가한 제품은 A뿐이다.

제품 \ 실적	판매량			판매액		
	1분기	2분기		1분기	2분기	
A	70	100	+30	65	120	+55
B	55	50	-5	70	60	-10
C	85	80	-5	75	120	+45
D	40	70	+30	65	60	-5

④ 3분기 A제품의 판매량과 판매액 모두 전체의 1/4을 넘었다.

3분기 A의 판매량 = $\frac{140}{400} \times 100 = 35(\%)$

3분기 A의 판매액 = $\frac{160}{520} \times 100 ≒ 31(\%)$

Part 01 유형파악

Part 02 핵심이론

Part 03 유형연습

Part 04 직무적성상황판단

Part 05 실전모의고사

부록

정답 및 해설

09 ③

ㄴ. 2022년(29.4)→2023년(30.1)→2024년(31.7)→2025년(32.1)순으로 매년 증가한다.

ㄹ. 농·임업 부가가치가 가장 높은 해는 2025년이고 과수 생산액 비중은 34.8로 세 번째로 크다.

ㄱ. 2022년과 2023년을 비교해보면 농·임업 생산액이 전년보다 작지만 농·임업 부가가치는 전년보다 크다.

ㄷ. 2022년 곡물 생산액 비중은 15.6으로 과수 생산액 비중(40.2)의 50% 이상인 20.1을 넘지 않는다.

10 ②

2020년 가구당 총 지출액이 평균 2,000만 원이었고 이 중 교육비가 차지한 비율은 23%이므로 이 해의 가구당 교육비 지출액은 '2,000×0.23＝460(만 원)'이다. 또한 2025년 가구당 총 지출액은 2,500만 원이므로 교육비 지출액은 '2,500×0.29＝725(만 원)'이다. 따라서 2025년의 가구당 교육비는 2020년에 비해 265만 원이 증가하였다.

11 ①

2020년 가구당 주거비 지출액은 '2,000×0.42＝840(만 원)'이며 2025 가구당 주거비 지출액은 '2,500×0.35＝875(만 원)'이다. 즉, 2025년 가구당 주거비 지출비율은 2020년에 비해 줄었으나 지출액은 늘었다.

12 ④

전체 고객수가 50＋100＋20＋30＋140＋60＋80＋20＝500(명)이며 남자 고객 수가 50＋20＋140＋80＝290(명)이므로 남자 고객 수는 전체의 58%를 차지하고 있다. 매출은 고객 수에 비례하므로 남자 고객이 차지하는 매출비중도 58%이다.

① 12~18시 사이 낮에는 여자 고객 수가 많고, 18~24시 사이 밤에는 남자 고객 수가 많다.

② 15~18시 고객이 가장 적은 시간대의 매출은 전체 고객 수 500명 중 50명이므로 하루 전체 매출의 10% 수준이다.

③ 18~21시 사이는 고객 수가 200명으로 하루 전체 고객 500명 중 40%를 차지하고 있다.

13 ①

대전시의 1월 평균기온은 0.6℃, 4월 평균기온은 8.7℃이므로, 3개월 동안 기온이 8.1℃가 상승하였다. 따라서 이 기간 동안 매월 평균 2.7(＝8.1÷3)℃씩 상승하였다.

14 ③

1월과 7월의 평균기온 차이는 경기도의 경우 29.7℃, 인천시는 29.6℃, 강원도는 30.0℃, 대전시는 24.7℃, 제주도는 23.8℃이다. 따라서 평균기온 차이가 가장 큰 지역은 강원도이다.

15 ①

ㄱ. 2022년 통화 중 예금 잔액은 위안화가 미달러화 다음으로 많다.

ㄷ. 2025년 국내은행의 외화예금 잔액은 전년대비 130.1억 달러 감소했다.

ㄴ. 2023년 예금 잔액은 총 495.2＋93.9＝589.1억 달러이다.

ㄹ. 외은지점의 외화예금 잔액은 변동이 심하다.

16 ③

2025년 외화예금 잔액은 총 573.3＋102.9＝676.2이므로

엔화의 비중은 $\frac{44.3}{676.2} \times 100 ≒ 6.6\%$

유로화의 비중은 $\frac{36.1}{676.2} \times 100 ≒ 5.3\%$

17 ④

정답해설 미술관의 관람률은 계속 증가하고 있다.(12.3%→12.8%→13.5%)

오답해설 ① 2025년 문화예술 관람률은 남자가 61.6%, 여자가 66.3%로 여자가 더 높다.

② 2024년 60세 이상 사람들의 문화예술 관람률이 28.9%로 가장 낮다.

③ 모든 연령층에서 문화예술 관람률이 증가하고 있다.

18 ④

정답해설 연극의 관람률은 15%이므로 500×0.15=75명

박물관의 관람률은 16.7%이므로 500×0.167=83.5≒84명

19 ③

정답해설 남자의 경우 : 1,000×0.324=324명

여자의 경우 : 1,000×0.368=368명

20 ①

정답해설 남자가 44.9+32.4=77.3%, 여자가 44.6+36.8=81.4%이므로 여자가 더 크다.

오답해설 ② 60세 이상이 미세먼지에 대해 별로 불안하지 않음의 비율은 4.9%로 두 번째로 낮다.

③ 미혼은 31.8%, 기혼은 37.3%로 기혼이 더 높다.

④ 약간 불안함은 48.1%, 보통은 20.3%이므로 3배 보다는 높지 않다.

Part 01 유형파악

Part 02 핵심이론

Part 03 유형연습

Part 04 직무성격/상황면접

Part 05 실전모의고사

부 록

정답 및 해설

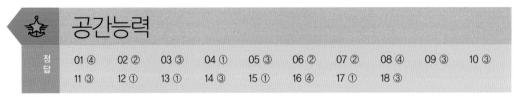
정답	01 ④	02 ②	03 ③	04 ①	05 ③	06 ②	07 ②	08 ④	09 ③	10 ③
	11 ③	12 ①	13 ①	14 ③	15 ①	16 ④	17 ①	18 ③			

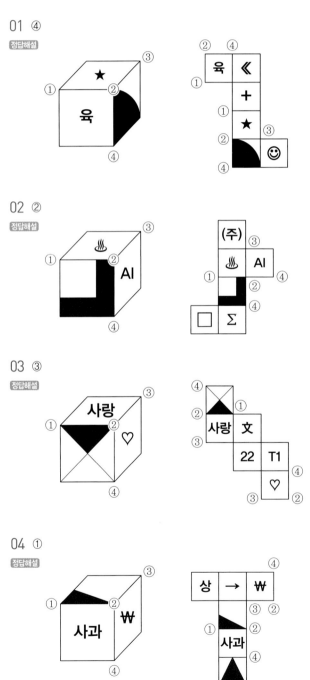

01 ④
정답해설

02 ②
정답해설

03 ③
정답해설

04 ①
정답해설

Part 01 유형파악

Part 02 핵심이론

Part 03 유형연습

Part 04 직무성격/상황판단

Part 05 실전모의고사

부 록

정답 및 해설

05 ③
정답해설

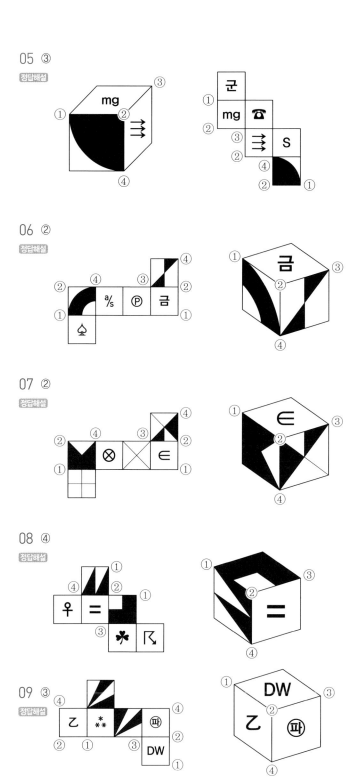

06 ②
정답해설

07 ②
정답해설

08 ④
정답해설

09 ③
정답해설

10 ③

 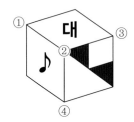

11 ③

왼쪽 열부터 차례대로 세어보면 8＋9＋8＋7＋7＋8＋1＋2＝50개

12 ①

왼쪽 열부터 차례대로 세어보면 2＋10＋11＋9＋10＋3＝45개

13 ①

왼쪽 열부터 차례대로 세어보면 5＋6＋11＋3＋1＋17＋1＝44개

14 ③

왼쪽 열부터 차례대로 세어보면 7＋8＋5＋6＋5＋6＝37개

15 ①

왼쪽 열부터 층을 세어 보면 '4－3－1－2－(1,1)－(2,2)－4－3－2'이다.

16 ④

왼쪽 열부터 층을 세어 보면 '3－3－4－7'이다.

17 ①

왼쪽 열부터 층을 세어 보면 '3－5－3－4－1－3－4－3－4－2－1'이다.

18 ③

왼쪽 열부터 층을 세어 보면 '3－(3,1)－4－(3,1)－(1,1,1)－(1,1,1)－(1,1)－(2,1)－4－3－(1,1)'이다.

지각속도

정답										
	01 ①	02 ②	03 ②	04 ①	05 ②	06 ②	07 ②	08 ①	09 ①	10 ②
	11 ①	12 ②	13 ①	14 ②	15 ①	16 ①	17 ②	18 ①	19 ②	20 ①
	21 ③	22 ②	23 ③	24 ④	25 ③	26 ①	27 ④	28 ③	29 ②	30 ①

01 ①

02 ②

정답해설 41 38 2 포 <u>대</u> – 작 탄 해 24 <u>7</u>

03 ②

정답해설 17 15 령 <u>전</u> 33 대 – 군 연 26 <u>8</u> 지 7

04 ①

05 ②

정답해설 전 26 2 군 33 7 <u>41</u> – 8 령 해 17 지 대 작

06 ②

정답해설 * % ₩ p <u>#</u> – x k j @ <u>w</u>

07 ②

정답해설 & m $ <u>j</u> % x – b ~ e <u>₩</u> k *

08 ①   **09** ①

10 ②

정답해설 m & * <u>e</u> j # – ~ b x <u>$</u> ₩ w

11 ①

12 ②

정답해설 ㊿ ㊺ ⑰ <u>㉖</u> – Ø L Ð <u>ㅒ</u>

13 ①

14 ②

정답해설 ㉜ ㉖ <u>㊳</u> ㊿ – IJ ㅒ <u>ㄸ</u> Ø

279

15 ①

16 ①

17 ②

정답해설 page piano print play pizza – 여권 곶감 바둑 카메라 제주도

18 ①

19 ②

정답해설 pilot print pink pizza plus – 유채꽃 바둑 라디오 제주도 자동차

20 ①

21 ③

정답해설 유행이란 어떠한 양식이나 현상이 새로운 경향으로서 널리 퍼지는 것, 또는 그러한 경향을 의미한다.

22 ②

정답해설 工車共江功京江工拱洞江音工巨車共拱江功洞音江巨京事江打子丈文河江里工工功江巨居文江門里音

23 ③

정답해설 9150028571204935059096279489891468585049873829861205867120356

24 ④

정답해설 종이 없는 '미래의 사무실'을 예견한 지 오랜 시간이 흘렀지만 전자적 형태를 띠고 있는 경영 정보는 1%에 불과하다.

25 ③

정답해설 The country will enjoy warm, fine weather through Sunday

26 ①

정답해설 ◀▷△■▲▼●◆◀●◈▲▼▶●◆▲■▲▼▶◀◈◁◀▲△▼■◀▲▼◆▼▽△◆◎★●◇■☆▼▽▲

27 ④

정답해설 keiai209k291jihb35092jfjigi294710kdjgiidiq8id9248317i16598132056715913691871sd1r5w6s9f3w5s17461869531685

28 ③

정답해설 ≒∺∴∴≒∵∺∵∵≒∵∵≒∷∴∴∴∺∴≒∷∺∵≒∷∴∴≒∷∺∴∴≒∺∴∷∺∵≒∷∴∺∷∴∴∴∷∺∴≒∴∵∵

29 ②

정답해설 F2 F4 F4 F2 F5 F6 F4 F7 F2 F7 F1 F8 F2 F8 F3 F2 F1 F1 F9 F5 F2 F5 F3 F2 F4 F9 F2 F2 F3 F4 F3 F2 F8 F1 F7 F6 F8 F4 F2 F7 F6 F1 F2 F4 F2 F4 F1 F3 F5 F2 F3 F4 F5 F1 F3 F2

30 ①

정답해설 gHz tHz kHz mHz gHz mHz sHz kHz tHz kHz kHz tHz sHz kHz tHz gHz hHz tHz hHz kHz gHz sHz sHz mHz kHz tHz mHz kHz mHz kHz gHz tHz sHz gHz tHz mHz kHz